Otto Wahl
Zentrale Themen des Alten Testaments

Otto Wahl

Zentrale Themen des Alten Testaments

Eine Handreichung zur praktischen Bibelarbeit mit ausgewählten Texten

VERLAG LUDWIG AUER DONAUWÖRTH

Gesamtherstellung: Druckerei Ludwig Auer, Donauwörth
ISBN 3-403-0**1155**-0

Inhaltsverzeichnis

Vorwort 7

Einleitung 9

1. Abschnitt: Israel und die Völker 13

§ 1 Gott führt alle Menschen zusammen (Psalm 87) . 15
§ 2 Israel als Vermittler der Weisheit Gottes (Daniel 1) 28

2. Abschnitt: Ein ewiger Bund mit David 42

§ 3 Gottes Maßstäbe sind anders (1 Samuel 16,1–13) 46
§ 4 Der Neuansatz Gottes (Micha 5,1–4a) 56

3. Abschnitt: Die Botschaft der Propheten 70

§ 5 Der große Gott und das selbstsichere Israel (Jesaja 6) 73
§ 6 Der messianische Friede (Jesaja 11,1–10) 88

4. Abschnitt: Die Aussage der biblischen Urgeschichte 102

§ 7 Geborgenheit in der guten Ordnung Gottes (Genesis 1,1–2,4a) 105
§ 8 Der Mensch und sein Bruder (Genesis 4,1–16) . 121

5. Abschnitt: Israels Weg durch die Geschichte 135

§ 9 Gott wird auch mit unserer Sünde fertig (Sacharja 3,1–10) 139
§ 10 Allein das Reich Gottes hat Bestand (Daniel 2) . 149

6. Abschnitt: Der Gott der Väter 162

§ 11 Gott ist für alle Menschen da (Genesis 14,18–20) 165
§ 12 Gott zeigt uns, worauf es ankommt (Genesis 32,23–33) 176

Anhang: Anmerkungen zur praktischen Bibelarbeit . . 191

Vorwort

Die Anregung zur Abfassung dieses Büchleins verdanke ich meinem Kollegen, Herrn Universitätsprofessor Dr. Fritz Weidmann, Bayreuth.

Die ausgeführten Beispielkapitel entstanden aus Einsätzen in der praktischen Bibelarbeit, zum Teil im Rahmen der Theologischen Zusatzausbildung für Studenten der Katholischen Stiftungsfachhochschule München, Abteilung Benediktbeuern, bzw. im Rahmen des Theologischen Aufbaukurses an der Philosophisch-Theologischen Hochschule der Salesianer Don Boscos Benediktbeuern, zum Teil auch bei Biblischen Wochenenden an der Jugendbildungsstätte Aktionszentrum der Salesianer Don Boscos Benediktbeuern. Allen Damen und Herren, die dabei mitgearbeitet haben, sei an dieser Stelle herzlich gedankt.
Aus dieser Situation der praktischen Bibelarbeit mit jungen Menschen heraus sind auch manche hier anklingenden kritischen Fragen an unser Leben als Christen innerhalb der konkreten Kirche von heute zu verstehen. Solche Anfragen sollen die Leser nicht in einer heute leider weitverbreiteten kritischen Distanz zur Kirche belassen, sondern aus dem Wort Gottes heraus ihnen Anstöße geben, sich in der Kirche Jesu Christi als gläubige Mitarbeiter am Heilswerk Gottes voll einzubringen und sich mit ihrem Leben von Gott in den Dienst an den Menschen nehmen zu lassen.

P. Otto Wahl SDB

Einleitung

Im Zielfelderplan für den katholischen Religionsunterricht an der Grundschule aus dem Jahr 1977 wird für den Erfahrungsbereich Kirche als Lernziel angegeben: „Die Fähigkeit, die Bibel als Buch der Kirche in ihrem Anspruch zu verstehen." Für die ntl. Schriften wird diese Zielsetzung von allen als selbstverständlich und realisierbar angenommen. Für das AT war und ist das nicht immer so. Es wird auch heute noch von vielen in der Kirche, bewußt oder unbewußt, als überholt angesehen, als ein vorchristliches, jüdisches Buch, das bestenfalls dazu dienen kann, auf das NT hinzuweisen und zu beweisen, daß Jesus Christus, seine Person und Heilswerk im AT in vielen wichtigen Punkten längst vorhergesagt worden sind. Entgegen dieser auch heute noch verbreiteten Unterbewertung des AT in seiner Bedeutung für unseren Glauben und für das Leben der Kirche hat sich aber zu allen Zeiten auch erwiesen, daß in den bildhaften und lebendig geschilderten Geschichten des AT, die grundlegende Aussagen über den in Jesus Christus sich uns offenbarenden und uns gnädig zugewandten Gott bieten, doch etwas enthalten ist, was die Menschen aller Zeiten stark beeindruckt und für das ganze Leben prägt, und zwar eigentlich nachhaltiger als z. B. die sonst höher eingeschätzten klar formulierten Katechismussätze. Unere Zeit ist wieder verstärkt darauf aufmerksam geworden, daß hinter den atl. Texten mit ihren ausdrucksstarken Bildern eine Wahrheit über Gott, Welt und Mensch steht, die durch Jahrtausende in der Glaubenswirklichkeit Israels und der Kirche hindurch erprobt ist. Wir wissen heute auch wieder, daß wir in diesen Texten, die Wort Gottes sind, auch uralten Menschheitserfahrungen begegnen, welche sie eigentlich historischer und zuverlässiger machen, als es durch genaue Beschreibung einmaliger Vorgänge geschehen könnte. Auf diesen uralten und millionenfach erprobten Erfahrungen und Antworten auf die zu allen Zeiten aktuellen Fragen: Was ist der Mensch? Wie steht er zu Gott? Wie gewinnt oder verliert er sich selbst? wird durch das AT, dem Glaubenszeugnis Israels von dem einzigartigen und wunderbaren Wirken Gottes in der fast zweitau-

sendjährigen Geschichte dieses Volkes, jeder Generation neu gesagt, worauf es wirklich in unserem Leben ankommt. Wir müssen diese Antworten nur hören. Das Wissen um die ständige Aktualität des AT erleichtert uns heute, wenn wir uns die Zeit dafür nehmen, über seine Texte den richtigen Zugang zum Menschen und zu seinen Fragen zu finden und das AT als Buch der Kirche und als Zeugnis unseres Glaubens zu verstehen. Das AT bietet uns zu allen Zeiten eine Anleitung, wie wir im Licht des gnädigen Entgegenkommens Gottes unser Leben verstehen und bewältigen können. Wir werden vom AT immer wieder darauf hingewiesen, daß der Glaube – hebräisch das Sich-Festmachen in Gott! – der feste Punkt, das einzig wirklich tragfähige Fundament unseres Lebens ist.
Die Verfasser der Heiligen Schrift waren Semiten, die in der Welt des Alten Orients lebten und ihre eigene Denk- und Sprechweise hatten. Wir müssen uns daher bemühen, diese Formen des Denkens, Sprechens und Schreibens für uns westlich ausgerichteten Menschen des 20. Jahrhunderts erst aufzubrechen. Wir müssen auch zu verstehen suchen, warum sie über die wichtigsten Fragen ihres und unseres Glaubens mit Vorliebe mit kleinen, z. T. sogar mythologisch gefärbten Geschichten sprechen, wo wir doch als historisch ausgerichtete und rational geprägte Menschen klare Aussagen erwarten. Wenn wir uns bemühen, etwas von der damaligen Welt, in der die biblischen Schriften entstanden sind, zu verstehen, gewinnen auch wir leichter Zugang zu den Fragen, welche die Menschen damals bewegten, und zu den Antworten, welche ihnen prophetisch begabte Menschen im Auftrag Gottes und aus ihrer einzigartigen Gotteserfahrung heraus als Zeugen seiner Offenbarung gaben. Wir müssen zum besseren Verständnis der Bibel auch zur Kenntnis nehmen, daß die uralten Erfahrungen der Menschheit und die Erfahrungen Israels, an dessen besonderer Berufung durch Gott wir nicht vorbeigehen dürfen, in der Geschichte der gesamten Menschheit, in den verschiedenen Epochen der Geschichte Israels und erst recht in der Kirche immer wieder neu erzählt wurden als Antwort auf die alten, aber in jeder Zeit neu gestellten großen Fragen der Menschen. Diesen langen Weg des menschlichen Denkens und Sprechens müssen wir in etwa nachschreiten, wenn wir

heute die Bibel lesen. Dieser Schatz der Erfahrungen der alten Kulturen, Israels und der Kirche ist uns immer neu als Anruf und Antwort für unser Leben hier und heute angeboten. Wir begegnen in der Bibel vielen zuverlässigen historischen Angaben, aber die Sinnspitze dieser Texte liegt anderswo. Er ist bestimmt von der lebensspendenden Mächtigkeit des Geistes Gottes, wie man die Inspiration (spiritus = Geist) umschreiben könnte, die nicht nur am Anfang der biblischen Schriften, bei ihrer Abfassung steht, sondern allen Zeiten als bleibendes Geschenk angeboten ist. Diesem vom Geist Gottes durchmächtigten, lebendigen und lebensspendenden Wort Gottes sollen wir uns stellen, seinen Anspruch und seine Zusage hören und uns darauf einlassen, wie es viele Generationen vor uns schon gemacht haben. Daraus erhält auch unser Leben eine neue, höhere Qualität, eine letzte Sicherheit und Geborgenheit in Gott, und zwar jenes Gottes, den das AT und noch mehr Jesus Christus als Jahwe offenbarte, d. h. als den, der einfach für uns da ist.
Die folgenden Abschnitte wollen für die schulische, mehr noch für die außerschulische Bibelarbeit, anhand von ausgewählten biblischen Texten Anregungen bieten, wie wir diesen Anspruch Gottes und die Zusage seines Wortes vernehmen und mit unserem Leben in Verbindung bringen können. Zur näheren Beschäftigung mit diesen Texten ist natürlich auf Kommentare, Einleitungswerke und sonstige Fachliteratur zu verweisen. Die Beispielkapitel werden in gleicher Weise in folgende Abschnitte unterteilt und behandelt: 1. Zur Situation des Textes; 2. Der Text und seine Erklärung; 3. Themen, die sich aus dem Text ergeben; 4. Fragen an uns heute, 5. Zur praktischen Bibelarbeit mit einem ausgeführten Beispiel; ferner zu jedem Kapitel kurze Literaturangaben. Die Beispielkapitel sind in loser Anlehnung an sechs Themenkreise des Zielfelderplans IV 1 ausgesucht: Umwelt der Bibel – Davids Aufstieg zum König – Prophetenschicksal – Urgeschichten – Israels Weg als gedeutete Geschichte – „Vätersagen“. Zu diesen sechs Themen werden jeweils zwei Texte aus dem AT unter dem Gesichtspunkt der praktischen Bibelarbeit behandelt. Sie wollen nicht Rezepte bieten, die einfach übernommen und angewandt werden, sondern wollen als Anregung verstanden

sein, es in der praktischen Bibelarbeit auch mit atl. Texten zu versuchen und in Gruppenarbeit ihren Reichtum für unser Leben zu erfahren. Diese Beispiele sind nach mehrjähriger Erfahrung mit der praktischen Bibelarbeit entstanden. Dabei ist den Beteiligten bewußt geworden, wie wichtig und bereichernd ein solches gemeinsames Sicheinlassen auf biblische Texte ist, und von welch unerhörter Aktualität die atl. Texte für unser Leben sind. Es ist auch deutlich geworden, wie unerläßlich und zugleich anregend die wissenschaftliche Beschäftigung mit der Bibel als Basis für die praktische Bibelarbeit, für die Aktualisierung der biblischen Botschaft ist. Das Entscheidende bei der Erforschung der Bibel geschieht aber dort, wo sich Menschen gläubig und in Gemeinschaft unter das Wort Gottes und seinen Anspruch stellen und seine unerhörte Kraft an sich selbst und an der Gemeinschaft zur Auswirkung kommen lassen. Bei der Niederschrift der Ergebnisse der praktischen Bibelarbeit wird deutlich, daß persönliche und gemeinsame Erfahrungen der Begegnung mit dem Wort Gottes, mit Gott und seinem Geist, die hinter diesen Texten stehen, sich nur in sehr eingeschränkter Weise schriftlich festlegen und an andere weitergeben lassen. Das Eigentliche kann nur erfahren, wer voll bei dieser praktischen Bibelarbeit in einer Gruppe mitarbeitet, so wie es ein alter Grundsatz des Glaubens und anderer elementarer Bereiche unseres Lebens aussagt: Wer tut, der versteht!

1. Abschnitt: Israel und die Völker

Zu keiner Zeit konnte Israel, das von Gott in besonderer Weise erwählte Volk, nur sich selbst sehen und isoliert von den anderen Völkern innerhalb des verheißenen Landes leben, so sehr es das auch gewünscht hätte. Das hängt nicht zuletzt damit zusammen, daß Gott, der Israel berufen hat, der Gott aller Menschen ist und Israel gleich bei der Berufung des Abraham als Auftrag gegeben hat, „Segen zu sein für alle Geschlechter der Erde" (Gen 12,2 f.). In den Abrahamsgeschichten, in denen das Selbstverständnis Israels zum Ausdruck kommt, wird deutlich, daß das Verhältnis dieses Volkes zu den übrigen Völkern stets in einer Spannung zwischen Sichhinwenden und Sichabwenden steht. So zieht Abraham, dem Gott die Verheißung von Volk und Land gegeben hat, aus Ur in Chaldäa aus (Gen 12,1–5), um Heil und Zukunft nicht von menschlicher Macht und von den heidnischen Hochkulturen zu erwarten, sondern von Gott. Abraham muß diese Entscheidung immer wieder nachvollziehen, z. B. als er gegen den Willen Gottes nach Ägypten flieht (Gen 12,10–20) und erkennen muß, daß dies der falsche Weg ist. Abraham steht auch in positiver Beziehung zu anderen Völkern, bzw. zu deren Repräsentanten wie Melchisedek (Gen 14), Lot (Gen 12–14.18 f.), Abimelech (Gen 20 f.). Von Abraham leitet sich nicht nur Israel, sondern auch eine Reihe von Völkern ab wie die Ismaeliten, Midianiter und Edomiter. So steht schon das Leben Abrahams, wie es das AT schildert, unter dieser Spannung, welche die gesamte Geschichte Israels bestimmt, zwischen klarer Absonderung von allem Heidnischen, die zu Partikularismus und heilsegoistischer Abkapselung führen kann, und zwischen der Hinwendung zu den Heidenvölkern, die Israel zum gottgewollten Universalismus, aber auch zur Selbstaufgabe und zum Verrat an seiner besonderen Sendung werden kann. Diese Probleme ergaben sich für Israel besonders, als es sich nach langer Wanderschaft und nach dem Auszug aus dem Sklavenhaus Ägypten im Land Kanaan niedergelassen hatte, das wegen seiner zentralen Lage zwischen Asien, Afrika und Europa stets im Interessenbereich der

Weltreiche stand. Für dieses kleine Volk, das von verwandten Kanaanäern und anderen Völkern nicht nur das Land, sondern auch die Sprache, religiöse Riten, Heiligtümer und vieles andere übernommen hatte, bestand stets die große Gefahr darin, das Besondere seiner Berufung zu vergessen, Jahwe für die heidnischen Götter einzutauschen und sein zu wollen wie alle übrigen Völker. Diese Gefahr hielt an, bis der Untergang des Nordreiches 721 und der Untergang des Südreiches 586 und der damit verbundene Verlust des Landes das Volk erkennen ließen, daß es einen ganz falschen Weg eingeschlagen hatte. In der Exilszeit und in der weltweiten Diaspora bestand für das aus seinem Land vertriebene und entwurzelte Israel zwar auch noch die Gefahr, sich zu sehr den anderen anzupassen und sich selbst aufzugeben, den Glauben der Väter und seine Sendung zu allen Völkern einfach vergessen zu wollen. Viel größer jedoch war in dieser Zeit die andere Gefahr, daß sich Israel, um sich nicht wieder zu verlieren, zu stark von allen anderen Völkern absonderte. Dabei blieb wohl der Glaube der Väter erhalten, aber die Sendung Israels als „Licht für die anderen Völker" (Jes 42,6) war aufs höchste gefährdet. Die Propheten mußten beide Werte, das Sich-nicht-Aufgeben und das Sich-offen-Halten, gegen Israel und gegen heidnische Bedrohung verteidigen. In der Kirche Christi wurde die Öffnung und Ausweitung hin zum „Gott und Vater aller" (Eph 4,6) wohl von der aus Judenchristen bestehenden Urkirche in die Wege geleitet. Die Mehrzahl des Volkes Israel jedoch verschloß sich gegenüber dem Neuen, das von Gott in Christus der gesamten Menschheit geschenkt worden war. Er einte Juden und Heiden zu einem einzigen Volk Gottes und verwirklichte endlich die neue Menschheit, die voll unter dem Segen Gottes steht.

Die beiden folgenden Beispielkapitel zeigen diese Linie des Offenseins Israels für die Heiden auf, wie sie schon im AT klar gesehen wurde. Ps 87 besingt Zion, die Stadt Davids und den geistigen Mittelpunkt Israels, als Mutterstadt aller Völker, wogegen sich Juden wie Heiden gleicherweise zunächst sperren möchten. Und doch wird dort, d. h. im neuen Jerusalem, Jahwe sein Heil allen Menschen, Juden wie Heiden, schenken. – Dan 1 zeigt auf, wie das im Exil zerstreute kleine Israel allen

Völkern und der heidnischen Weltmacht dadurch weit überlegen ist, daß es von Gott selbst belehrt ist. Es hat einerseits die Aufgabe, diesen Glauben zu bewahren, andererseits aber in der Kraft der ihnen geschenkten Weisheit Gottes den Völkern den Weg zu ihrem Heil in Gott zu zeigen.
Die Kirche und wir Christen sehen uns ebenfalls in dieser Spannung zwischen Anpassung und Selbstbewahrung. Auch wir, die „in der Welt, aber nicht von der Welt sind" (Joh 17,11.14), stehen in der Gefahr, in beiden Punkten des Guten zuviel zu tun. Gott fordert uns auf, einerseits an Christus, unserem Heil, und an unserer Berufung in ihm festzuhalten. Andererseits müssen wir aber ihn und sein Heil an alle Menschen weitergeben und darauf vertrauen, daß Gott trotz unserer Begrenztheit und trotz des Widerstandes der Welt sein Ziel erreichen wird, daß nämlich die im neuen Zion geeinte und von Gottes Weisheit durchdrungene Menschheit in ihm das Heil findet. Seitdem das in Christus schon grundsätzlich entschieden ist, gilt schon jetzt als frohe Botschaft für alle Menschen: „Es gibt nicht mehr Juden und Griechen, nicht Sklaven und Freie, nicht Mann und Frau; denn alle sind einer in Christus Jesus" (Gal 3,28).

§ 1
Gott führt alle Menschen zusammen (Psalm 87)

1. Zur Situation von Ps 87

Die atl. Psalmen sind Ausdruck des Glaubens Israels an Jahwe, der seinem Volk stets nahe ist. Viele der Psalmen loben Gott, dessen Größe und Macht Israel in seiner Geschichte erfahren hat und von dem es hofft, daß Gottes allesumfassende Königsherrschaft Israel endgültig aus aller Not befreien wird. Diese Überzeugung kommt in vielen Bildern und Motiven zum Ausdruck. Eine sehr beliebte Weise, Gottes machtvolles Wirken preisend zu schildern, sind die sogenannten Zionslieder. Sie besingen die Gottesstadt Zion, die Gott sich in besonderer Weise erwählt hat, wo er im Kult seinem Volk nahe ist und sich als Jahwe erfahren läßt, als der, der stets da ist für die Seinen. Zion ist auch die Stadt Davids, mit dem Gott einen ewigen Bund geschlossen hat. Zion steht ferner als sichtbares Zeichen dafür, daß sich Gott in unserer Welt unwiderruflich festgelegt hat und daß er seinen Plan, die Heimführung der Welt, durch den Dienst Israels durchführen wird. Ps 87, eines dieser Zionslieder, dessen Entstehungszeit nicht genau festlegbar ist, bringt die uralte Sehnsucht der Menschen nach Frieden, Einheit und Geborgenheit zum Ausdruck. Das Lied entstand vielleicht aus der begeisterten Schau eines Frommen, der bei einem Fest angesichts der vielen Pilger und Gesandten aus aller Welt von der Vorahnung erfaßt wurde, daß Gott sich einmal sichtbar vor allen Völkern als der Herr der Welt offenbaren und alle Menschen in Zion zur wahren Einheit zusammenführen werde. Solche Erlebnisse entstanden z. B. in der nachexilischen Zeit bei den großen Wallfahrtsfesten, bei denen auch Proselyten, d. h. aus den Heiden Hinzugekommene, mit den jüdischen Pilgern aus aller Welt zum Lob des einen wahren Gottes vereint waren. Solche weltweite Heilserwartungen Israels knüpften an die Verheißung von Gen 12,3 an, daß „durch Abraham alle Geschlechter der Erde Segen erlangen“, und daß die Heidenvölker dann nicht mehr als grimmige Feinde, sondern als friedliche Wallfahrer zusammenströmen werden, wie es in Jes 2,2–5/Mich 4,1–4 beschrieben ist. Die Tatsache, daß Gott in aller Welt Anbeter hat, hielt in Israel stets die Hoffnung wach, Gott werde einmal endlich die Einheit der Menschen verwirklichen, und alle würden dann Jahwe als den einen wahren Gott erkennen. Mögen sich in Israel manche Kreise auch gegen eine solche Öffnung gesträubt haben, in anderen Kreisen wurde Ps 87 sicher stets unter diesem universalistischen Gesichtswinkel gesehen. Das Lied, in dem uns alte Vorstellungen begegnen wie das Bild von der Gründung der heiligen Stadt auf hohem Berg durch Gott selbst inmitten des Chaosmeeres, wurde wohl bei der Einholung der Wallfahrer in einer Art Tanzprozession an den großen Festtagen gesungen, etwa bei dem angenommenen jährlichen Fest der Erwählung Zions und der Davidsdynastie. Ob der Psalm nach der überraschenden Rettung aus der Assyrernot 701 entstand oder in nachexilischer Zeit, als Jerusalem auch nach der Einweihung des zweiten Tempels 515 noch lange in Trümmern lag, ist nicht so bedeutsam. Wichtig ist für die Beter von Ps 87, daß Jahwes unerschütterliche Treue zu Zion und Israel sich gegenüber aller Armseligkeit der jeweiligen Zeit durchsetzen wird, und daß Gott alle seine Verheißungen einlösen wird. Mag auch der heutige Text von Ps 87 an manchen Stellen in Unordnung geraten sein und der hebräische und griechische Wortlaut an anderen Stellen auseinandergehen, die große Aussage von Ps 87 bleibt bestehen als Ausdruck der Hoffnung Israels zu allen Zeiten, die erst recht in der Zeit Christi und seiner Kirche gilt: Gott führt alle Menschen zusammen und verwirklicht mit ihnen die Einheit. Gott überwindet in Israel, in der Kirche, in der Menschheit alle Trennung und Spaltung. Er erwirbt sich ein Volk aus allen Nationen, das sich jubelnd zu ihm und zu seiner heiligen Stadt als Zeichen seiner Gegenwart in der Welt bekennt.

2. Der Text und seine Erklärung

Die sieben Verse von Ps 87 lassen sich so einteilen: 87,1 f: Hymnus auf die Gottesstadt Zion; 87,3–6: Vision der Zusammengehörigkeit aller Völker in Zion; 87,7: Abschließender Jubel.

(87,1) Wie die Psalmen 42–49,84 f. und 88 wird Ps 87 in der Überschrift den Korachitern, einer levitischen Sängerfamilie zugeschrieben. Es ist ein Lied, das im Gottesdienst mit Instrumentalbegleitung gesungen wurde.

(87,2) Zion als Gegenstand der erwählenden Liebe Gottes ist ein Motiv, das seit Davids Zeit immer wieder anklingt und mit dem sich die Hoffnung Israels auch in der Nachexilszeit verband. Was Gott fest gegründet hat, das hat auch Bestand, so wie Gott bei der Schöpfung die Erde inmitten des Chaosmeeres gefestigt hat. Auch das Bild vom heiligen Berg verweist auf die Festigkeit Zions als Zeichen der sicheren Zuflucht, als Symbol der unerschütterlichen Treue Gottes, der sich Israel in aller Gefahr anvertrauen kann. Gott liebt Jerusalem, auch wenn seit den Zeiten Davids immer wieder Bedenken gegen die alte Jebusiterstadt laut wurden. Auch nach der Abtrennung des Nordreiches um 928 steht Jahwe zu Jerusalem und zu David, ein Thema, das später auch bei der Ausschließung der Samariter wieder bedeutsam wurde. Gott hat diese unbedeutende Stadt erwählt, die doch eindeutig den Hauptstädten der großen Weltreiche unterlegen war. Jesaja, der darüber klagt, daß Jerusalem „zur Dirne geworden ist" (1,21), weiß auch um die Treue Gottes, die dafür steht, daß „man sie wieder die Stadt der Gerechtigkeit, die treue Burg nennen wird" (1,26).

(87,3) Mit v.3 beginnt die Schilderung der weltweiten Bedeutung Jerusalems. Das Herrliche, ja Göttliche, das von ihr gesagt wird, gilt nur, weil Gottes Herrlichkeit (hebr. kabod) hinter ihr steht und ihr zusichert, daß er an ihr, die so oft als „Ärmste, von Sturm Gepeitschte, ohne Trost" (Jes 54,11) dasteht, seinen strahlenden Glanz offenbaren wird. Ähnlich großartige Aussagen kennt das AT und NT, z. B. in Ez 40–48 oder in der Offenbarung des Johannes: „Die heilige Stadt Jerusalem, die von Gott her aus dem Himmel herab kommt, erfüllt von der Herrlichkeit Gottes" (21,10 f.).

(87,4) Gleich dreimal findet sich in Ps 87 die Bürgerschaftsanerkennungsformel „er ist dort geboren" (v.4.5.6). Sie gilt nicht nur für die Juden aus aller Welt oder für die Proselyten, sondern für alle Heidenvölker. Sie alle werden als Vollbürger eingetragen. Der hebräische Text verwendet das Zeitwort hizkir = in Erinnerung bleiben, gedenken; das besagt: Wessen Gott gedenkt, der hat Bestand und erhält so eine unerhört große Würde, wie es auch Ps 8,5 sagt: „Was ist der Mensch, daß du an ihn denkst?" V. 4 zählt die Heiden zu denen, die Gott kennen (hebr. jada'). Im Hebräischen bedeutet dieses Wort: in einem personalen, engen, liebenden Verhältnis stehen, hier zu Gott, ein Vorzug, den sonst nur Israel besaß. Nun gehören die Ägypter, die im hebräischen Text mit dem Namen des Meeresdrachens Rahab umschrieben sind, zu diesen Vertrauten Gottes, desgleichen Babel, das doch sonst der Repräsentant der gottfeindlichen Mächte schlechthin ist. Tyrus wird genannt, die wichtigste der reichen und stolzen phönizischen Hafenstädte, ebenso Kusch weit im Süden am oberen Nil, das für den schwarzen Erdteil steht. Diese Namen meinen alle übrigen heidnischen Völker und Kulturen, im Vergleich zu denen das kleine Israel nur ein winziger Bereich der damals bekannten Welt war.

(87,5) In Verbindung mit der Formel „Er ist dort geboren!" bringt der griechische Text eine Variante, die einen schönen biblischen Gedanken einführt, der dann später auf die Kirche übertragen wird: „Mutter Zion wird man sagen". Jerusalem wird so als Mutter aller Menschen, als eigentliche Metropole der ganzen Welt ausgewiesen, die allen Weltstädten weit überlegen ist. Paulus spricht in Gal 4,26 vom freien, himmlischen Jerusalem, von dem er bekennt: „Dieses ist unsere Mutter!" Daß Gott selbst Jerusalem gegründet und gefestigt hat, haben wohl schon die früheren heidnischen Bewohner Jerusalems ausgesagt. Auch die hier verwendete Gottesbezeichnung „der Höchste" könnte von den Jebusitern stammen, wie sie sich dann auch in Gen 14 im Lobgebet des Jerusalemer Priesterkönigs Melchisedek als eine Gottesbezeichnung findet, die auch den Heiden verständlich ist.

(87,6) Nun wird geschildert, wie Gott mit eigener Hand die Bürgerliste des neuen Jerusalem aufzeichnet. Die Großen dieser Welt legen sie als Steuerlisten an, um ihre Macht zu dokumentieren und Abgaben zu erzwingen. Anders bei Gott! Der Eintrag in dieses Buch, in das Buch des Lebens, ins Goldene Buch des neuen Zion durch Gott selbst, bedeutet die Garantie, daß Gott sich um alle kümmert, daß keiner bei ihm vergessen ist. „Mit stolzer Freude sieht Gott, wie viele Gläubige er aller Orten hat" (Hermann Gunkel S. 379). Christus verwendet ein ähnliches Bild, wenn er den Jüngern sagt: „Freut euch darüber, daß eure Namen im Himmel verzeichnet sind" (Lk 10,20). Der griechische Text, der statt schreiben das Wort zählen verwendet, unterstreicht dieses Staunen über die große Anzahl der Bürger Zions, die nur Gott zählen kann, weil es so viele sind.

(87,7) Die im frohen Reigentanz vereinten Menschen singen ein Jubellied auf Zion, aus dem sie alle Leben schöpfen. Die angesprochenen Quellen erinnern an den Paradiesesstrom, der in der Endzeit im Tempel entspringt (Ez 47,1–12; Offb 22,1) und überallhin Leben bringt. Der griechische Text liest statt Quellen Wohnungen und läßt so die Menschen jubelnd bekennen, daß sie in Zion eine bleibende Heimat gefunden haben, wie es auch Christus verheißt: „Im Hause meines Vaters gibt es viele Wohnungen; ich gehe, um einen Platz für euch vorzubereiten“ (Joh 14,2).

3. Themen von Ps 87

(1) *Zion:* Ps 87 ist ein Loblied auf die heilige Gottesstadt Zion, die Gott sich in einzigartiger Weise erwählt hat. „Herrliches“ (v. 3) wird von ihr ausgesagt, d. h. Gottes Herrlichkeit, die machtvolle Offenbarung des der Welt zugewandten Gottes, hat sich untrennbar mit ihr verbunden. Gott wohnt nach atl. Darstellung dort, läßt sich schauen und ist seinem Volk in vielfacher Weise nahe. Gott hat sich auf Zion, die doch als letzte Kanaanäerstadt von Israel erobert wurde, und ebenso auf David untrennbar festgelegt. Gottes Verheißung ist stets an diese angefochtene und mehrmals zerstörte Stadt gebunden. Diese Verheißung Gottes wird in der Kirche Christi weitergeführt, die Gott aus allen Völkern, Nationen und Sprachen sich erworben hat. Wie im atl. Zion baut Gott seine Kirche auf gebrechliche Menschen auf, auf schwache Gestalten wie Petrus und seine Mitapostel und auf so viele andere schwache Vertreter der Sache Gottes in der Welt. Aber Gott steht fest zu ihnen. Das in Christus geschenkte Heil wird niemals mehr widerrufen. So verweist das Bild von Zion als der festen Gründung Gottes auf die Kirche, die Gott erbaut hat und durch seine Kraft unerschütterlich festen Bestand haben wird. Ungläubigen muß dieses Selbstbewußtsein Israels damals, das dann in der von Christus gegründeten Kirche weiterlebt, als Selbsttäuschung, Anmaßung, Herausforderung erscheinen. Den Gläubigen ist Zion, bzw. die Kirche die Wirklichkeit der machtvollen Anwesenheit Gottes in unserer Welt, ein fester Schutz, ein Unterpfand der kommenden Vollendung, ein Abbild des neuen, himmlischen Jerusalem. Wenn Israel und wir diese Zion besingen, dann loben wir Gott, der diese seine Stadt erwählt, geheiligt und groß gemacht hat. Er hat sich unter diesem Bild verpflichtet, allen Menschen Anteil an seiner nie endenden Herrlichkeit zu schenken.

(2) *Das Ende aller Zerstreuung.* Ps 87 verheißt Israel, daß bis in unsere Tage hinein so oft das bittere Los von Verbannung

und Heimatlosigkeit erfährt, daß sein Gott all dem ein sicheres Ende bereiten wird. Entzweiung stand schon an den Anfängen der Menschheit und Israels, wie Kain und Abel, Isaak und Ismael, Jakob und Esau zeigen. Sie zeigt sich dann in der Reichstrennung 928 und später auch in der Entzweiung von Juden und Samaritern. Dies alles wird von Gott überwunden. Er hat sich selbst verpflichtet, die in alle Welt zerstreuten Israeliten „zu sammeln aus allen Völkern und von allen Orten, wohin er sie versprengt hat" (Jer 29,14). Darüber hinaus geht es aber hier um die Zusammenführung aller Menschen in Zion, die bis zur Stunde ebenfalls gespalten, zerstritten, einander entfremdet sind. Eine Vorhut dieser Bewegung waren in der späten Zeit des AT die Proselyten und Gottesfürchtigen aus allen Völkern. Ein erster und entscheidender Höhepunkt dieser Heimkehr aller Völker zum Gott Abrahams ist in Christus und seiner Kirche gegeben, der alle Trennwände zwischen den Menschen niedergerissen hat, wie es der Epheserbrief beschreibt. Wenngleich die Kirche in dieser Zeitlichkeit noch mit mancherlei Ärgernis belastet ist, so bildet sie trotzdem schon den Punkt in der Welt, wo sich die Erfüllung des in Ps 87 Verheißenen ablesen läßt, daß alle Völker und Kulturen in ihr zusammengeführt und ausgerichtet werden auf ihre bleibende Einheit und Heimat bei Gott. Hinweis dafür ist das Pfingstereignis von Apg 2, das die in Gen 11 beschriebene Entfremdung und Entzweiung der Menschen rückgängig macht und sich überall jetzt erneuert, wo Menschen für Gott und sein Heilswerk und damit auch füreinander offen sind.

(3) *Mutter Zion.* Die Einheit aller Menschen, die Gott bewirkt, ist im griechischen Text von Ps 87 durch das Bild von der Mutter Zion erläutert, das ntl. dann auf die Kirche übertragen wurde. Das unscheinbare, verachtete Jerusalem und die stets gefährdete Kirche erweisen sich als eigentlicher Mittelpunkt der Welt, als die eigentliche Metropole/Mutterstadt aller Menschen. Das widerspricht dem Augenschein und dem verengten Gesichtswinkel der Mächtigen dieser Welt, die alles mit ihren vordergründigen Maßstäben messen und damit doch die Wirklichkeit so gründlich verfehlen. Das AT umschreibt dies mit dem Motiv der unfruchtbaren Frau, die gegen alle

menschliche Berechnung zur Mutter vieler Kinder wird wie Sara, Rebekka, Rahel, Hanna, die Mutter Samuels. Hanna bekennt im sogenannten atl. Magnificat: „Die Frau, die unfruchtbar war, bekommt sieben Kinder, die Mutter vieler Söhne aber welkt dahin" (1 Sam 2,5). Zion/Israel war in der atl. Zeit so oft dem Untergang nahe, aber Gott erwies sich an ihm und erst recht an der Kirche als zuverlässiger als alle menschlichen Vorausberechnungen. Das neue Gottesvolk wird „zu einer großen Schar aus allen Nationen und Stämmen, Völkern und Sprachen, die niemand zählen kann" (Offb 7,9). Sie alle rühmen Zion bzw. die Kirche als ihre Mutter, die ihnen Leben, Heimat, Erfüllung bedeutet. So gilt auch dem neuen Jerusalem schon in dieser Zeit immer wieder das prophetische Wort: „Freue dich, du Unfruchtbare, juble und jauchze, denn die Einsame hat jetzt viel mehr Kinder als die Vermählte, spricht der Herr" (Jes 54,1).

4) *Die himmlische Bürgerliste.* Die höchst zuverlässige Bestätigung für alle Menschen, zur Gottesstadt Zion, zum Bundesvolk Gottes zu gehören, ist die Eintragung in die Bürgerliste der heiligen Stadt durch Gott selbst. Wen Gott so ins Buch des Lebens einträgt, der ist bei ihm nie vergessen. Das Taufregister, das die Besiegelung der Gotteskinder festhält, wird erweitert zu dem viel umfassenderen Goldenen Buch des neuen Zion, d. h. der vollendeten Kirche, das Gott selbst anlegt. Wie viele Menschen kämpfen heute oft jahrelang um eine Staatsangehörigkeit! Wie viele sind diskriminiert und werden abgeschoben! Gott selbst, so bezeugt Ps 87, macht dieser Engherzigkeit und Ungerechtigkeit ein für allemal ein Ende. Er selbst fertigt die Dokumente aus und bestätigt die Menschen als die Seinen, und zwar ohne Ansehen von Volk, Rasse, Religion. Er gedenkt ihrer und legt Zeugnis ab für sie, und das ist mehr wert als alle staatlichen Identitätspapiere, als alle Mitgliedskarten der exklusivsten Klubs. Die Bezeugung der Öffnung des neuen Gottesvolkes für die Heidenchristen in Eph 2,19 „Ihr seid also jetzt nicht mehr Fremde ohne Bürgerrecht, sondern Mitbürger der Heiligen und Hausgenossen Gottes", wird nochmals ausgeweitet, nun aber auf alle Menschen, die Gott in Jesus Christus mit der Zugehörigkeit zur

vollendeten Kirche beschenkt. Verflogen ist alle drückende Angst, vergessen und abgeschrieben zu sein, abgeschoben zu werden. Gott dokumentiert allen Menschen, daß er Wert auf sie legt. Gott lehnt so alles kleinkarierte menschliche Denken, das abgrenzt und unterscheiden will, als völlig überholt ab. Über diese Großzügigkeit Gottes staunte Israel. Darüber staunen auch wir, daß so viele außerhalb der Kirche Kinder Gottes, Mitarbeiter Gottes sind. Das meint wohl auch der Begriff „anonymes Christentum" (Karl Rahner), der uns darauf aufmerksam macht, daß viele die Sache Christi in ihrem Einsatz für die Menschen voranbringen, die doch außerhalb der Kirche und des Christusglaubens stehen. Immer wieder müssen auch wir staunend zur Kenntnis nehmen: „Gott ist größer als unser Herz" (1 Joh 3,20).

4. Fragen an uns

Wie alle biblischen Texte müssen wir auch Ps 87 lesen und verstehen als ein prophetisches Hinterfragen unserer Einstellung durch Gott selbst. Wir sind direkt angesprochen, und zwar als Kirche Christi, als Gemeinde, als einzelne und als gesamte Menschheit. Alle Prophetie weist hin auf die eigentliche Wirklichkeit, die wir so gerne verdrängen, und ruft uns zur Umkehr auf, zum Aufgeben von nicht zu haltenden Stellungen, hinter denen wir uns gegenüber Gott und unseren Mitmenschen verschanzt haben.

(1) Zion, die Gottesstadt, wird besungen, die ein deutliches Gegenbild zur gottfernen Weltmacht ist, wo die Menschenwürde auf vielfache Weise mit Füßen getreten wird. Dem alten Babel, dem heidnischen Rom, den Machtzentren unserer Tage, sollen wir Christen das Zion Gottes entgegenstellen als Symbol von Menschenwürde, wahrer Gerechtigkeit und Gleichheit, als Symbol der Königsherrschaft Gottes, die mit Christus „voll Gnade und Wahrheit" (Joh 1,14) in unsere Weltzeit eingebrochen ist. Dieses Zion ist unzerstörbar, anders als das Jerusalem von 586 v. Chr. und 70 n. Chr. Dieses Zion wird nie mehr zum Inbegriff des Hochmuts werden, wie es die Propheten zu ihrer Zeit immer wieder schmerzlich erfahren mußten, nie mehr zum Sitz der ungerechten Machtha-

ber, die Jesus dem Tod überlieferten. Müssen wir aber nicht auch heute in unserem Leben und auch in der Kirche gegen solche Fehlhaltungen ankämpfen? Sind wir nicht alle aufgerufen, schon jetzt etwas vom wahren Zion Gottes zu verwirklichen, von seiner Treue und Offenheit, auch inmitten einer Zeit, die von Gott nicht viel wissen will? Strahlt aus unserem Leben etwas von der frohmachenden Vision von Ps 87 aus, daß von Gott her die Einheit aller Menschen verwirklicht wird?

(2) Abbau aller Entfremdung ist Aufgabe von uns Christen, daran mitzuarbeiten, daß alle Menschen in der Liebe Gottes und in der Freude über seine Güte geeint werden. Etwas von Gottes Herrlichkeit wird dann jedesmal uns durchleuchten, wenn es uns gelingt, in der Kraft seines Geistes die Sprache der Liebe und des Verstehens zu sprechen, wenn wir uns offen halten für alle menschlichen Wirklichkeiten, denen wir begegnen. Bietet uns nicht der Alltag eine Vielzahl von Chancen, unseren kleinen Beitrag zum großen Werk Gottes zu leisten, der alle Menschen zur frohmachenden Einheit in Gott zusammenführt?

(3) Was Ps 87 in den schönen Bildern von der Mutter Zion ausmalt, will auch durch die Mutter Kirche und durch uns Christen in ihr verwirklicht werden. Es liegt an uns, ob unsere Kirche ein Ort der Geborgenheit, der Heimat, des Angenommenseins ist, ob sie sich so darstellt, daß sich die Menschen nicht abgestoßen fühlen, sondern zu Gott und seinem Gnadenangebot hinfinden. Lassen wir uns durch Ps 87 und ähnliche Texte aufmerksam machen auf diese Bedeutung unserer Kirche und unseres Dienstes, den wir unseren Mitmenschen auch in unserer Zeit schulden?

(4) Die Bürgerliste des neuen Jerusalem, die Gott selbst anlegt, stellt eine eindeutige Aufforderung an uns dar, uns mit Gott über alle seine Kinder zu freuen, über alle Menschen, die zu ihm, ihrem Heil, hinfinden. Wie oft aber versperren wir anderen den Zugang zum Zion Gottes? Wie oft ziehen wir Grenzen, die von Gott nicht bestätigt sind, sondern in seinen Augen einen groben Verstoß gegen seine Offenheit und Liebe darstellen? Sehen wir es als Mission unserer Kirche an, den

Erwartungen Gottes als Kinder des einen Vaters gegenüber allen Mitmenschen zu entsprechen? Ermöglichen wir es den anderen, durch uns die Frohe Botschaft von Gott, der alle Menschen zu sich beruft, zu hören und ihr zu glauben?

(5) Wir hören wohl diesen Anruf Gottes an uns durch Ps 87 für unser Leben, für unsere Zeit, stoßen aber sehr bald an unsere Grenzen und leiden am Unvermögen von uns Christen. Aber ebenso oft sehen wir, wie sich Gottes Liebe in der Liebe von Menschen in der Kirche erfahren läßt. Darüber dürfen auch wir uns immer wieder freuen und unsere Freude in festlicher Liturgie, in Lied und Tanz (v. 7) zum Ausdruck bringen. Wir können auch heute noch wie die Urkirche die Erfahrung machen, daß sich „die Frucht des Geistes" in uns zeigt: „Liebe, Freude, Friede, Langmut, Güte" (Gal 5,22). Leben wir auch aus dieser frohen Erfahrung, die auch in Ps 87 überwiegt, daß Gott vollbringen wird, was hier ausgesagt ist: daß alle Welt heimfindet zu ihm, der uns ewige Freude, Erfüllung und Geborgenheit schenken wird?

5. Zur praktischen Bibelarbeit

Für die praktische Bibelarbeit bietet sich nach der Erklärung der wichtigsten Punkte von Ps 87 im Plenum an, die Verheißungen dieses Psalms und seinen Anspruch für uns in kleinen Gruppen gemeinsam zu besprechen und dann in eine aktualisierte Textgestalt zu bringen. Diese soll mit unseren Worten ausdrücken, was dieses alte Zionslied uns hier und heute zu sagen hat. Der erarbeitete Text wird dann von den Gruppen im Plenum vorgetragen und kann dann auch in einem Gottesdienst verwendet werden. Ein solcher Text könnte etwa so aussehen:

(v. 1) Dies ist ein Lied aus alten Tagen, an die dreitausend Jahre alt, ein Loblied auf Gott, unseren Vater, der alle Menschen liebt, ein Lied aber, das auch unserer Zeit noch viel zu sagen hat.

(v. 2) Wir bekennen uns froh dazu, daß Gott sich in der Geschichte auf Menschen, auf das kleine Volk Israel und auf die Davidsstadt Zion in besonderer Weise eingelassen, ja, sich auf sie direkt festgelegt hat. Dies alles gilt auch für die Kirche, das neue Zion. Gott steht einfach dazu. Worauf aber Gott sich so festlegt, darauf können wir uns felsenfest verlassen. Gott steht selbst dann noch zu uns, wenn wir die Kirche, so wie Israel einst die Gottesstadt, immer wieder in Gefahr bringen und ihren Untergang geradezu heraufbeschwören. Zion und Kirche stehen ja dafür, daß man in ihnen Gott begegnen kann, weil er einfach mächtiger ist als alle Mächte des Bösen und weil er stets in ihrer Mitte ist. Wir fragen uns: Warum eigentlich hat Gott das kleine Zion, die Hauptstadt des politisch unbedeutenden Israel, warum hat er uns, die Kirche, vor allen anderen bevorzugt? Warum vertraut Gott seine Sache uns an, die wir seine Kirche oft genug zum Gespött der Welt machen und Gott, der hinter ihr steht, gleichsam bloßstellen? Aber wir müssen einfach von der Tatsache ausgehen: Gott gibt in seiner Gnade Zion, dem Volk Israel, der Kirche, uns allen die Aufgabe, sein Heil allen Menschen zu verkünden und ihnen seine Liebe zu vermitteln, und das trotz unserer Unfähigkeit und trotz unseres Versagens!

(v. 3) Wir müssen uns daher klar machen: Was von Zion, von der Kirche und sogar von uns Großes und Herrliches gesagt werden kann, das verdanken wir allein Gott, der treu zu uns steht und uns stets hilft. Die Handschrift Gottes, seine feste Zusage lassen sich an Zion, an der Kirche, an uns Christen trotz aller Entstellung durch unsere Sünde immer noch deutlich ablesen. Wir können seine Herrlichkeit, die in uns verborgen wirkt, und in den Menschen und in seiner Kirche immer wieder durchscheint, auch mit all unseren Verdunklungsversuchen nicht ganz unterdrücken.

(v. 4) Aber noch erstaunlicher ist, daß sich Gott als der offenbart, der für alle Menschen ohne Ausnahme einfach da ist, nicht bloß für uns. Wir wundern uns darüber. Ja, wir sind manchmal schon ziemlich befremdet, daß Gott sich Freunde und Vertraute aus allen Völkern, Religionen und Schichten beruft, die wir niemals dem Volk Gottes zugerechnet hätten. Wir würden sie eher als notorische Feinde Gottes und seiner

Kirche betrachten, weil sie eigentlich doch ganz andere Ziele haben als wir und Zion, Christus, Kirche oft nicht einmal dem Namen nach kennen. Aber wir müssen staunend zur Kenntnis nehmen: Gott nimmt diese Außenseiter in Liebe an. Er bestätigt feierlich, und zwar gleich dreimal, daß sie zu seinem Volk gehören, daß sie seine Kinder sind.

(v. 6) Sie alle finden in Zion, in der vollendeten Kirche ihre Heimat. Auf einmal sind auch sie stolz darauf, dorthin zu gehören. Sie erhalten Anteil an der Unerschütterlichkeit Zions, der Kirche, von denen sie bisher gar nichts gehalten haben. Und wir unsererseits haben bisher um unsere Stadt bisweilen eigens hohe Schutzmauern und tiefe Gräben gebaut, um mit solch gefährlichen Leuten nicht in Kontakt zu kommen.

(v. 7) Gott selbst aber wird allen Spaltungen und Zwistigkeiten unter den Menschen ein Ende setzen. Er hält dieses für uns unglaubliche und überraschende Geschehen offiziell und sogar schriftlich fest. Er notiert alle in seiner Bürgerliste. Nun braucht keiner mehr Angst zu haben, er sei nur aus Versehen in diese fromme Umgebung gekommen. Und keiner der Frommen darf meinen, Gott habe doch wohl etwas vorschnell und unüberlegt gehandelt, als er solche Außenseiter in seine heilige Stadt hereinberief. Schwarz auf weiß ist nun nachzulesen: Sie alle sind Vollbürger des himmlischen Zion.

(v. 8) Wenn wir unsere Bedenken ablegen, merken wir auf einmal: Es ist höchst angebracht, daß wir Menschen alle in Freudenjubel ausbrechen, wir, die wir immer drinnen waren, und die anderen, die scheinbar nicht zu uns gehörten, aber nun doch mit uns zur Familie Gottes gehören. Wir können es noch gar nicht glauben, daß Gott alles Trennende, alle Vorurteile und Unterschiede aufgehoben hat. Darüber sollen wir uns von Herzen freuen, sollen wir singen und tanzen in einem nie endenden Freudenfest. Wir loben Gott, aus dessen Fülle wir im neuen Zion alle leben, aus dessen Lebensquell wir alle trinken dürfen. Wir danken ihm, der uns allen durch Christus Wohnungen bereitet hat, die nie mehr gekündigt werden. Ja, so ist unser Gott, der reich ist für alle! Er macht uns alle froh, weil wir wissen: Seine Liebe läßt uns nie mehr aus seinen guten Händen fallen.

Literaturhinweise

Hermann Gunkel, Die Psalmen, 5. Aufl., Göttingen 1968
Helmut Lamparter, Das Buch der Psalmen II, 3. Aufl., Stuttgart 1978
Hans-Joachim Kraus, Die Psalmen, 2. Teilband, 5. Aufl., Neukirchen-Vluyn 1978
Alfons Deissler, Die Psalmen, 2. Aufl., Düsseldorf 1979

§ 2
Israel als Vermittler der Weisheit Gottes (Daniel 1)

1. Zur Situation von Dan 1

Die im Buch Daniel berichteten Geschichten und Visionen werden mit Daniel, einem frommen Juden, in Verbindung gebracht, der bei der ersten Eroberung Jerusalems durch den Babylonierkönig Nebukadnezzar 597 als junger Mann in die Gefangenschaft verschleppt wurde. Am Hof des Königs erzogen, stand er in der folgenden Zeit bei den Herrschern des neubabylonischen und des persischen Reichs als Minister in hohem Ansehen. Die weisheitlichen Erzählungen von Dan 1–6 sind sicher erst in späterer Zeit entstanden und sollten die Juden in der Diasporasituation zur Treue gegenüber ihrem Gott ermuntern. Als dann unter dem hellenistischen König Antiochus IV. im Jahr 167 v. Chr. eine blutige Verfolgung der Religion Israels ausbrach, wurden diese Erzählungen zusammen mit den apokalyptischen Visionen von Dan 7–12 aktualisiert. Sie sind ein Appell an Israel, in der scheinbar hoffnungslosen Lage durchzuhalten, und eine Trostbotschaft für die angefochtene Gemeinde, daß sich die Sache Gottes trotz aller Übermacht des heidnischen Königs durchsetzen werde. Dessen Überlegenheit wird sich nach diesen Darstellungen des Buches Daniel durch die Macht Gottes und durch Israels Glauben bald als Täuschung erweisen. Mit Gott, mit seinem Wort und seiner Weisung dagegen ist Israel allen anderen weit überlegen. Dies wird auch bald von den Heiden anerkannt werden. Ein solcher Glaube ist mehr als nur Ausdruck eines übersteigerten Selbstbewußtseins oder ein bloßer Wunschtraum. In diesem Buch Daniel mit seinen Erzählungen und Visionen wird wie auch in allen anderen Büchern der Bibel einfach die Überzeugung ausgesprochen: Gottes Wort, seine Zusage an Israel und an die Welt sind das tragende Fundament unseres Lebens, der letzte Grund dieser Welt, und alles andere ist trügerisch. Israel, an das Gottes Wort in besonderer Weise ergangen ist, muß diese Erfahrung stellvertretend für die gesamte Menschheit machen, daß Gott, der sich der Welt und den Menschen in Liebe und Güte zugewandt hat, allein die Weltgeschichte und die Menschheit in der Hand hat. Hier in Dan 1–6 kommt diese Wahrheit in der literarischen Gattung einer erbaulichen, weisheitlichen Erzählung zur Darstellung, wie sie in den letzten Jahrhunderten der atl. Zeit sehr beliebt waren. Die Botschaft und das Zeugnis dieser Geschichten zu hören und auf die jeweilige Zeit der Leser und Hörer anzuwenden, ist wichtiger als etwa eine genaue Untersuchung des historischen Hintergrunds, der in solchen Erzählungen ziemlich unscharf gezeichnet ist, ohne daß dies ihrer eigentlichen Botschaft Abbruch tut. Daniel und seine Freunde stehen für das stets angefochtene und gedemütigte Israel, das aber dank der ihm von Gott geschenkten Weisheit und aufgrund seines Glaubens an Gott inmitten der heidnischen Weltmacht bestehen kann. Diese muß zuletzt Israels Gott, der an den Seinen Großes tut, als den einen wahren Gott und als den eigentlichen Lenker der Weltgeschichte anerkennen.

2. Der Text und seine Erklärung

Dan 1 läßt sich folgendermaßen einteilen: 1,1 f: Die Einführung der jungen Israeliten am Hof des heidnischen Königs, 1,3–7: Ihre totale Beanspruchung durch die heidnische Weltmacht; 1,8–16: Die Weigerung Daniels und seiner Freunde, dem Gott der Väter die Treue aufzukündigen; 1,17–21: Belohnung ihrer Treue durch Gott, der ihnen Weisheit schenkt, deren Überlegenheit auch von den Heiden anerkannt werden muß.

(1,1 f) Gott hat eintreten lassen, was die Propheten schon

lange angedroht hatten, daß das untreue Juda und die Stadt Jerusalem, die sich von Jahwe abgewandt haben, mit ihrer eigenwilligen Machtpolitik ihre Zukunft aufs Spiel setzen und in die sichere Katastrophe hineintaumeln werden. Jerusalem ist elf Jahre vor seiner Zerstörung zum ersten Mal im Jahr 597 in die Hand der übermächtigen Babylonier gefallen. Dabei wird der junge König Jojachin mit vielen Vornehmen in die Gefangenschaft nach Babylon geführt. Dazu gehören auch Daniel und seine drei Gefährten. Der Tempel wird zum ersten Mal beraubt, ein Vorzeichen für die 586 eintretende endgültige Zerstörung Jerusalems und der Entmachtung der Davidsdynastie. Das Land Schinar steht für Babylon, den Inbegriff der scheinbaren Übermacht der Weltreiche und der gottfeindlichen Mächte über Gott und sein Volk Israel. Der eine wahre Gott hat äußerlich gesehen den Kampf verloren, so wie es in atl. und ntl. Zeiten immer wieder aussieht. Der in Gen 11 geplante Anschlag Babylons auf Gott scheint nun doch zum Erfolg geführt zu haben, – eine große Täuschung, wie die Bibel an vielen Stellen darlegt!

(1,3–5) Die heidnische Weltmacht beansprucht für sich alles, vor allem den Menschen. Sie gaukelt den jungen Gefangenen eine verlockende Karriere vor, wenn sie sich nur dem Heidentum ergeben. Das in diesen Versen geschilderte Ideal eines altorientalischen Weisen, „schön an Gestalt, reich an Kenntnissen, geeignet, im Palast des Königs Dienst zu tun“ (v. 4), wird hier als Ergebnis heidnischer Lebensführung und heidnischer Weisheit dargestellt. Die Geschichte von Dan 1 wird aber zeigen, daß die vier jungen Männer dies alles sehr wohl erhalten werden, aber nicht von Nebukadnezzar, sondern von Gott, dem alleinigen Spender aller Weisheit.

(1,6f) Der totale Anspruch der heidnischen Macht zeigt sich auch darin, daß die Vier neue Namen erhalten, und zwar solche, die eine Loslösung vom wahren Gott und eine Abhängigkeit von den heidnischen Göttern zum Ausdruck bringen. Name bedeutet im Alten Orient das Wesen eines Menschen. Benanntwerden steht für das Ins-Dasein-Treten. Der neue Name für die Vier meint also ein ganz neuer Mensch werden, diesmal aber in Abhängigkeit vom heidnischen König und seinen Göttern. Auf diese Weise soll die Verbindung zum

Glauben Israels und zu Jahwe gründlich unterbunden werden, wie es vom Totalitätsanspruch aller gottfeindlichen Ideologien bis zum heutigen Tag angestrebt wird.
(1,8–16) Da in der Alten Welt das Speisefleisch stets Opferfleisch ist und der Wein in Verbindung mit der Verehrung der Götter steht, sehen die jungen Israeliten in der Annahme der Kost des königlichen Hofes ein Bekenntnis zum Heidentum und einen Verrat an ihrem Glauben. Deshalb ist für sie ein Punkt erreicht, wo sie sich als gläubige Juden klar entscheiden müssen, so wie es für sie in der Diaspora, vor allem in der hellenistischen Zeit, stets aktuell war. Es geht hierbei nicht um eine bloß vordergründige Beobachtung von religiösen Vorschriften, sondern um die grundsätzliche Treue zu ihrem Gott. Der heidnische Beamte geht auf den Vorschlag der Vier ein und erlebt als ersten Beweis der Richtigkeit des Glaubens Israels, daß die jungen Männer sich besser entwickeln und gesünder sind als die anderen. Er und die Vier erfahren so, daß sich die Treue zum wahren Gott doch bezahlt macht.
(1,17–21) Darüber hinaus erhalten die jungen Israeliten von Gott Weisheit geschenkt, wobei Daniel besonders bevorzugt ist, – eine literarische Klammer zu den folgenden Kapiteln des Buches! Nun erweist es sich auch vor dem heidnischen Großkönig, der doch als der Zerstörer des Tempels in Jerusalem der Vertreter der gottfeindlichen Weltmacht ist, daß die vier jahwetreuen Männer allen heidnischen Weisen weit überlegen sind, so wie es dann auch in den folgenden Kapiteln des Danielbuches geschildert ist. Die Gläubigen und Gottesgetreuen, die sich in der großen heidnischen Weltstadt wie verloren vorkommen, erfahren dabei, daß sie als von Gott selbst Belehrte und mit Weisheit Beschenkte für die stolzen Heiden und für die Welt auf einmal unentbehrlich geworden sind. Die Welt kann ohne Israel und ohne seinen Glauben nicht leben!

3. Themen von Dan 1

(1) *Hat Gott verspielt?* Hinter Dan 1 steht die Erfahrung Israels, daß die Sache Gottes zwar immer in Gefahr ist, und daß es immer wieder so aussieht, als ob Gott wegen der bösen Weltmacht und des Unglaubens der Menschen das Spiel in

der Welt verloren hätte. Das Chaos von Gen 1 scheint doch immer wieder die Oberhand gewonnen zu haben. Die Nachkommen der gottfeindlichen Erbauer von Babel (Gen 11) scheinen ihren Rückschlag überwunden zu haben. Es ist ihnen gelungen, die Stadt Jahwes zu zerstören. Sie haben den Nachkommen Abrahams das Land abgenommen und haben sie wieder nach Babylon zurückgebracht. So haben sie das Rad der Geschichte weit zurückgedreht. Was Gott mit der Herausführung Abrahams in der Heilsgeschichte begonnen hat, scheint also in der babylonischen Gefangenschaft Israels schmählich zu Ende gegangen zu sein. Solche Ängste bedrängten das kleine Israel zu allen Zeiten. Stets war es von innen und außen bedroht und mußte Niederlagen, Verbannung und Leben in einer weltweiten Diaspora auf sich nehmen. Dazu kam 167 unter dem grausamen König Antiochus IV. die blutige Verfolgung des jüdischen Glaubens. Dieser Tyrann steht zeitgeschichtlich gesehen im Buch Daniel hinter der beschriebenen Weltmacht, die alles an sich zieht, sich an die Stelle Gottes setzen will und ihren Anspruch in der Geschichte mit Gewalt auch durchsetzt. Dan 1 und die folgenden Geschichten sowie viele andere Abschnitte der Bibel bezeugen den gläubigen Juden: Es ist gar nicht so! Der Schein trügt! Haltet in Treue aus wie der junge Daniel und seine Gefährten, dann werdet auch ihr erfahren, daß der alte Gott noch lebt und den Weltmächten aller Zeiten haushoch überlegen ist!

(2) *Treue zu Gott.* Das Festhalten an Gott und seinem Wort allein ist das richtige Verhalten. Den vier jungen Männern und den Gläubigen aller Zeiten wird von der menschlichen Klugheit immer wieder nahegelegt, doch endlich von dem überholten Glauben an Gott abzulassen, sich den Stärkeren in der Geschichte zu unterwerfen. Aber die Erfahrung Israels und aller Religionen bezeugen, daß ein solcher Verrat an der Wahrheit für den Menschen keine echte Alternative darstellt, sondern in Wirklichkeit Selbstbetrug ist. Die Treue zu Gott, das gläubige Festhalten an ihm, dem Getreuen und Zuverlässigen, sind es allein, was Israel und den Menschen Zukunft gibt. In unserer Erzählung wird dies mit den zwei, zum Staunen der Heiden erfolgreich ausgehenden Proben belegt. Israel war in

seiner Geschichte stets versucht, es anders zu machen, etwa durch Vertrauen auf eigene politisch-militärische Anstrengungen, durch Bündnisse mit den Großmächten und durch Übernahme der jeweils geltenden Ideologien. Jedesmal aber sind solche Versuche gescheitert, am katastrophalsten beim Untergang Jerusalems 586 mit der daraus sich ergebenden heillosen Situation der Überlebenden in der Babylonischen Gefangenschaft. Wenn aber Israel seinem Gott die Treue hält, wenn es seinem Wort und seiner Zusage gläubig vertraut, wenn es den Mut hat, zu seiner Aufgabe zu stehen, dann erfährt es, daß seine Existenz auf ein solides Fundament gebaut ist, das sich entgegen aller menschlicher Berechnung allein als wirklich tragfähig erweist.

(3) *Gottes Wahrheit setzt sich durch.* Gott belohnt den Mut und die Treue der Seinen mit Gaben, die sie allen anderen weit überlegen machen. Gottes Gebot erweist sich dabei als ein Gesetz, das man nicht beliebig beachten oder mißachten kann, sondern als eine Weisung für das Leben, als ein wirksames Wort, als das eigentliche Lebensprinzip, das durch nichts anderes zu ersetzen ist. Alle Reiche und Ideologien der Weltgeschichte, die sich auf dem Fundament bloßer Macht und rücksichtsloser Durchsetzung der eigenen Interessen aufbauen, gehen ganz sicher zugrunde. Das kleine Israel dagegen, in den Augen der Welt „ein verlorener Haufen", die ewig Gestrigen, die Unbelehrbaren, überlebt sie alle, wie es für mehr als tausend Jahren die atl. Schriften aufzeigen. Ausdruck dieser Überzeugung, literarische Einkleidung dieser Glaubenserfahrung sind solche lehrhaften Erzählungen wie Dan 1–6, die auf den ersten Blick als bloße Legenden erscheinen, die aber durch die Geschichte Israel in ihrer Wahrheit tausendfach belegt sind. So ist auch das in Dan 1 Beschriebene zu sehen, daß die vier jungen Israeliten gesünder und kräftiger sind als die übrigen, die von der reichen Tafel des Königs essen. Ebenso der zweite Hinweis in Dan 1 auf Gottes Engagement und auf die Weisheit, welche die Vier von Gott erhalten, welche sie aller heidnischen Weisheit weit überlegen macht. Es wird hier die Tatsache bezeugt, daß zu allen Zeiten Menschen, die aus dem Glauben leben, auf die letzten Fragen der

Menschen eine echte Antwort zu geben vermögen. Sie können diese Antwort auch vorleben und zwar mit einer Sicherheit, wie sie die Mächtigen dieser Zeit und ihre Ideologien nicht zu geben vermögen. So gesehen ist Dan 1 eine Geschichte, die sich in der Welt schon ungezählte Male ereignet hat und sich auch heute noch ereignet.

(4) *Anerkennung durch die Heiden.* Dan 1 will Israel klar machen, daß es seine Aufgabe an den Heiden nur erfüllt, wenn es aus seinem Glauben an Jahwe lebt und bezeugt, daß Gottes Wort und Weisung treffend das Wesen des Menschen umschreiben und daher nur zum Schaden des Menschen abgelehnt werden können. Auch die Heiden lernen dies aus Dan 1. Es gibt Beispiele dafür, daß Heiden in der atl. Zeit den Reichtum des Glaubens Israels erkannten. Die Geschichte der Kirche, in der die Heidenchristen sehr bald die Mehrzahl ausmachten, ist ein weiterer Punkt, wo bis zum heutigen Tag der atl. Gottesglaube ungezählte Menschen erreichte, und wo sich so die alte Hoffnung Israels auf Anerkennung ihres Gottes durch die anderen Völker in großartiger Weise verwirklicht. Dan 1 bringt aber für seine Zeit einfach die alte Überzeugung Israels zum Ausdruck, daß die in Gen 12,3 an Abraham ergangene Verheißung, er werde zum Segen für alle Völker werden, durch Gott in jedem Fall erfüllt wird, auch wenn es damals nicht sichtbar war, wie das geschehen könne. Hinter Dan 1 und ähnlichen Erzählungen steht das durch das Beispiel ungezählter Menschen abgesicherte Zeugnis der Geschichte Israels, daß es in der Kraft Gottes trotz aller Rückschläge seinen Auftrag erfüllen wird, den Völkern die Wahrheit über den Gott zu bezeugen. Er, der die Menschen erschaffen und begnadet hat, wird sich vor aller Welt einmal unübersehbar als Heil aller Menschen offenbaren.

4. Fragen an uns

(1) Die Sache Gottes in der Kirche Christi, die er selbst als „kleine Herde“ (Lk 12,32) charakterisiert, ist eine Größe, die inmitten der Übermacht der Weltmächte stets dem Untergang nahe erscheint. Das wird von uns zu allen Zeiten der Kirchen-

geschichte erschreckend empfunden. Babel scheint stets stärker zu sein als das Gottesvolk. Damit müssen wir Gläubigen uns abfinden; es gehört mit zum Geheimnis des Kreuzes. Aber zugleich muß die angefochtene Kirche, müssen wir Christen, die unter dieser ständigen Gefährdung der Sache Christi leiden, auch wissen, daß wir stets in der Gefahr sind, die Wirklichkeit mit einer falschen Brille zu sehen und dem Kleinglauben in uns Raum zu gewähren. Denn das will Dan 1 wie alle biblischen Texte bezeugen, daß die Macht Gottes selbst noch in der verfolgten Kirche und im Leben der bis ins letzte angefochtenen Christen allen Supermächten unserer Welt weit überlegen ist. Das meint Christus, wenn er vom Glauben spricht, der so klein ist wie ein Senfkorn und doch Berge versetzen kann (Mt 17,20). Der Glaube verläßt sich auf die Macht Gottes und ist durch sie stärker als alle Mächte unserer Zeit, mitsamt ihren Milliardeneinkommen, ihren Atombomben und all ihrem Pomp. Die Frage an uns ist nur: Werden wir diese Spannung aushalten oder vertrauen wir den vielen Scheingrößen unserer Welt mehr als der Macht unseres Gottes?

(2) Auch wir sind ständig in Gefahr, falsche Götter anzubeten, Macht, Ehre, Besitz, und uns von ihnen vereinnahmen zu lassen. Unsere eigentliche Kraft kommt aber von Gott, von seinem Wort und seiner Weisung, von seiner Zusage, daß er stets in unserer Mitte ist. Dies alles ist uns in Christus zuteil geworden. Er schenkt uns seinen Geist, der uns und die ganze Kirche durchpulst und ungeahnte Kräfte in uns freimachen kann. Statt fasziniert oder ängstlich gebannt vor der Machtentfaltung der Welt zu stehen, die uns zu verschlingen droht, sollen wir auf die Macht des Wortes Gottes und seines Geistes vertrauen. So wie Daniel und seine Freunde müssen wir diese Weltmächte mutig hinterfragen und als „Papiertiger" entlarven, die keinen Menschen glücklich machen, ihn höchstens die eigene Sinnverwirklichung verfehlen lassen. Dazu ist Mut nötig! Haben wir ihn heute als Kirche und als einzelne? Wagen wir es, den Mächtigen und dem, was heute einfach gängig ist, zu widersprechen? Haben wir den Mut, auf Gottes Wort hinzuweisen, von dem wir mehr leben als von allen Dingen unse-

rer Welt? Sie bedeuten aber auch uns soviel und bringen uns daher immer wieder in die Gefahr, uns selbst und die anderen zu verraten.

(3) In Dan 1 kommt im Widerstand der vier Getreuen das unzerstörbare Selbstbewußtsein Israels zum Ausdruck, daß die Gläubigen mit Gott stärker sind als alle Unheilsmächte zusammen, und daß Gott sie bei der Erfüllung ihrer Aufgabe unterstützt, „Licht aller Völker" (Jes 49,6) zu sein. Selbst alle menschliche Berechnung, die es Israel und der Kirche stets nahelegt, sich anzupassen, sich selbst aufzugeben, nicht immer anders als die anderen sein zu wollen, konnte diese Kraft in Israel und in der Kirche nicht zerstören. Die Gläubigen leben aus dem Bewußtsein, daß es höchste Klugheit ist, die sich allein wirklich bezahlt macht, diesen verborgenen Schatz zu bewahren, diese wertvolle Perle unter Hingabe von allem anderen zu erwerben. Das ist menschlich gesehen Torheit. Halten wir aber diese angebliche Torheit durch oder zerstören wir durch eine falsch verstandene Anpassung an die „Welt" das Wichtigste in uns? Enttäuschen wir dadurch auch noch andere, die auf unseren Glauben warten und sich an dem Selbstbewußtsein der Gläubigen festklammern möchten? Halten wir unseren Glauben durch, der letztlich nichts anderes ist als bewußtes Leben aus der größeren, wenngleich noch unsichtbaren Kraft Gottes?

(4) Wie irdische Macht, menschliches Wissen, Besitz, Ansehen von einem Tag zum anderen jäh zusammenbrechen können, erfahren wir oft und oft. Daß die großen Ideologien dieser Welt gerade auf die letzten Fragen des Menschen nach dem Sinn seines Lebens keine Antwort geben können, ist deren schwächste Seite, die sie durch keinen Machtaufwand, durch kein lautes Auftreten und durch keinerlei sonstigen Äußerungen ihrer eigenen Unsicherheit überspielen können. Die Krisen, die auch in unserer Zeit die Welt erschüttern, machen klar, daß wir unser Menschsein weitgehendst falsch programmiert haben. Und genau dort liegt der Ansatzpunkt für das Zeugnis Gottes, das uns gegeben ist. Wie Daniel in c. 1 und noch mehr in den folgenden Kapiteln sind in der Welt auf einmal die Gläubigen gefragt, wenn sich alle menschliche

Weisheit verausgabt hat. Wissen wir darum, daß wir diese prophetische Aufgabe haben, die Menschen auf diese Wirklichkeit hinzuweisen, ganz besonders dann, wenn alle menschliche Sicherheit zusammenbricht? Haben wir den Mut dazu oder begnügen wir uns damit, für uns selber ja schon die richtige Antwort gefunden zu haben?

5. *Zur praktischen Bibelarbeit*

Es dürfte nicht schwierig sein, in einer Gruppe Dan 1 so zu besprechen, daß deutlich wird, daß wir heute eigentlich in der gleichen Situation wie die vier jungen Israeliten sind. Auch wir werden nämlich von den Mächten dieser Welt ganz in Anspruch genommen und stehen in Gefahr, sie als die entscheidenden Größen unseres Lebens zu betrachten. Wir müssen dann auch eine klare Gegenposition beziehen und uns ganz offen für die größere Wirklichkeit Gottes entscheiden. Auch wir erfahren dabei, daß wir den Menschen auf diese Weise einen größeren Dienst tun, als wenn wir uns verstecken und das Talent unseres Glaubens und der uns von Gott geschenkten Weisheit vergraben. Eine anregende Methode der praktischen Bibelarbeit, in welcher diese Erfahrungen und die Aufforderung Gottes an uns eingebracht werden könnten, ist z. B., in Untergruppen in einer fast spielerischen Weise, die aber tief geht, für das Fernsehen am Samstag abend ein „Wort zum Sonntag“ zu erarbeiten. Darin legt Daniel selbst den mehr oder weniger interessierten Zuschauern, Gläubigen wie Nichtgläubigen, einfach dar, worin er die Aktualität dieser Geschichte für uns heute sieht. Das „Wort zum Sonntag“ könnte etwa so aussehen:
Meine sehr geehrten Hörerinnen und Hörer! Gestatten Sie, daß ich Ihnen heute abend eine kurze Geschichte aus meinem Leben erzähle. Sie werden natürlich fragen: Was kann denn dieser komische Heilige, der vor fast 3000 Jahren gelebt hat, uns im 20. Jahrhundert sagen? Bei allem Respekt vor den vielerlei Fortschritten, welche die Menschheit in den letzten Jahrhunderten gemacht hat, scheint mir doch, daß die Probleme der Menschen in erstaunlicher Weise eigentlich doch die gleichen geblieben sind. Gleich geblieben sind leider auch die

angebotenen und verwirklichten falschen Lösungen, aber eigentlich auch die richtigen Lösungen, die wir trotz allem immer wieder finden.

(v. 1 f) Es war genau im Jahr 597 v. Chr. Wieder einmal hatten es unsere supergescheiten Politiker und Generale geschafft, einen Krieg anzufangen und ihn dann auch gründlich zu verlieren. Ein paar tausend Erschlagene waren der bittere Preis für ihren unsinnigen Ehrgeiz. Und noch eine andere Gruppe von Menschen mußte für die verfehlte Politik unserer Führung büßen: Mit unserem jungen König zogen Tausende in die Gefangenschaft in das fremde Babylon, darunter auch ich mit drei Freunden, die eben 16 Jahre alt geworden waren. Es versteht sich, daß die gleichen Leute, die zuvor alle Warnungen der Propheten in den Wind geschlagen hatten und sie als Phantasten verlacht hatten, nun nicht versäumten zu sagen: Jahwe hat wieder einmal einen Krieg für uns verloren! Sie waren dann auch schnell dabei zu sagen: Ob wir uns nicht einen erfolgreicheren Gott zulegen sollten? Am besten einen, der so viele Divisionen hat wie der von Babylon! So kann man sein Fehlverhalten auch bewältigen, oder besser gesagt, verdrängen! Machen es die Menschen von heute wesentlich anders?

(v. 3–5) Immerhin! Äußerlich gesehen ging es mir und meinen drei Freunden auch in der Gefangenschaft noch recht gut. Wir wurden nämlich bald aus dem Lager geholt, um am Königshof zu Staatsbeamten herangebildet zu werden. Daß man mit den Jungen anfangen muß, wenn man ein Volk umfunktionieren will, das wissen ja auch heute alle totalitären Systeme. Die Alten sind schon zu unbeweglich geworden und stellen vor allem möglicherweise zu viele Fragen! Daß man junge Leute zu Funktionären und zu Statthaltern der Kolonialmacht heranzieht, um sie dann als treue Paladine und Marionetten der Parteizentrale in den Vasallenstaaten einzusetzen, ist ja auch keine Erfindung des 20. Jahrhunderts! Es fehlte uns an nichts. Der Wein, die gute Ernährung und der für Verbannte phantastisch hohe Lebensstandard, waren es der Zentrale schon wert, um uns den alten Glauben an den Gott der Väter abzukaufen!

(v. 6 f) Einen neuen Namen gaben sie uns auch. Die Vergangenheit sollte uns gründlich ausgetrieben werden. Nicht mehr

Jahwe, den Gott unserer Väter, sondern die siegreichen Staatsgötter mit ihren komischen Namen sollten wir nun anbeten und uns mit unseren neuen Namen zu ihnen bekennen.
(v. 8–16) Aber bei uns Vieren kam der allmächtig scheinende Staat an die Falschen. Wir waren uns bald klar: In irgendeiner Form müssen wir dagegen protestieren! Wir dürfen uns nicht einfach umfunktionieren und für die Staatsreligion und die Verherrlichung der rücksichtslosen Machtausübung gewinnen lassen! Seinen Gott kann man doch nicht so wie ein Hemd einfach wechseln! Meinen Sie nicht auch? Zugegeben, es waren Kleinigkeiten und an sich unbedeutende Vorschriften, mit denen wir unsere Treue zu unserem Gott und auch zu uns selbst zum Ausdruck bringen wollten. Aber irgendwo ist doch eine Grenze! Irgendwo muß man das deutlich zum Ausdruck bringen! So weigerten wir uns einfach, das Götzenopferfleisch zu essen und den Wein der Gleichmacherei zu trinken. Die erste Überraschung war, daß unsere Ausbilder zwar zuerst noch alle möglichen Ängste hatten, sie könnten mit ihrer Nachgiebigkeit ihre Posten in Gefahr bringen. Als wir jedoch uns besser entwickelten als die anderen, war diese erste Runde für uns schon gewonnen. Das Zeichen unseres Protests gegen eine menschenfressende Staatsallmacht und gegen eine Anbetung der Macht war gesetzt!
(v. 17–21) Es erwies sich auch bald, daß wir im Begreifen der Studieninhalte den anderen weit voraus waren, weil wir ganz bewußt aus dem Wort Gottes lebten und uns um seine Weisheit bemühten. Diese ist der stumpfsinnigen Staatsideologie, welche die Menschen nur versklavt und zu willenlosen Befehlsempfängern macht, haushoch überlegen. Dieses Rezept gilt eigentlich auch heute noch. Sie sollten es doch auch einmal probieren! Müssen wir denn die Grundlinien unseres Lebens aus Parteiprogrammen, aus einer einseitig gesteuerten Presse, aus Illustrierten und Magazinen mit ihren Skandalgeschichten beziehen? Wollen Sie Ihr Leben von den Börsenblättern bestimmen lassen, wo der Wert des Menschen allein nach Gewinn und Ausweitung des Bruttosozialprodukts berechnet wird? Sollen Sie sich von Ideologien und neuen Religionen bis ins letzte manipulieren lassen, die auf nichts anderes als auf die Unterdrückung der Persönlichkeit und Freiheit abzielen? Wir

hatten uns klar dafür entschieden, unsere Weisheit von Gott und seinem Wort, von den guten Erfahrungen unserer Vorfahren seit Jahrhunderten zu beziehen. Sie berichten uns, wie sich Gott stets als Befreier der Menschen gezeigt hat und für sie eingetreten ist, gleichgültig wo und von wem die Menschen versklavt wurden. So wie Eure Therapeuten mußte ich mir auch stundenlang anhören, was der König und seine Großen bei ihrem Gieren nach immer mehr Macht als nicht eingeplante Störung empfanden. Ich bemerkte sehr bald, wie diese scheinbar glücklichen Anbeter der Macht, die von vielen beneidet werden, in Wirklichkeit doch eher arme Irre sind, denen wir Gläubigen aus der Sicherheit unseres Glaubens heraus viel sagen können, unter anderem auch, was sie eigentlich so total falsch machen. Und Sie werden sich wundern: Diese scheinbar so Mächtigen, vor denen alle zittern, hörten sich auf einmal aufmerksam an, was so ein gefangener Jahweverehrer mit seinen angeblich so hoffnungslos überholten Anschauungen ihnen zu sagen hatte. Die gescheiten Zeitgenossen hatten uns im Gegenteil doch prophezeit, daß wir auf diese Tour mit unserem Glauben und unserem Mut am Hof bald ausgespielt haben würden. Aber genau das Gegenteil war der Fall! Die verunsicherten Großen des Reiches, an ihrer Spitze der König, erspürten instinktiv die innere Sicherheit, die wir aus dem Glauben an unseren Gott ausstrahlten, und sie beneideten uns eigentlich darum. Machen Sie, meine sehr geehrten Zuhörerinnen und Zuhörer, heute nicht auch solche Erfahrungen? Sie und andere meinen zuerst, man solle seinen Glauben und seine Überzeugungen am besten verstecken oder höchstens am Sonntag für eine knappe Stunde aus dem Kasten holen. Dann kommen aber auf einmal Leute, von denen Sie es gar nicht erwartet hätten, auf uns Gläubige mit vielen Fragen zu, weil sie von uns einfach erwarten, daß wir doch von unserem Glauben her eine Antwort haben müßten. Achten Sie doch selbst einmal in der kommenden Woche auf solche gar nicht so seltenen Anfragen! Sie dürfen überzeugt sein und werden es erfahren: Der Glaube und eine feste Überzeugung sind auch heute mehr gefragt, als Sie und andere es sich eingestehen wollen! Das wird wohl so sein, solange es Menschen gibt. Das ist eine Tatsache, die wir gläubigen Menschen nicht einfach übersehen oder verdrängen sollten. Probieren Sie es doch auch wieder einmal, im Alltag bewußt aus dem Glauben zu leben und nicht einfach immer mit dem Strom zu schwimmen! Sie werden durch den Glauben auf einmal ein ganz neues Lebensgefühl erreichen, um das Sie viele andere beneiden, von denen Sie es gar nicht erwartet hätten. Das ist für die Gläubigen nicht nur eine Chance, die wir nützen sollten; – das wäre zu billig gedacht! – das ist vielmehr eine Aufgabe, die wir unseren Mitmenschen gegenüber einfach erfüllen müssen. Das wollte ich Ihnen heute abend als Wort zum Sonntag sagen. Ich meine: Es lohnt sich sehr, darüber etwas nachzudenken und das Leben nach diesen alten Wahrheiten immer wieder neu zu programmieren. Meinen Sie nicht auch? Ich wünsche Ihnen noch einen guten Abend und viel Erfolg dabei!

Literaturhinweise

Otto Plöger, Das Buch Daniel, Gütersloh 1965

Norman W. Porteous, Das Buch Daniel, 3. Aufl., Göttingen 1967

Werner Keßler, Zwischen Gott und Weltmacht. Der Prophet Daniel, 4. Aufl., Stuttgart 1973

Augustinus Kurt Fenz, Und dennoch siegt Gott. Daniel 1–14, Stuttgart 1973

2. Abschnitt: Ein ewiger Bund mit David

Es wäre zu wenig, wenn man in David, der als zweiter König in Israel um das Jahr 1000 v. Chr. sein Königtum aufrichtete und dem Gottesvolk in der Stadt Jerusalem ein religiöses und politisches Zentrum gab, nur einen glücklichen Zufall der Geschichte Israels sehen wollte. David, der aus dem kleinen Stamm Juda kam, hatte Saul, den glücklos regierenden ersten König in Israel aus dem Stamm Benjamin, abgelöst und dann den Angriffen der bisher übermächtigen Philister erfolgreich ein Ende bereitet. Da in diesen Jahrzehnten weder Ägypten noch die mesopotamischen Staaten an eine Unterwerfung Kanaans denken konnten, gelang es David, seine Herrschaft nach allen Seiten abzusichern und so den geeinten Stämmen in seinem Reich erstmals das Gefühl der Zusammengehörigkeit und Stärke zu vermitteln. Die Einführung des Königtums in Israel ging aber keineswegs einfach vor sich. Es stand ja im Gegensatz zu dem Grunddogma israelitischen Glaubens: Jahwe ist unser König! So hatte der Richter Gideon noch die ihm angetragene Königswürde mit klaren Worten abgelehnt: „Ich will nicht über euch herrschen, der Herr soll über euch herrschen" (Ri 8,23). Die Auseinandersetzungen zwischen Befürwortern und Gegner des Königtums in Israel lassen sich in vielen atl. Schriften feststellen, vor allem im 1. Samuelbuch, das berichtet, unter welchen Schwierigkeiten Saul von Samuel zum König bestellt wurde, und wie dieser erste Ansatz nach anfänglichen Erfolgen auch jäh scheiterte. Dort begegnen wir auch verschiedenen Berichten über das verworrene Verhältnis zwischen Saul und seinem Konkurrenten, dem jungen David. Es ist auch deutlich zu spüren, daß David auch nach dem Tod Sauls noch viele Gegner seines Königtums hatte. Auf der Flucht vor Saul wird er zum Partisanenführer im südlichen Palästina und stand zeitweise auch im Dienst der verhaßten Philister. David wurde zunächst in Hebron zum König von Juda gewählt und erst nach sieben Jahren von allen Stämmen als König von Gesamtisrael anerkannt. Dabei verstand er es, den Stämmen im neu eroberten Jerusalem, wohin er die Bundeslade übertrug, auch einen religiösen Mittelpunkt zu geben.

Mit David tritt nach atl. Glauben nicht einfach der begabtere und glücklicher als Saul taktierende König auf, dessen Dynastie dann über 400 Jahre in Jerusalem regieren sollte. David ist vielmehr in erster Linie der erwählte Liebling Gottes, mit dem Jahwe über seinen Propheten Natan einen ewigen Bund schloß, der auch durch Davids und seiner Nachfolger Sünden letztlich nicht gefährdet werden konnte. Über diesen Davidsbund berichtet 2 Sam 7, ein Text, von dem sich in den folgenden Jahrhunderten die atl. Erwartungen des messianischen Heilskönigs aus dem Haus David ableiteten. In Anlehnung an die altorientalische Königsideologie gilt der König in Jerusalem dem AT als irdischer Repräsentant, ja als Adoptivsohn Jahwes. Er wird auch als geheiligter und unantastbarer Gesalbter/Messias Gottes angesehen, der in besonderer Weise mit dem Geist Gottes ausgestattet ist und den rettenden Einsatz Gottes für sein Volk verkörpert. David selbst und noch mehr seine Nachfolger verwirklichen dann tatsächlich alle möglichen Fehlentwicklungen des Königtums, vor denen seine Gegner zuerst gewarnt hatten. Noch unglücklicher als im Süden entwickelte sich dann das Königtum im getrennten Nordreich 928–721, in dem die meisten Könige durch Revolution und durch die Ermordung ihres Vorgängers zur Macht kamen. Aber zu allen Zeiten hielt der Glaube Israels daran fest, daß sich auch an dieser fragwürdigen Einrichtung des Königtums die unerschütterliche Treue Gottes offenbaren werde, soviel Schuld auch die Könige auf sich laden mochten. So mußten gerade die härtesten Kritiker des davidischen Königtums, die Propheten wie Jesaja oder Micha, den Königen wohl ihre Schuld und ihren alles gefährdenden Unglauben vorhalten. Zugleich kündeten sie im Namen Gottes an, Gott werde ganz sicher auf eine neue und völlig unerwartete Weise aus dem Baumstumpf Isais (Jes 11) doch wieder einen neuen Zweig, den messianischen Heilskönig, hervorwachsen lassen, der Gott gefällt und die ewige Königsherrschaft Jahwes durchsetzen wird. Und selbst in der Zeit nach dem schmählichen Untergang des Königtums (586) bis hin zu Christus hält Israel stets daran fest, Gott werde alle diese seine Heilszusagen an Israel über einen Davidsnachkommen, den Messias, sein Heil an Israel verwirklichen. Ein Beispiel für dieses Festhalten an der

Bedeutung Davids ist das chronistische Geschichtswerk um 300, das David stark idealisiert darstellt. Auch im ganzen NT begegnet uns die Überzeugung, daß dieser endzeitliche Davidsnachkomme Jesus von Nazaret ist, der als Kind in der Davidsstadt Betlehem geboren und am Ostertag von Gott zum Herrn von Zeit und Ewigkeit eingesetzt wurde. Er verwirklichte als König der Herrlichkeit das Heil aller im Reich Gottes, freilich auf eine ganz andere Weise, als es das zeitgenössische Israel erwartet hatte. Bei der Verkündigung an Maria kommt dies in einer an 2 Sam 7 und des Jes 9 anknüpfenden Aussage klar zum Ausdruck: „Gott, der Herr, wird ihm den Thron seines Vaters David geben. Er wird über das Haus Jakob in Ewigkeit herrschen und seine Herrschaft wird kein Ende haben“ (Lk 1,32 f.). Jesus selbst verkündet und verkörpert die absolute Königsherrschaft Gottes, die alle Unheilsmächte in der Welt endgültig überwindet und allen Menschen Anteil an seiner Herrlichkeit gibt. Sie alle sind nur durch ihn „ein auserwähltes Geschlecht, eine königliche Priesterschaft, ein heiliger Stamm, ein Volk, das sein besonderes Eigentum wurde“ (1 Petr 2,9). In verschiedenen theologischen Ansätzen spricht das AT in mehr als zehn Jahrhunderten von David und seinem ewigen Königtum, ebenso klar aber auch von seinen Grenzen und seinem Versagen. Entscheidend ist aber für David und sein Königtum die große theologische Aussage, daß Gott, an die Verheißungen an Abraham anknüpfend, sich in David unwiderruflich zum Heil der gesamten Menschheit festgelegt hat. David ist mit seinem Königtum, das in Christus seine Erfüllung findet, wie andere Personen und Einrichtungen des AT ein Modell der biblischen Darstellung geworden, wie Gott über Menschen das Heil aller Welt verwirklicht: David ist von Gott berufen, begnadet, erhöht. Er wird aber Gott und seiner Berufung immer wieder untreu und verweigert ihm den vollen Glauben. Und doch steht Gott treu zu ihm und zur Menschheit und hält sich an die einmal gegebene Zusage. David selbst und noch mehr seine Nachfolger machen so mit ihren Sünden und Torheiten überdeutlich, daß es überhaupt nicht an menschlicher Tüchtigkeit oder Frömmigkeit liegt, wenn das Heilswerk Gottes gelingt. Das davidische Königtum mußte zuerst gründlich bankrott machen, bevor der

Heilsweg der göttlichen Weisheit offenbar werden konnte. Dieser geht über Jesus von Nazaret, über das Kind von Betlehem, über den leidenden und sterbenden Gottesknecht, der von Gott erhöht und zum König der ewigen Herrlichkeit erhoben wird. Gott läßt so in Jesus Christus die Königsherrschaft Gottes und die armselige menschliche Linie des davidischen Königtums zusammenlaufen. Diese Linie von David zu Christus, die einen verschlungenen und von Sünden gezeichneten Weg markiert, erreicht dann dank der Kraft und der Liebe Gottes in Jesus Christus doch ihr Ziel. Dem verherrlichten Herrn, in dem Gott und Mensch untrennbar miteinander verbunden sind und in dem der Bund Gottes mit David eingelöst wird, ruft die erlöste Schöpfung zu: „Würdig ist das Lamm, das geschlachtet wurde, Macht zu empfangen, Reichtum und Weisheit, Kraft und Ehre, Herrlichkeit und Lob" (Offb 5,12), denn „jetzt ist er da, der rettende Sieg, die Macht und Herrschaft unseres Gottes und die Vollmacht seines Gesalbten" (Offb 12,10).

Von den beiden Beispielkapiteln berichtet das erste, 1 Sam 16, von der Salbung des Hirtenknaben David zum König in Israel, der dann in der Kraft des Geistes Gottes Großes tun wird, und nennt so ein Grundgesetz des göttlichen Heilshandelns, daß „Gott das Schwache in der Welt erwählt, um das Starke zuschanden zu machen, damit kein Mensch sich rühmen kann vor Gott" (1 Kor 1,27.29). Das ist eine deutliche prophetische Kritik an dem späteren davidischen Königtum und an seinem Hochmut. – Das zweite Beispielkapitel, Micha 5,1–4a, bringt ebenso die Kritik Gottes am entarteten davidischen Königtum zum Ausdruck, aber zugleich auch den Hinweis auf den kommenden gottgefälligen Davidskönig, der seinen Gott und sein Volk nicht mehr enttäuscht, durch den sich vielmehr die Herrschaft und der Friede Gottes in der Welt endlich durchsetzen.

§ 3
Gottes Maßstäbe sind anders (1 Samuel 16,1–13)

1. Zur Situation von 1 Sam 16,1–13

David wird im AT als Liebling Gottes dargestellt, der trotz seiner Sünden und Fehler Großes erreichen konnte für Israel. Aus seiner Jugend berichtet 1 Sam 16, wie er, fast wie im Märchen, vom unbekannten Hirtenknaben durch Gottes Erwählung und Fügung zum König aufsteigt. Entscheidend war: „David hatte bei allen seinen Unternehmungen Erfolg, und der Herr war mit ihm" (1 Sam 18,14). Saul dagegen, der David mehrfach nach dem Leben trachtete, scheitert und wird von Gott verworfen. Nicht daß er ein größerer Sünder als David gewesen wäre, aber er ist nach der biblischen Darstellung nicht fähig, nach seinem Versagen vertrauensvoll und demütig zu Gott zurückzukehren, während sich David einfach als aufgeschlossener Sünder erweist, den Gott nicht zurückweisen kann. Die Geschichte vom Aufstieg Davids, die in 1 Sam 16 beginnt, will vor allem zeigen, daß Gott der Herr der Geschichte ist und daß er seine Ziele erreicht, auch wenn er nach ganz anderen Maßstäben handelt als wir Menschen. In der nachexilischen Zeit, als die Davidsdynastie sich durch Maßlosigkeit und Größenwahn in den Untergang hineinmanövriert hatte, – 1 Sam 16 wurde wohl schon in der Königszeit zwischen 1000 und 586 auch als prophetische Warnung an die Davidsnachkommen verstanden! – da wurde diese Geschichte auch als ein Trost für das gedemütigte und ohne Hoffnung dahinlebende Israel erzählt, daß Gott auch nach dem totalen Zusammenbruch aus kleinsten Anfängen und entgegen allen menschlichen Maßstäben sein Werk mit Israel von neuem beginnen lassen und seine Sache in der Welt erneut zum Erfolg führen kann. Das Urteil Gottes über die Menschen und über den Ablauf der Weltgeschichte ist ja stets anders als das unsere. Katastrophen, wie sie mit Saul und später auch mit der Davidsdynastie über Israel gekommen sind, geben Gott noch lange keinen Anlaß, seine Sache und die Sache seines Volkes in der Welt als verloren anzusehen und die Menschen einfach bei sich abzuschreiben. Gott hat sich von Anfang der Welt an als der mächtige Herr der Welt und der Geschichte erwiesen, der sich vor allem um die Menschen kümmert. Er hat diese mächtige Fürsorge auch in der ganzen Geschichte Israels unter Beweis gestellt. Dieses Basis des gläubigen Vertrauens auf Gottes Macht, Liebe und Treue gilt zu allen Zeiten, auch heute! Der Geist Gottes, der David erfüllte und bei seinem Werk bestärkte, ist zu allen Zeiten die entscheidende Macht in der Welt, die Staunenerregendes tut und alles Geschaffene seiner Vollendung zuführt.

2. Der Text und seine Erklärung

Der Bericht über die Salbung Davids zum kommenden König Israels läßt sich so aufgliedern: 16,1–5: Die Sendung Samuels; 16,6–10: Das Urteil der Menschen und das Urteil Gottes; 16,11 f: Die Suche nach David; 16,13: Die Salbung Davids zum König.

(16,1–5) Der Prophet und Richter Samuel hatte vor Jahren im Auftrag Gottes Saul aus dem Stamm Benjamin zum ersten König in Israel gesalbt. Dieser Versuch der Einführung des Königtums in Israel erwies sich bald als Fehlschlag. Saul entsprach seiner Aufgabe vor Gott nicht und wurde von ihm verworfen. Gott sendet nun den betagten Propheten in das Gebiet des Stammes Juda in das kleine Betlehem zu Isai, damit er einen von dessen Söhnen zum neuen König salbe. Gott gibt Samuel, der sich vor Saul fürchtet, Anweisungen, wie er seinen nicht ungefährlichen Auftrag unauffällig erfüllen kann. Im Rahmen eines gemeinsamen Opfermahls mit der Sippe Isais wird Gott dem Propheten den Erwählten bezeichnen. Zeichen der Inbesitznahme des neuen Königs durch Gott und zugleich seiner wirksamen Bevollmächtigung durch den Geist Gottes ist die Salbung mit Öl.

(16,6–10) Samuel läßt sich nun von dem stolzen Vater Isai seine sieben älteren Söhne vorführen und ist von ihnen so beeindruckt, daß er in ihnen den Erwählten Gottes erkennen will. Aber Gott korrigiert ihn siebenmal und sagt ihm ganz deutlich, daß er ganz anders urteilt als die Menschen. Zunächst ist das eine herbe Enttäuschung, sowohl für Samuel wie für Isai.

(16,11 f) Jetzt erst läßt der Vater seinen jüngsten Sohn David herbeiholen. David hütet die Schafe seines Vaters und wird als zu unbedeutend angesehen, als daß man ihn zum Opfermahl der Sippe eingeladen hätte. Aber genau David, der bei den Seinen nicht viel zählt, ist der von Gott Erwählte und Geliebte. Wie der junge Josef (Gen 39,6) und der junge Daniel (Dan 1,4) entspricht David dem Ideal der altorientalischen Weisheit: Er war anmutig, schön, lebhaft. Mehrfach wird auch in atl. Geschichten berichtet, wie Gott sich gegen die Vorstellungen der anderen für den Jüngeren entscheidet, etwa bei Isaak, Jakob, Efraim, und wie Gott seine Auserwählten „von der Herde weg" (Am 7,15) beruft, z. B. Jakob, Mose, Amos.
(16,13) Aber Samuel läßt sich von Gott belehren und korrigieren. Er salbt den Hirtenjungen von Betlehem zum neuen König. Diese Salbung bedeutet Aussonderung durch Gott für seinen besonderen Dienst, bedeutet Mitteilung des Geistes und Stärkung durch Gott für seine Aufgabe. Der Geist Gottes, die unwiderstehliche Mächtigkeit Gottes in der Welt, erfaßt nun David und befähigt ihn, in der Folgezeit Großes für Gott und sein Volk zu tun. An dem unbedeutenden, von den Seinen nicht ernstgenommenen jungen David erweist sich nun, daß Gott es ist, der die Geschichte und die Geschicke der Menschen souverän bestimmt. Es zeigt sich auch, daß das Kleine und Unscheinbare in der Kraft Gottes dem Starken und Glänzenden dieser Welt weit überlegen ist.

3. Themen von 1 Sam 16,1–13

(1) *Gott lenkt die Geschichte.* Mehr als um genaue historische Angaben geht es in den Geschichten der Bibel um die Darlegung von theologischen Aussagen und Erfahrungen, die ihre Bedeutung behalten, solange es Menschen auf dieser Erde gibt. So will diese Geschichte inmitten von Zeiten der Anfechtung in Israel aufzeigen, daß Gott die Welt nie im Stich läßt, sondern stets neu die Initiative ergreift und sein Werk durch begnadete Menschen weiterführt. Mit fester Hand gestaltet und leitet Gott die Geschichte Israels, bis er sein Ziel in dem Davidsnachkommen Jesus erreicht hat, dessen Anfang wie der Davids in der Armseligkeit Betlehems liegt. Was seit der Be-

rufung Abrahams im Volk Gottes bis David hin geschehen ist, stellt ein ständiges Auf und Ab dar, einen ständigen Wechsel zwischen Entsprechen und Nichtentsprechen der von Gott Berufenen. Im Versagen Sauls, von dem 1 Sam 16 ausgeht, hat Israel wieder einen seiner Tiefpunkte erreicht. Gott beauftragt Samuel, durch die Salbung des neuen Königs deutlich zu machen, daß Gott auch in dieser Notzeit Israels auf eine neuen Ansatz für sein Volk bedacht ist. Samuel wollte sich selbst bei diesem Auftrag Gottes von rein menschlichen Gesichtspunkten leiten lassen, aber Gott belehrt ihn, daß seine Maßstäbe ganz anders als die unseren sind. Samuel weiß auch, daß sich die Beschlüsse Gottes absolut durchsetzen werden. Er beugt sich dem Willen Gottes, wie es auch für Israel stets der einzige Weg ist, der ihm Zukunft und Erfüllung garantiert.

(2) *Gott erwählt das Kleine.* Gottes machtvolle Führung der Weltgeschichte wird noch überzeugender, weil die von ihm erwählten Menschen, mit denen er seine Ziele erreichen wird, in den Augen der Menschen als völlig ungeeignet gelten. So wird auch der Hirtenjunge David von seiner Umgebung beurteilt, die sich nicht vorstellen kann, daß er zu der überragenden Königsgestalt in Israel werden könne. Aber mit diesem David wird Gott das erreichen, was er mit dem starken Kriegshelden Saul nicht erreichen konnte. An dem jungen Mann aus Betlehem macht Gott deutlich, daß seine Gnade und die Kraft seines Geistes, welche von Menschen Besitz ergreifen und in ihnen wirken, das eigentlich Entscheidende in der Weltgeschichte sind. Das gleiche bezeugt auch das folgende Kapitel 1 Sam 17, wiederum eine Erzählung aus der Jugendzeit Davids; sie berichtet, wie der kleine Hirtenjunge David in der Kraft des Namen Gottes den mächtigen Riesen Goliat besiegt. Und so ereignete es sich immer wieder in der Geschichte des atl. Gottesvolkes: Abraham, die kleine Moseschar, das unbedeutende Volk Israel, das stets in Gefahr ist, zwischen den Weltreichen zerrieben zu werden, sind es, mit denen Gott Großes und Entscheidendes für die ganze Menschheit erreicht. Der Glaube der Menschen, das Sichfestmachen in Gott und seinen Verheißungen, bringt Gottes Mächtigkeit in der Welt zur vollen Entfaltung und macht die Glaubenden stärker als die soge-

nannten Großen dieser Welt, die alles aus eigener Kraft meistern wollen und dabei doch scheitern.

(3) *Gott überwindet menschliches Versagen.* Samuel ist in seinem Handeln zunächst noch blockiert durch seine Angst vor Saul und durch die Enttäuschung darüber, daß der von ihm gesalbte erste König gescheitert ist. Gott sendet Samuel aber erneut aus, um anstelle Sauls einen neuen König zu salben. Die folgenden Kapitel der Samuelbücher zeigen dann, wie David mit der Hilfe Gottes alle Nachstellungen Sauls und alle übrigen Gefährdungen heil übersteht. Das wirklich Gefährliche im Leben Davids ist die Sünde, die immer wieder einbricht und alles zu zerstören droht. Aber Gott läßt auch durch Davids Versagen seinen Plan nicht vereiteln, mit David und seinen Nachkommen das Reich Gottes in dieser Welt schon Wirklichkeit werden zu lassen. Ebensowenig können die Sünden Israels Gott daran hindern, sein Volk aus seinem Heilsauftrag zugunsten der gesamten Welt zu entlassen, und ebenso wenig gibt Gott die Schöpfung und die Menschheit auf, mögen sie noch so sehr von Sünde und Abfall gezeichnet sein. Was Saul also falsch gemacht hat, sind nicht so sehr seine Fehlentscheidungen und Sünden, sondern vielmehr seine Weigerung, von seinem falschen Weg zu Gott umzukehren und sich durch Gottes Macht aus Sünde und Verzweiflung herausführen zu lassen. Umgekehrt, was David auszeichnet, sind nicht so sehr sein Wohlverhalten und seine Erfüllung des Auftrages Gottes, als vielmehr seine Hinwendung zu Gottes Erbarmen, sein gläubiges Festhalten an Gott, der mit aller Schuld und Sünde fertig wird. Die Berufung Davids nach dem Versagen Sauls ist also ein unübersehbarer Hinweis darauf, daß Gott stets bereit ist, seine Sache auch mit sündigen Menschen weiterzuführen. Das durfte Samuel in dieser kritischen Phase der Geschichte Israels erfahren und für alle kommenden Generationen dazulernen.

(4) *Die Macht des Geistes Gottes.* Der Geist Gottes, der mit der Salbung auf David für Dauer überging, meint die unwiderstehliche Mächtigkeit Gottes, die sich in der Welt gegen alle Unheilsmächte durchsetzt. Vom Geist Gottes sagt das AT, daß er alles erschaffen und ins Leben gerufen hat; ferner, daß

er die gegen die Chaosmächte ins Dasein gerufene Schöpfung gegen alle Angriffe des Chaos stets verteidigt und erhält. Der Geist Gottes ist nach dem Zeugnis der Bibel auch stets in der Lage, aus Tod und Sündenverfallenheit neues Leben entstehen zu lassen. Auch hier wird in David durch Gottes Geist ein solcher Neuanfang gesetzt, der von Gott nie mehr widerrufen und vom Bösen nie mehr rückgängig gemacht wird. Die Salbung mit dem Geist Gottes bezeugt dem erwählten David, daß er nicht auf sich selbst gestellt ist, – sonst wäre er ja hoffnungslos überfordert! – sondern er lebt und handelt aus der Kraft Gottes. David selbst erfährt in seinem bewegten Leben, daß er selbst durch die Sünde den übermächtigen Geist Gottes auch nicht aus seinem Leben vertreiben kann. Und das ist für ihn und für alle Zeiten der Heilsgeschichte wichtig zu wissen, daß Gottes Geist mit der Sünde und mit dem Rückfall in den Bereich der Chaosmächte fertig wird, und daß dieser Geist Gottes auch alle unüberwindlich macht, die ihm vertrauen und sich ganz auf seine machtvolle Führung einlassen.

4. Fragen an uns

(1) Die Welt, die Kirche, unser eigenes Leben geben uns immer wieder Anlaß, daran zu zweifeln, ob Gott wirklich die Welt und unser Leben fest im Griff hat, ob er uns nicht abgeschrieben hat. Können wir darauf vertrauen, daß er weiß, wie letztlich alles hinausgehen wird? Wir können es wohl nachlesen in den Büchern des AT und NT, wie Gott immer wieder auf erstaunliche und völlig unerwartete Weise die Initiative ergriffen und die Seinen aus Notsituationen befreit hat. Können wir aber heute, jeder für sich, einfach daran glauben, daß es auch bei uns so sein wird, oder betrachten wir die vergangenen Zeiten als ganz anders als die unsrige, so daß wir meinen, Gottes Hilfe nicht mehr so deutlich erfahren zu können? Sind wir bereit, uns auch wie Samuel und die Isaifamilie eines Besseren belehren zu lassen? Lassen wir uns wie Samuel und David immer wieder in Dienst nehmen für die Sache Gottes, der auch wir unserer Zeit so oft keine echte Chance mehr einräumen möchten?

(2) Wir ziehen es eigentlich vor, auf seiten der Starken und Erfolgreichen, der Mächtigen dieser Zeit zu stehen. Wir fühlen uns auch in der Kirche viel wohler, wenn es ihr äußerlich gesehen gut geht, wenn sie „ankommt", wenn sie Großes leistet, wenn ihre Organisation imponierend gut ausgebaut ist, wenn wir Christen nach dem Urteil der Menschen an der Spitze des Fortschritts stehen. Machen wir dabei nicht den großen Fehler, gegen die Propheten und Jesus ankämpfen mußten, daß wir einfach unsere eigenen, doch sehr stark verzerrten Maßstäbe an alles anlegen wollen und Gott eigentlich mißtrauen, der doch das Große in der Welt stets durch Kleine und Unscheinbare getan hat? Sehen wir nicht, daß wir durch eigene Größe, durch Erfolg und Macht in Wirklichkeit mehr gefährdet sind, uns selbst zu verlieren, als durch Schwäche und Kleinsein? Merken wir nicht, daß die Welt, die Kirche, wir selbst nie so ungesichert und angreifbar sind, als dann, wenn wir auf unsere eigene Kraft vertrauen wollen? War das nicht auch die Gefahr, welcher Saul, Israel und so viele Menschen bis zum heutigen Tag erlegen sind? Wann werden wir uns also dazu durchringen, dem Wirken Gottes mehr zu vertrauen als dem, was uns machbar ist?

(3) Schuld und Versagen bestimmen auch heute das Leben der Kirche und der einzelnen Menschen. Oft sehen wir uns einfach nicht mehr hinaus. Wie schnell sind auch wir dann versucht, wie Samuel zu sehr über das Versagen der Menschen in Welt und Kirche zu trauern und zu resignieren, statt Gottes Macht zu vertrauen, der alle seine Ziele mit schwachen Menschen erreicht und stets mit unserem Versagen fertig wird? Sehen auch wir, wie Gott in unserer Zeit stets bereit ist, jedem einzelnen von uns einen neuen Anfang zu schenken, wie Gott unser Leben immer wieder weitergehen läßt, wenn auch auf ganz anderen Wegen, als wir uns eingebildet hatten?

(4) Wir alle sind mit dem Geist Gottes gesalbt, mit seinen Gaben ausgestattet worden. Er hat auch uns in Dienst genommen. Er hat uns gestärkt und uns die Zusage gegeben, daß wir in seiner Kraft mit den Aufgaben unseres Lebens fertig werden. Der Geist Gottes steht auch hinter der Kirche, tritt für „die kleine Herde" (Lk 12, 32) ein. Gott garantiert uns so

durch seinen Geist stets neues Leben, und zwar gerade dann und dort, wo wir nur noch Untergang und Tod sehen können. Sind wir offen für dieses Wirken des Geistes Gottes? Wissen wir, daß wir uns eigentlich nicht mehr selbst gehören, sondern Gott? Vertrauen wir ihm, daß er sich auch in unserem Leben machtvoll zu unserem Heil durchsetzen wird?

5. *Zur praktischen Bibelarbeit*

Die Gestalten von 1 Sam 16 begegnen uns auch heute noch. Es sind wir selbst, denen wie Samuel alle Pläne scheitern, die weder Mut noch Kraft haben, etwas Neues ernsthaft in Angriff zu nehmen. Aber wir sind jedoch wie Samuel aufgerufen, für Gott und die Menschen hier und heute in unserem Leben mutig etwas zu unternehmen. Auch wir müssen uns hüten, alles nach unseren Maßstäben beurteilen zu wollen. Auch wir haben wie David den Geist Gottes empfangen und haben doch immer wieder Angst, ob seine Kraft auch in uns am Werk bleiben wird. Solche Fragen und dazu die Zusagen Gottes lassen sich im Rahmen der praktischen Bibelarbeit gemeinsam erarbeiten und mit ihrem Hinterfragen unserer Unsicherheit und mit dem Verweis auf Gottes Macht aktualisieren. Das kann z. B. nach der sogenannten Västeras-Methode geschehen, die von evangelischen Studenten in der schwedischen Stadt Västeras erarbeitet wurde. Dabei wird zuerst der Text erklärt und mit seinen wichtigsten Fragen besprochen. Bei der Arbeit mit dem Text empfiehlt sich eine Einschränkung auf wichtigere Verse des Abschnittes, etwa 16,1b. 6f.10–13a, wie sie auf einem Arbeitsblatt leicht zusammengestellt werden können. Dann befassen sich die Teilnehmer, jeder für sich mit dem Text, den sie mit ihren Erfahrungen, Fragen und Ängsten in Verbindung bringen. Sie sollen etwa 20 Minuten lang den Text überdenken und auf dem Arbeitsblatt am Rand des Textes einfache Zeichen anbringen: Ein Fragezeichen überall dort, wo ihnen etwas unklar geblieben ist; ein Ausrufezeichen dort, wo ihnen etwas aufgegangen ist; einen Pfeil, wo sie besonders betroffen sind von einem Gedanken, der ihnen für ihr Leben sehr viel bedeutet. Nach der festgelegten Arbeitszeit bringen die Teilnehmer ihre Fragen, Erkenntnisse und Erfahrungen anhand des Textes im Plenum ein, wobei ihre Fragen möglichst von anderen aus ihrer Sicht gleich beantwortet werden sollen. Dabei werden die Teilnehmer erfahren, wieviel ein solcher Text uns heute noch zu sagen hat, und wie darin aktuelle Fragen unseres Lebens angesprochen sind und von Gott, bzw. vom Glaubenszeugnis Israels und von den Erfahrungen der anderen her auch eine Antwort finden. Das gemeinsam Erarbeitete kann in einem abschließenden Gebet zusammengefaßt werden. Aus den Arbeitsblättern der Teilnehmer könnte sich etwa folgendes ergeben:

(1) Fragezeichen: Greift Gott auch heute noch in die Welt, in mein Leben ein? Kümmert sich der große Gott wirklich um jeden einzelnen von uns? Gibt es das auch heute noch, daß Gott Menschen ganz besonders anspricht und sie in seinen Dienst nimmt? Gehöre ich mit meinem kleinen Leben etwa auch dazu? Wie sollen wir, die doch nicht direkt von Gott angesprochen werden, daraufkommen, was er von uns will, was wir für ihn tun sollen? Wie kann ich unterscheiden, ob es eigene Klugheit ist oder Gottes Wille, die in mir am Werk sind und mich zum Handeln anregen? Sind wir nicht in der Gefahr, unseren eigenen Vorstellungen zu folgen und dabei zu meinen, es sei eine Eingebung Gottes? Ist es nicht besser, dem Bewährten, Bekannten, dem Nachprüfbaren und Zuverlässigen zu trauen, als sich auf Unbekanntes einzulassen? Mutet uns Gott nicht zuviel zu mit seinen uns unverständlichen Plänen? Kennt Gott sich in den Fragen unseres Lebens überhaupt aus? Ist er nicht vielmehr der ferne Gott, der letztlich keine Ahnung von unserem Menschsein und von unseren Problemen hat?

(2) Ausrufezeichen: Gott kümmert sich auch heute noch um uns! Gott greift wirklich in mein Leben ein! Gott spricht auch heute noch Menschen an; er beruft auch mich zu einem ganz besonderen Dienst! Wir dürfen uns durch Fehlschläge nicht entmutigen lassen und meinen, alles sei umsonst gewesen, alles sei verloren! Selbst nachdem uns Gott in Dienst genommen hat, versuchen wir immer wieder, unsere eigenen Vorstellungen durchzusetzen, und fallen dabei nur in Kleinglauben

oder in eine falsche Selbstsicherheit zurück! Gott hat ganz einfach andere Maßstäbe als wir! Wie schnell lassen wir uns enttäuschen, wenn sich die Vorstellungen Gottes zufällig nicht mit den unseren decken! Gott bedient sich bevorzugt des in den Augen der Menschen Unscheinbaren, um damit große Dinge zu tun! Er erneuert die Kirche mit Menschen, denen es niemand zugetraut hätte (z. B. Johannes XXIII.). Das Entscheidende in meinem Leben kommt nicht aus mir selbst, sondern wird vom Geist Gottes, von seiner Mächtigkeit in mir bewirkt!

(3) Pfeile: Gott fordert mich auf, nie zu kapitulieren, sondern ihm voll zu vertrauen! Gott will gerade mich in Dienst nehmen, und ich darf mich dabei voll einbringen! Auf Gottes Wort und auf sein Urteil können wir uns in jedem Fall verlassen, auch wenn unser Kleinglaube zuerst Bedenken anmeldet! Wir fahren am besten, wenn wir vor Gott auch liebgewordene Ideen aufgeben und dafür seinem Wort unbedingt vertrauen! Wir können gar nicht so arm und klein sein, daß Gott nicht auch mit uns Großes erreichen könnte! Wenn wir uns erst einmal auf Gottes Plan eingelassen haben und uns seiner Führung anvertrauen, geht uns schlagartig auf, daß Gott für uns doch genau das Richtige getroffen hat! Wenn wir uns vom Geist Gottes erfassen lassen und seiner Mächtigkeit vertrauen, kann uns nichts mehr von der liebenden und neugestaltenden Kraft seines heiligen Geistes trennen!

(4) Zusammenfassendes Gebet: Herr, unser Gott! Wir stellen uns oft die törichte Frage, ob Du Dich überhaupt um die Welt oder um uns Menschen kümmerst, ob Du uns kleine Menschen wirklich ansprichst. Wir sind Dir gegenüber oft mißtrauisch und meinen, Du verstündest nichts von unserem Leben und von unseren brennenden Sorgen. Aber Du bist uns doch ganz nahe gekommen in Deinem Sohn, der einer von uns wurde und uns besser versteht als wir uns selbst. Du greifst auch heute noch in unsere Welt ein und läßt uns niemals mehr aus dem Bereich Deiner Macht und Liebe fallen. Du berufst uns kleine Menschen und willst durch uns Großes tun. Auf Dich können wir uns zu allen Zeiten restlos verlassen, weil Du uns niemals aufgibst, weil Du immer zu uns stehst. Dein Heili-

ger Geist wirkt auch in uns Erstaunliches. Du bringst Deine Kraft auch in unserer Schwachheit zur Vollendung. Erhalte in uns dieses Vertrauen. Stärke uns mit Deinem Geist. Hilf uns, unser Leben mit Dir zu gestalten und uns für Dich und für unsere Mitmenschen einzusetzen. Laß nie zu, daß uns Sünde und Mißtrauen von Dir trennen. Darum bitten wir Dich durch Christus, unseren Herrn.

Literaturhinweise

Hans Wilhelm Hertzberg, Die Samuelbücher, 5. Aufl., Göttingen 1973

Hans Joachim Stoebe, Das erste Buch Samuelis, Gütersloh 1973

Karl Gutbrod, Das Buch vom König. Das erste Buch Samuel, 4. Aufl., Stuttgart 1975

Günter Krinetzki, Von Samuel bis David. Die Bücher Samuel, Stuttgart 1976

§ 4
Der Neuansatz Gottes (Micha 5,1–4a)

1. Zur Situation von Micha 5,1–4a

Micha, ein Zeitgenosse des großen Jesaja, war ein Bauer aus dem judäischen Moreschet, der in der 2. Hälfte des 8. Jahrhunderts v. Chr. von Gott zum Propheten berufen wurde. Ein Rest seiner Verkündigung ist im Buch Micha enthalten, das im Zwölfprophetenbuch an sechster Stelle steht. Die vier Abschnitte des Buches, die sicher später überarbeitet und redigiert wurden, bringen im 1. und 3. Teil (1,2–3,12; 6,1–7,7) Drohreden, im 2. und 4. Teil (4,1–5,14; 7,8–20) Heilsverheißungen. Darin zeigt sich die im ganzen AT verbreitete Auffassung Israels von der Aufgabe eines Propheten: Auf der einen Seite müssen sie für ihre Gegenwart vor allem als Gerichtspropheten sprechen, die Menschen erschüttern und sie auf die Gefährlichkeit ihrer Situation hinweisen. Andererseits sind aber das eigentliche Ziel ihrer Verkündigung und das letzte Wort Gottes Segen, Heil und Überwindung des Bösen, wie es in vielen prophetischen Abschnitten mit großartigen Bildern geschildert wird. Im dritten Jahrhundert des Königtums der

Davidsdynastie war schon manche Enttäuschung über das Volk Israel gekommen. So hatte sich nach dem Tod Salomos 928 das große Reich in das kleine Südreich Juda und das größere Nordreich Israel geteilt. Weitere Enttäuschungen ergaben sich aus der ständigen Bedrohung der Unabhängigkeit durch Bedrohung durch übermächtige Feinde, vor allem durch die Militärmacht der Assyrer. Zu solchen außenpolitischen Enttäuschungen kamen innere Probleme. Seit der Landnahme war der Jahweglaube dauernd in Gefahr, durch die bodenständige kanaanäische Religion oder durch die Religion der herrschenden Großmacht verdrängt zu werden. Auch die sozialen Verhältnisse hatten sich gerade in der Mitte des 8. Jahrhunderts v. Chr. zu ungunsten der freien Bauern und der kleinen Leute verschlechtert, welche sich der Willkür der Reichen ausgeliefert sahen und dabei vom Königtum keinerlei Hilfe erwarten konnten. Die offizielle Religion war zwar schon die Jahweverehrung, die nach außen auch gut funktionierte, innerlich aber auf weite Strecken zu einer bloßen Fassade geworden war. Je mehr diese Mißstände das Fundament des kleingewordenen Südreiches Juda untergruben, desto verblendeter und selbstsicherer wurden das Königshaus und die herrschende Schicht in Jerusalem. Dagegen traten vor allem Micha und Jesaja auf, charismatische Propheten, die im Auftrag Gottes mit der Führung des Volkes hart ins Gericht gingen. Sie verkündeten die bald hereinbrechende Katastrophe, vor der nur eine radikale Umkehr retten konnte. Aber das Volk und seine Führer wehrten sich in gleicher Weise gegen diese bittere, aber einzig wirksame Medizin. Micha nennt die Forderungen Gottes: „Es ist dir gesagt worden, Mensch, was gut ist und was der Herr von dir erwartet: Nichts anderes, als gerecht zu sein, Güte und Treue zu lieben und in Ehrfurcht deinen Weg zu gehen mit deinem Gott“ (6,8). Auch wenn die Propheten mit dieser Botschaft nicht gehört wurden und wenn also das Strafgericht Gottes 721 das Nordreich und 586 das Südreich hinwegfegte, mußten Micha und die anderen Gerichtspropheten als letztes Wort Gottes von dem Neuansatz sprechen, den Gott trotz des Versagens der Menschen seinem Volk anbietet. So endet das Buch Micha mit diesen Worten: „Gott hält nicht für immer fest an seinem Zorn; denn er liebt es, gnädig zu sein.

Er wird wieder Erbarmen haben mit uns und unsere Schuld zertreten. Ja, du wirfst all unsere Sünden in die Tiefe des Meeres hinab. Du wirst Jakob deine Treue beweisen und Abraham deine Gnade, wie du den Vätern geschworen hast in den Tagen der Vorzeit“ (7, 18–20).

2. Der Text und seine Erklärung

Der kurze Abschnitt 5,1–4a läßt sich folgendermaßen aufgliedern: 5,1a: Der Heilsherrscher kommt aus dem kleinen Betlehem; 5,1b: Er knüpft an der Urzeit an; 5,2: Die Heilswende erfolgt durch die Geburt eines Kindes; 5,3.4a: Das Wirken des messianischen Heilskönigs geschieht in der Kraft des Geistes Gottes.

(5,1a) Durch den Mund des Propheten spricht Gott das kleine Betlehem an und wendet sich damit zugleich demonstrativ ab vom entarteten und stolzen Jerusalem, dem Residenzort der Davidsdynastie. In diesen kleinen Ort Betlehem im Stammgebiet von Juda war rund dreihundert Jahre zuvor der Prophet Samuel gekommen und hatte im Auftrag Gottes David, den jüngsten Isaisohn, der gerade recht war zum Schafehüten, zum Staunen aller zum König gesalbt (1 Sam 16). Daß Gott Rettergestalten für sein Volk Israel gerade aus den geringsten Sippen erwählt, ist als ein Grundsatz göttlichen Handelns auch von Gideon (Ri 6,15) und Saul (1 Sam 9,21) gesagt. Nach der Zusage Gottes an David in 2 Sam 7 wird die Königsherrschaft nicht von der Davidsfamilie weichen, aber der endzeitliche Heilskönig muß sich deutlich distanzieren von falschen Einstellungen der selbstsicheren Davidskönige zur Zeit des Micha. Der stolze Baum des Hauses David muß zuerst gefällt werden, bevor Gott dann sein Heil über das unscheinbare Reis aus der Wurzel Isais aufbrechen lassen kann (Jes 11,1).

(5,1b) Wie es Bestreben aller Dynastien ist, ihre Entstehung möglichst weit in der Geschichte zurückzuführen, um so von ihrer Herkunft aus der Urzeit her, ja, von der Ewigkeit Gottes heraus, ihre Legitimation klar aufzuzeigen, so wird es auch bei dem kommenden Messiaskönig sein. Aber hier ist es keine Leerformel, keine künstliche Konstruktion. Es ist vielmehr ein Grundsatz der atl. Theologie, daß Gott in der Urzeit vollen-

det, was vom Anfang aller Zeiten an in der Heilsgeschichte begonnen hat. Alle großen Neuansätze Gottes zugunsten der Menschen, die Schöpfung, die Berufung Abrahams, das Exodusgeschehen, die Erwählung Davids und Zions finden in der Endzeit im neuen davidischen Heilskönig ihre Erfüllung.
(5,2) Aber zuerst müssen Not und Bedrängnis über das verblendete Volk und seine Großen hereinbrechen, bevor sie zur Besinnung kommen. Sie werden der Wut ihrer Feinde preisgegeben, in die Gefangenschaft geführt, aus der aber der getreue Rettergott Israels wieder eine Heimkehr schenken wird. Wie in Jes 7,14 und Jes 9,5 f. beginnt die Heilswende mit der Geburt eines Kindes. Dieses Kind, hinter dem Gottes Macht und Treue stehen, bedeutet in Micha 5,2 wie in den beiden genannten Stellen eine klare Absage an die selbstsicheren und nur auf eigene Machtpolitik vertrauenden Davidskönige. Durch die Mithilfe der Frau, die dem neuen Herrscher das Leben schenkt, und nicht durch die Macht der Könige führt Gott die neue Heilszeit herbei. Diese beginnt mit der Heimkehr aller jener, die durch das Gericht Gottes in alle Welt zerstreut wurden, und mit der Beendigung aller Spaltung innerhalb des Volkes.
(5,3.4a) Der neue Herrscher übt sein Amt als guter Hirte aus: machtvoll, mit Sachverstand, erfolgreich, mit dem vollen Einsatz seiner Person, als Repräsentant des Gottes Israel, der als Jahwe ständig für sein Volk da ist. Dieser eigentliche Davidsnachkomme bezieht die Kraft dazu nicht aus menschlichem Dünkel oder aus menschlicher Machtzusammenballung, sondern aus Gott, in dessen Namen er auftritt. Dem wieder geeinten Volk Gottes garantiert er absolute Sicherheit und endgültigen Frieden. Was bei den derzeitigen davidischen Königen nur hohler Anspruch und leere Formel sind, wenn sie sich als Könige von Gottes Gnaden bezeichnen, wird dem neuen Heilskönig von Gottes Macht her zur umfassenden Wirklichkeit. Weder Volk noch Land, die beiden Grunddaten Gottes an Israel, sind nun mehr gefährdet, wie es sonst in der ganzen Geschichte Israels der Fall war. Der Lebensraum des Gottesvolkes, der in der Gegenwart des Propheten auf das Umland Jerusalems beschränkt war, wird dann auf die ganze Welt ausgedehnt. Der König ist selbst Garant des Friedens, der

Fülle aller Heilsgüter. Er verdankt diesen Frieden nicht menschlicher Anstrengung, die dieses Ziel nie voll erreichen kann, sondern dieser Heilszustand ist Ergebnis des Wirkens Gottes, ein unverlierbares Geschenk seiner Treue.

3. Themen von Mich 5,1–4a

(1) *Gott bedient sich des Kleinen.* Gott wirkt Großes in der Welt. Davon berichtet die gesamte Bibel. Das lobend herauszustellen, ist Aufgabe des atl. Gottesvolkes. Dazu bedient sich Gott vorzüglich schwacher Menschen, um so eindeutig sichtbar werden zu lassen, woher eigentlich die Kraft zu solchen Großtaten kommt. Abraham, das kleine Israel, der Hirtenknabe David, das Kind von Mich 5, als Bringer der endgültigen Heilszeit für alle Welt, mit denen Gott wichtige Etappen der Heilsgeschichte einleitet, stehen als Beispiele für dieses Grundgesetz göttlichen Handelns. Sie heben sich in klarem Kontrast gegenüber aller menschlicher Machtansammlung und gegenüber den Vertretern irdischen Hochmuts ab, die sich selbst und anderen einzureden versuchen, daß sie es sind, die die Welt und die Menschheit voranbringen. Die erfolglosen Gegenspieler Gottes in der Welt, die allesamt scheitern, sind die Turmbauer von Babylon, die Weltmacht Ägypten, Goliat, die entartete Davidsdynastie, und wie die Vertreter menschlichen Selbstvertrauens alle heißen, die sich selbst und die anderen nur enttäuschen können. Die Beauftragten Gottes jedoch und vor allem der messianische Heilskönig bezeugen klar im Namen Gottes, daß es Gott ist, der den Menschen Sicherheit und Stärke schenkt. Mögen sich diese Vertreter Gottes in dieser Weltzeit noch bedroht, ja preisgegeben vorkommen, so wissen sie doch, daß allein Gott Rettung und Heil für die Menschen bedeutet und daß er in seiner unerschütterlichen Treue denen, die zu ihm stehen, einen Ausweg aus aller Not und frohe Erfüllung schenken wird. Sie erfahren an sich die Zuverlässigkeit der Zusage Gottes, wie sie etwa in Jes 60,22 ausgesprochen ist: „Der Kleinste wird zu einer Tausendschaft, der Geringste zu einem starken Volk“. Die richtige Einstellung des Menschen, die Micha mit dem kleinen Betlehem meint, das Sichverlassen auf Gott, hat allein Zukunft. Die

Haltung des Hochmuts, die hier durch das stolze und verblendete Jerusalem repräsentiert ist, muß ganz sicher scheitern. Diese uralte Erfahrung aller gläubigen Menschen spricht das Magnificat unter Verwendung atl. Stellen aus: „Gott stürzt die Mächtigen vom Thron und erhöht die Niedrigen“ (Lk 1,52).

(2) *Die Erfüllung der Urzeit.* Der messianische König der endgültigen Heilszeit ist einerseits ein Neuanfang Gottes nach dem wiederholten Scheitern seines Planes infolge des Unglaubens der Menschen. Zum anderen ist er auch die Erfüllung des von Gott schon am Beginn der Zeiten begonnenen Heilsplanes Gottes. Dazwischen liegen viele menschliche Irrwege und viele gescheiterte Versuche von Selbsterlösung. Gott hat stets die Freiheit der Menschen respektiert und daher diese falschen Wege geduldig ertragen. Aber zugleich bezeugt das ganze AT die Gewißheit Israels, daß Gott alle seine Verheißungen trotzdem erfüllen werde. Was Gott mit Erschaffung der Welt, im Neuansatz mit Abraham, mit der Herausführung Israels aus dem Sklavenhaus Ägypten, mit der Verleihung des Landes an sein Volk und mit der Erwählung Davids in längst vergangenen Zeiten begonnen hat, behält seine Gültigkeit, bis Gott alles verwirklicht hat, was er damit gewollt hat: Die neue Schöpfung, die neue Menschheit, das neue Gottesvolk, das ruhige Wohnen im Land und die Durchsetzung seiner alles umfassenden Königsherrschaft. Israel ist immer versucht, die Hoffnung auf Erreichung dieser Ziele aufzugeben und sich mit Vorläufigem zu begnügen oder sich gar mit dem Scheitern aller Ansätze Gottes abzufinden. Aber gerade die Propheten, die doch soviel vom Scheitern und vom Untergang reden müssen, die auf die verheerenden Folgen menschlichen Stolzes und Unglaubens hinweisen, sie müssen auch die großen Zukunftsperspektiven im Auftrag Gottes ebenso massiv vortragen und bezeugen: Gott wird den großen Bogen von der Urzeit bis hin zur beglückenden Erfüllung in der Endzeit schlagen, und zwar über schwache Menschen, über den Messiaskönig, der sich ihm im Glauben öffnet und in seinem Namen wirkt. Bis dahin kann Israel an seinen Gott vertrauensvoll appellieren: „Herr, bist nicht du von Urzeit her mein heiliger Gott“ (Hab 1,12)? Und in aller Not ruft es doch

vertrauensvoll: „Erneuere, Herr, unsere Tage, daß sie werden wie in der Urzeit" (Klgl 5,21). Der Glaube Israels ist sich so zu allen Zeiten gewiß, daß Gott sein Werk an ihm und mit ihm vollenden wird.

(3) *Die Geburt eines Kindes als Heilswende.* Wie in anderen prophetischen Texten wird der unerwartete Anbruch des endgültigen Heilshandelns Gottes mit der Geburt eines Kindes in Verbindung gebracht. Das bedeutet jedesmal ein radikales Infragestellen der menschlichen Maßstäbe von Gott her, die sich oft an Macht und Herrschaft orientieren. Die Geburt eines Kindes ist immer ein Hoffnungszeichen, ein Hinweis darauf, daß es mit der Menschheit weitergeht. Das gilt erst recht von der Geburt von Kindern, die von Gott in besonderer Weise begnadet sind und den Auftrag haben, als Kinder der Verheißung hinzuweisen auf neue Etappen göttlichen Heilshandelns in der Welt wie Isaak, Mose, Samuel, Johannes der Täufer und im NT erst recht Jesus, das Kind von Betlehem, „das sein Volk von seinen Sünden erlösen wird" (Mt 1,21). Das Kind steht für einen ganz neuen Anfang. Es ist noch nicht wie die Erwachsenen durch eine Vielzahl von falschen Programmierungen und verfehlten Entscheidungen festgelegt. So ist das Kind Symbol des noch Unverfälschten, das noch offen ist für das Eigentliche. Das wird von den Erwachsenen, die um so vieles wissen, das in ihrem Leben nicht mehr rückgängig gemacht werden kann, mit Wehmut und mit Sehnsucht nach einem geläuterten und von allem Fehlverhalten befreiten Leben betrachtet. Das Bild des messianischen Kindes und die in ihm zur Auswirkung kommende Macht Gottes stehen dafür, daß sich auch an ihnen die alte Sehnsucht der Menschen nach Lauterkeit und Echtheit erfüllen wird. Daß bei diesen prophetischen Stellen mit dem Kind immer auch die Mutter mitgenannt ist, ist ein weiterer Hinweis auf den von Gott geschenkten Neuanfang der Menschheit. Die Frau, die nach Gen 2 Hilfe des Mannes ist und nach Gen 3 an seiner Sünde beteiligt ist, tritt nun auch bei diesem Neuansatz Gottes als Helferin auf. Gott bedient sich, wie es dann in Maria ganz deutlich ist, auch ihres Ja, um die Befreiung und Vollendung der Menschheit endlich zu verwirklichen.

(4) *Das messianische Friedensreich.* Micha und die anderen Propheten der Königszeit brauchen das Negative der Davidskönige ihrer Gegenwart nur ins Positive umzukehren, wenn sie das von Gott herbeigeführte messianische Friedensreich und seinen idealen König schildern wollen. Auf dieses neue Reich läuft die gesamte Geschichte Israels und der Menschheit hin. Es wird bestimmt von dem selbstlosen und totalen Einsatz des Königs für das Volk Gottes. Es ist dadurch gekennzeichnet, daß „Gott die Ehre im Himmel“ gegeben wird, und daß dies „Friede den Menschen auf Erden“ bedeutet, wie am Schluß der Frohen Botschaft von der Geburt des Messiaskönigs in Lk 2,14 als Programm der Heilsgeschichte angegeben ist. Statt der ständigen Feindesnot herrscht nun der Friede, statt Exil und Diaspora steht nun der unangefochtene Besitz des verheißenen Landes. Klang das in den Königspsalmen häufig verwendete Motiv vom Herrschen bis an die Grenzen der Erde für die Israeliten angesichts der totalen Bedrohung von Volk und Land eher als Hohn und Spott auf die Wirklichkeit, so ist dieses Ziel durch den neuen Messiaskönig nun erreicht, und alle feindlichen Mächte sind damit ausgeschaltet. Waren die Könige in Jerusalem zumeist „Diebe, die kommen, um zu stehlen, zu schlachten und zu vernichten“ (Joh 10,10), so kümmert sich der König der messianischen Friedenszeit als guter Hirte um die Seinen. In Anklang an die atl. Bundesformel beschreibt Ez 34,23 f. diese neue Heilszeit so: „Ich setze für sie einen einzigen Hirten ein, meinen Knecht David. Er wird für sie sorgen und er wird ihr Hirt sein. Ich selbst, der Herr, werde ihr Gott sein, und mein Knecht David wird ihr Fürst sein“.

4. Fragen an uns

(1) Im Leben der Kirche und erst recht in unserem eigenen Leben entscheiden wir uns, wenn es irgendwie geht, zumeist für Macht und sichere Positionen, die wir uns klug und unter Einsatz aller unserer Kräfte aufbauen. Wir halten viel davon, ganz handfeste Dinge in unseren Händen zu haben. Daß wir dabei eigentlich an Christus und seiner Sache mit großer Si-

cherheit vorbeigehen, wollen wir einfach nicht wahrhaben. Er hat sich in der Armut und Kleinheit von Betlehem geoffenbart und verzichtete in seinem Leben auf akademische Bildung, auf berufliche Sicherheit, auf alle Art von Machtausübung und wollte nur den Glauben der Menschen gewinnen, allerdings als eine Macht, die noch in der kleinsten Qualität der größten innerweltlichen Machtzusammenballung überlegen ist. Daß er dabei bei den meisten Menschen, vor allem bei den Herrschenden, auf Ablehnung stieß, ist in allen vier Evangelien nachzulesen. Trotzdem betrachten Herodes und die Führer des Volkes, wie es in Mt 2 berichtet ist, diesen Weg Jesu über die Armut von Betlehem als eine Bedrohung ihres ganz anders gearteten Machtanspruchs. Diese falsche Einstellung ist in ihrer Gefährlichkeit für uns heute noch genauso aktuell. Sind wir bereit, als Kirche oder als einzelne, uns zu diesem klaren Weg Gottes zu bekennen, zur Kleinheit vor Gott, zum Vertrauen auf Gottes Macht und Güte und zum Verzicht auf alle falsche Sicherheit? Sind wir nicht zutiefst unglücklich, wenn wir mit unseren Träumen von Macht und Geltung vor der Welt scheitern? Sind wir wirklich davon überzeugt, „daß wir uns nicht fürchten müssen, weil der Vater beschlossen hat, der kleinen Herde das Reich zu geben" (Lk 12,32)? Lassen wir uns von Mich 5 Mut machen, uns auf die Seite der in den Augen der Welt Kleinen und Unscheinbaren zu stellen, durch die Gott der Welt Frieden und Heil bereiten wird?

(2) Der Rückgriff auf weitzurückliegende Gestalten und Ereignisse in der Menschheitsgeschichte, die Feiern von Jubiläen und Tausendjahrfeiern sind bei uns Menschen auch heute noch sehr beliebt. Dahinter steht sicher das Bestreben aufzuzeigen, in welch sicheren und langbewährten Linien unsere Kultur verläuft. Auch die Kirche und die gläubigen Menschen greifen, vor allem wenn sie die Heilige Schrift lesen, auf große Ereignisse in der Vergangenheit zurück, die wir in der Liturgie in ihrer Bedeutsamkeit vergegenwärtigen. Aber stehen wir dabei nicht stets in der Gefahr, das Wesentliche der so gefeierten Neuansätze des Heils Gottes in der Geschichte Israels, im Leben Christi und der Kirche zu übersehen? Der Rückgriff der Bibel auf die Urzeit, auf das vergangene Heilshandeln

Gottes mit ihrer Wirkmächtigkeit für die Gegenwart, bedeutet doch auch, daß wir uns von allen Irrwegen distanzieren müssen, in denen wir von der eigentlichen Kraft dieser Anfänge, vom Wirken Gottes und von der bereitwilligen Antwort von Menschen wie Abraham und David abrücken. Begreifen wir, daß unser Rückgriff auf die gottgewirkte Vergangenheit auch von uns fordert, daß wir uns der Kraft Gottes anvertrauen, die allein stark genug ist, die Urzeit in der Endzeit zur Vollendung zu führen? Sehen wir, daß die Spannung zwischen Urzeit und Erfüllung in der Endzeit uns dauernd zur Umkehr, zum Sich-einlassen auf Gottes Wirken hier und heute aufruft? Bloßes Festhalten am Alten und Sichwehren gegen das neue Tun Gottes, wie es die Propheten den Königen und dem Volk vorwerfen, sind auch für uns der falsche Weg.

(3) Unsere Welt ist auf weite Strecken eine Welt von Erwachsenen. Sie bestimmen mit ihren Leistungen, mit ihrem Sichdurchsetzen, mit ihrer Hochschätzung von Aktivität und Erfolg alle Lebensbereiche. Das Schwache und Kleine zählt nicht viel und wird an die Seite geschoben. Übersehen wir aber dabei nicht, wieviel Unsicherheit und wieviele festgefahrene und verfehlte Haltungen hinter all diesen Einstellungen stehen, aus denen wir nicht mehr herauskommen? Wir versäumen dann nicht, diese Fehlentwicklungen und Verkümmerungen im Menschlichen in einer Art Flucht nach vorne zu großen Errungenschaften hochzustilisieren. Sind wir bereit, dagegen die Botschaft vom Kind und seiner Mutter in Mich 5 zu hören, in denen unserer Welt Leben und Zukunft verheißen sind? Sehen wir darin einen Hinweis darauf, was uns Menschen zu wirklichen Menschen macht? Lassen wir uns durch die Begegnung mit einem Kind von Heimweh erfassen nach dem Unverfälschten, Einfachen, durch das Gott Großes in unserer Welt schaffen will? Ohne daß wir es eigentlich wollen, stehen wir mit unseren Maßstäben schnell auf der falschen Seite, auf der Seite des menschenfeindlichen Drachen von Offb 12, statt auf der Seite Gottes und der apokalyptischen Frau, „die ein Kind gebar, einen Sohn, der über alle Völker mit eisernem Zepter herrschen wird" (Offb 12,5). Dieses Kind vertritt das wahre Menschsein, zu dem auch wir uns hinführen lassen sollen.

(4) Wir sehen uns durch das Wort Gottes immer wieder vor die Entscheidung gestellt, ob wir zu den Mächtigen dieser Welt halten, deren Macht zumeist auf Unrecht beruht und deshalb keinen Bestand haben wird, oder ob wir uns für Gott entscheiden, auch wenn seine Sache in der Welt keine Chancen zu haben scheint. Lassen wir uns aber immer wieder sagen, daß wir dann alles auf die falsche Karte setzen, wenn wir uns auf die Macht der vordergründig so Erfolgreichen verlassen? Wir übersehen, daß allein die Macht Gottes und seines Gesalbten für die Menschen das Reich des Friedens verwirklichen kann, „dessen Macht bis an die Grenzen der Erde reicht" (v. 3) und der allein für alle Menschen „der Friede ist" (v. 4). Sind wir bereit, uns selbst von Gott und seinem Reich in Dienst nehmen zu lassen als guter Hirte, als Hüter unserer Mitmenschen, als Friedensbringer? Oder stellen wir uns lieber auf die Seite der Unterdrücker und Gewalttätigen, die uns so unerschütterlich stark erscheinen? Es ist sehr viel klüger, auf der Seite der wirklich „Stärkeren" zu stehen, „der den Starken besiegt und ihm all seine Waffen wegnimmt" (Lk 11,22), nämlich auf der Seite Gottes, der durch seinen Messiaskönig allein die Menschen zu Frieden und Heil führen wird.

5. Zur praktischen Bibelarbeit

Eine bewährte Methode der praktischen Bibelarbeit, in der die eigentliche Aussage des zu besprechenden Bibeltextes sehr plastisch herausgestellt wird, ist die Erarbeitung eines Antitextes. Dabei wird nach einer kurzen Erklärung des Textes im Plenum in Untergruppen der Text aus irgendeiner falschen Position heraus umgeändert. Es wird dabei deutlich werden, daß solche falschen Positionen nicht nur von anderen, von bösen Menschen aller Art vertreten werden, sondern daß wir eigentlich bewußt oder unbewußt mit solchen falschen Einstellungen liebäugeln und sie mehr oder weniger in unserem Leben auch verwirklichen. Eine solche Formulierung von falschen Gesichtspunkten erleichtert ihre Überwindung durch das entgegengesetzte Wort Gottes in Mich 5,1–4a, das in seiner Aussage durch diesen Gegentext plastischer wird. Als „Aufhänger" für die Gruppenarbeit könnte etwa dienen: Ein

Reporter der „Abendpost“ stellt zur Zeit des Micha dem Vorsitzenden des Staatsrates von Jerusalem folgende Fragen: „Herr Vorsitzender! Sie sind ein Vertrauter des Königs und ein Politiker von Format. Was sagen Sie eigentlich zu dieser Predigt des Micha?“ Seine Antwort lautet:
„Sie fragen mich nach meiner Meinung zu dem, was dieser verrückte Bauer von Moreschet dieser Tage im Tempel von sich gegeben hat. Dazu kann ich aus meiner Sicht nur sagen:

(v. 1) Das können wir heute ruhig vergessen, daß wir früher einmal ganz klein angefangen haben. Was soll uns denn dieses Zurückschauen bringen? Will man uns denn beleidigen, wenn man die Residenzstadt Jerusalem mit seinem Tempel und seinen festen Mauern mit diesem unbedeutenden Nest Betlehem vergleicht? Nur die Gegenwart, das von uns Erreichte zählt und nicht eine legendäre Vergangenheit! Es ist doch nicht zu übersehen: Wir haben es zu etwas gebracht. Wer aber in unserem Land etwas zu sagen hat, bestimmen allein wir. Die anderen sollen froh sein, wenn wir sie als Schafhirten ihr Brot verdienen lassen. Daß die Vorfahren unseres Königs vor Jahrhunderten einmal in diesem Nest wohnten, daß David als Kind Schafe gehütet haben soll, interessiert uns heute nicht mehr. Heute sitzen wir an den Schalthebeln der Macht. Wir bestimmen, wer etwas ist und wer etwas zu sagen hat. Man kann sich doch nur genieren, wenn man an die Vorzeit auf diese merkwürdige Weise zurückdenkt, wie es sich dieser Micha vorstellt. Sie verdient höchstens als unbedeutender Ausgangspunkt unserer jetzigen Größe genannt zu werden. Das Heute ist das Entscheidende und nicht das Gestrige. Jeder muß doch zugeben, wie herrlich weit wir es dank unserer eigenen Tüchtigkeit gebracht haben.

(v. 2) Falls Gott mit diesem Micha etwas zu tun haben sollte, ist nur zu sagen, daß auch er gut daran tut, einfach zur Kenntnis zu nehmen, daß wir in der Welt jemand sind, und daß die Völker vor unserem militärischen Machtpotential Respekt haben müssen. Wir sind doch keine Kinderbewahranstalt! Was sollen wir uns um Kleinkinder von Betlehem kümmern. Das Kindsein ist eine Entwicklungsphase, die man möglichst schnell durchlaufen soll, um als Erwachsener etwas zu leisten.

Bei uns zählen Divisionen und moderne Bewaffnung, Steuereinnahmen und Wirtschaftspotential. Die nationale Frage werden wir aus eigener Kraft auch bald lösen. Wer redet denn da von Verbannung und Gefangenschaft? Wenn wir das Nordreich zurückerobert haben, sind wir in der Weltpolitik noch weniger zu übersehen, als es schon heute der Fall ist. Aber dazu brauchen wir höchstens noch ein paar schlau eingefädelte Militärbündnisse. Religiös gefärbte Sentimentalitäten bringen uns hier wirklich nicht weiter!

(v. 3) Das ist heute politisch und doch auch theologisch überholt anzunehmen, daß die politische Macht und unser Reich direkt etwas mit Gott zu tun hätte. Gott erhält doch seine Opfer im Tempel, in einer Menge, die sich sehen lassen kann; jedes Jahr wird dafür im Staatshaushalt eine ansehnliche Summe eingesetzt. Für die Beobachtung der religiösen Vorschriften in der Öffentlichkeit sorgen wir auch. Das macht sich auch innenpolitisch recht gut. Jahwe und sein hoher Name sind uns recht nützlich, um unserem Staat ein wenig religiöse Politur zu geben. Die Verbindung von Thron und Altar hat sich immer bewährt; das gibt dem Ganzen doch das Flair des Erhabenen. Das ist also staatspolitisch nicht ganz unwichtig. Deshalb steht auch auf den Uniformen unserer Soldaten „Gott mit uns!“ Mehr kann man von uns Realpolitikern doch wirklich nicht verlangen! Es ist nun einmal so: Wenn es um Frieden und Sicherheit geht, dann sind eben wir Politiker gefragt, dazu auch noch die Militärs und die Wirtschaftsleute, aber nicht solche religiösen Fanatiker wie dieser Bauerntrottel Micha! Wie gesagt: Sie werden es bald erfahren, daß uns die ganze Welt gehört, aber durch eine Politik, wie wir sie jetzt schon verwirklichen.

(v. 4) Und das gibt dann einen Frieden, der Bestand hat, einen ganz soliden, einen hausgemachten, sozusagen. Wer dagegen Zweifel anmeldet, zeigt nur, daß er zu den Ewiggestrigen gehört. Da hilft es auch nichts, wenn er mangels einer klaren politischen Linie einfach den lieben Gott vorschiebt und sich auf ihn beruft, weil er selbst zu dumm ist, die Dinge richtig in die Hand zu nehmen. Das ist unser politisches Credo. Das wird sich auch in den kommenden Jahrzehnten und Jahrhunderten bewähren. Sie werden es sehen! Und der verrückte Jahweprophet tut gut daran, sich damit abzufinden. Wir lassen doch diese Frommen auch noch mitkommen. Nur soll man Politik und Religion nicht miteinander vermischen wollen. Das können Sie ruhig in Ihrer Zeitschrift veröffentlichen. Unsere Position ist so klar, wie sie sicher ist!"

Literaturhinweise

Eleonore Beck, Gottes Traum: Eine menschliche Welt. Hosea – Amos – Micha, Stuttgart 1972

Wilhelm Rudolph, Micha – Nahum – Habakuk – Zephanja, Gütersloh 1975

Artur Weiser, Das Buch der zwölf Kleinen Propheten I, 6. Aufl., Göttingen 1974

Rolf v. Ungern-Sternberg, Der Rechtsstreit Gottes mit seiner Gemeinde. Der Prophet Micha, 3. Aufl., Stuttgart 1979

3. Abschnitt: Die Botschaft der Propheten

Während in der Bibel der Kirche die Bücher der vier großen und der zwölf kleinen Propheten als prophetische Literatur genannt werden, zählt die hebräische Bibel darüber hinaus auch die Bücher Josua, Richter, 1 und 2 Samuel sowie 1 und 2 Könige dazu. Sie bezeichnet diese Bücher als frühere Propheten, weil darin die Geschichte Israels von der Landnahme bis zum Untergang Jerusalems 586 hauptsächlich unter prophetischen Gesichtspunkten dargestellt ist. Im weiteren Sinn jedoch sind eigentlich alle Schriften des AT als prophetisch zu bezeichnen, weil es in ihnen in erster Linie nicht um Gesetzessammlungen, um Geschichtsschreibung, um Vermittlung von Wissen oder um Poesie geht, sondern darum, den Hörern aus der Sicht Gottes heraus die Welt und den Menschen in ihrer Beziehung zu Gott und mit ihren Möglichkeiten von Heil und Unheil aufzuzeigen. Sämtliche biblische Schriften fordern in Wahrnehmung ihres prophetischen Dienstes auch die Menschen auf, gründlich umzudenken und sich mit ihrem Leben an Gott, der eigentlichen und einzig tragfähigen Wirklichkeit, zu orientieren. Die erste Aufgabe der Propheten besteht keineswegs darin, zukünftige Dinge vorauszusagen, wie wir es fälschlicherweise in den modernen Sprachen verstehen, wenn wir von Propheten reden. Ihre wichtigste Aufgabe besteht vielmehr darin, als von Gott zuerst selbst Angesprochene bei den Menschen Sprecher zu sein für Gott, und zwar in erster Linie für die jeweilige Situation jener Menschen, zu denen sie gesandt sind. Die Propheten sind nicht Sprecher eines fernen und an der Welt nicht interessierten Gottes, sondern des Gottes der Bibel, der zur Welt sein Ja sagt, der sich den Menschen zuwendet, sich um sie kümmert und ihnen garantiert, daß sein Heilswille einmal allen Unglauben und alle Sünde der Menschen restlos überwinden wird.

Die meisten der atl. Propheten gehörten nicht zu den Berufspropheten, die am Königshof und am Tempel als theologische Berater wirkten und dabei oft genug nur dem König oder der Institution oder dem Volk zu Gefallen redeten, sondern sie waren charismatisch Berufene, die aus verschiedenen Berufen kamen. Gott holte sie mitten aus ihrem bisherigen Lebensbereich heraus, nahm sie für sich in Dienst und legte ihnen sein Wort in ihren Mund, worüber die Propheten zumeist selbst in der Berufungsvision berichten. Dieses Wort Gottes, welches machtvolles Durchsetzen des Willens Gottes und zugleich seine lebenserhaltende Zusage für Welt und Mensch bedeutet, richtet sich an Israel und seine Führer und ruft beide zum Glauben an Gott auf. Glauben im Sinne der Bibel bedeutet aber, darauf zu verzichten, der menschlichen Macht zu vertrauen, sein Leben nach bloß menschlichen Gesichtspunkten einzurichten und sich in der Welt restlos absichern zu wollen. Glauben bedeutet, sich in Gottes Macht und Treue festzumachen, ganz aus seiner Wirklichkeit zu leben und bei ihm allein letzte Sicherheit zu suchen und zu finden. Um diesen Glauben Israels mußten sich die Propheten in der Kraft des Geistes Gottes zu allen Zeiten bemühen. Das war schon die Aufgabe der ältesten bekannten Prophetengestalten in Israel, von denen uns keine Schriften überliefert sind, wie Natan zur Zeit Davids oder Elija und Elischa rund 150 Jahre später im Nordreich. Dies war auch die Aufgabe der Propheten der folgenden Zeit, der sogenannten Schriftpropheten, deren Botschaft in den prophetischen Schriften wenigstens zum Teil aufgezeichnet ist. Diese Aufzeichnungen wurden später immer wieder aktualisiert, überarbeitet und erweitert. Die Schriftpropheten verwendeten zur Darstellung ihrer besonderen Gotteserfahrungen literarische Gattungen aller Art aus dem Bereich des Kultes und der Rechtssprechung, aus den geschichtlichen Traditionen Israels und aus der im Alten Orient weitverbreiteten Weisheitslehre. Sie kleideten ihre Botschaft in die Form von kurzen Orakeln, Liedern, Gedichten, in Visionen und Traumerzählungen und unterstrichen das Wort ihrer Predigt auch durch symbolische Handlungen, welche die Menschen schokkieren und so auf die Dringlichkeit ihrer Mahnung aufmerksam machen sollten. In der Königszeit mußten die Propheten dem Volk Israel und seinen Großen, die sich dem Wort Gottes verschlossen und darin von falschen Propheten noch unterstützt wurden, vor allem Gericht und Untergang als Folgen ihres Unglaubens verkünden und gegen unsoziales Verhalten und gegen die Veräußerlichung des Kultes ankämpfen. In der

Exilszeit waren die Propheten nicht mehr Gerichtspropheten, sondern Verkünder des neuen Heils, die nach dem Eintreten des Strafgerichts Gottes das entmutigte Volk auf die Zuverlässigkeit der Heilszusagen Gottes hinwiesen. Diese frohe Botschaft mußten die Propheten in der Nachexilszeit erneut bestätigen und zugleich wieder vor einem Rückfall in die Fehler der vergangenen Jahrhunderte warnen. Allen Propheten jedoch ist gemeinsam – und das macht die stets auch vorhandene Zukunftsschau ihrer Botschaft aus! – daß sie im Namen Gottes klar bezeugen müssen: Gericht und Untergang, welche nur die Unzulänglichkeit der menschlichen Sicherheiten und Ersatzlösungen deutlich machen sollen, sind nicht das letzte Wort Gottes in der Geschichte, sondern die Überwindung der Sünde und allen Unglaubens sowie die Herbeiführung des endgültigen Heils durch Gott selbst.
An mehreren Stellen des AT ist zu lesen, wie die Propheten schon bei ihrer Berufung und dann erst recht nach den bitteren Erfahrungen mit ihren Zuhörern sich gegen ihre prophetische Beauftragung durch Gott sträubten. Aber sie konnten sich dem Zwang Gottes, sein Wort freimütig zu verkünden, nicht entziehen. Sie erfuhren zugleich auch tröstlich, daß Gott hinter ihnen stand und ihnen Kraft gab, sein Wort den Menschen mutig zu verkünden. Sie alle erlitten das Prophetenschicksal, von den Menschen abgelehnt, verspottet, verfolgt, ja getötet zu werden. Es gehört neben dem Scheitern ihres Auftrags auch zu ihrem bitteren Geschick, die kommende Katastrophe klar vorauszusehen. In der schmerzlichen Erfahrung des Versagens Israels und des scheinbaren totalen Scheiterns der Heilsbemühungen Gottes begann jedoch auch für sie selbst der eigentliche Glaube, der zuerst das Zerbrechen aller menschlichen Sicherheiten und das Nichtentsprechen der von Gott erwählten Menschen miterleben muß, bevor er sich Gott ganz überantwortet. Aus diesem gänzlichen Scheitern alles Menschlichen heraus sind auch die Propheten selbst erst richtig empfänglich für das Heil und die bleibende Sicherheit, für das ganz Neue, das von Gott her kommt, und das er in restlos leere Hände legen will. So erfuhr es auch Christus, der eigentliche prophetische Sprecher für Gott, das personenhafte Wort Gottes selbst. Er nahm das Prophetenschicksal auf sich bis hin

zu seinem bitteren Sterben und bis zum Gefühl letzter Gottverlassenheit. Er aber, das mächtige Wort Gottes, erwies sich in seinem Ostersieg als mächtiger als Sünde und Tod und als der endgültige Überwinder allen Unglaubens und aller Angst. Durch das scheinbare Scheitern seines prophetischen Auftrags hindurch sind nach dem Plan Gottes in Christus das Heil und die Treue Gottes für die gesamte Menschheit endgültig zum Durchbruch gekommen, so wie es die Propheten aller Zeiten als letztes Wort Gottes verkünden mußten.
Als erstes Beispielkapitel beschreibt Jes 6, die Berufungsvision des Propheten, wie er sich der erschreckenden Diskrepanz zwischen der Herrlichkeit und Heiligkeit des großen Gottes und der empörenden Sorglosigkeit des sündigen Israel auf einmal erschreckend bewußt wird. Erst durch das Gericht, worunter Jesaja selbst am meisten leidet, wird das Volk Israel zur Besinnung kommen. Das zweite Beispiel, Jes 11,1–10, schildert den neuen messianischen Heilskönig, den Gott nach der Katastrophe des Davidshauses erwecken wird und durch dessen Dienst er den Menschen wieder zum Menschen hin befreit, und mit ihm die gesamte Schöpfung, wie es in der Vision vom wiedergewonnenen Paradiesesfrieden sichtbar wird.

§ 5
Der große Gott und das selbstsichere Israel (Jesaja 6)

1. Zur Situation von Jes 6

Als der junge Jesaja, ein vornehmer Bürger von Jerusalem, um das Jahr 739 von Gott zum Propheten berufen wurde, herrschte die Dynastie Davids schon im dritten Jahrhundert im Südreich Juda. Vieles war in Jerusalem im Bereich der Jahwereligion zur bloßen Routine geworden. Die Mitte des 8. Jahrhunderts brachte für das im Spannungsfeld rivalisierender Weltreiche lebende Juda und ebenso für das seit 928 getrennte Nordreich Israel nochmals eine kurze Zeit relativer Ruhe und einen politischen und wirtschaftlichen Aufschwung. Aber schon standen dunkle Wolken am Himmel. Die Militärmacht

Assur bereitete sich zum wiederholten Male zu einem neuen Vorstoß von Osten her in Richtung Mittelmeer vor. Es ging damals in Jerusalem so, wie es gewöhnlich bei Menschen geschieht, die aus dem Augenblick noch ganz gut leben, obwohl die nächste Katastrophe schon leicht vorausberechenbar ist: Der König und seine Großen in Jerusalem und nicht weniger die Mittelschicht gaukelten sich eine Sicherheit vor, die ihnen zudem noch durch eine relativ funktionierende Religiosität abgesichert schien. Sie lebten dem Streben nach Macht und Besitz, allerdings, wie es zumeist üblich ist, auf Kosten der Armen. In diesen Jahren waren es gerade die kleinen Bauern, die bei der Umstellung von der Naturalienwirtschaft auf die Geldwirtschaft völlig verschuldet waren und ihre Freiheit an einige reiche Geldgeber verloren hatten. Die prophetischen Mahner dieser Zeit – im Nordreich Hosea und Amos, im Südreich neben Jesaja vor allem Micha! – bezeugen aber klar, daß Jahwe, der Befreiergott Israels von Urzeiten her, es niemals mitansehen werde, wie die Kleinen von den Großen versklavt werden und wie die Großen selbst zu Sklaven ihres eigenen Machthungers und ihrer verfehlten Ideologie werden. In diesem Zusammenhang des Eingreifens Gottes zugunsten der Freiheit der Menschen ist auch die Berufung des jungen Jesaja zum Propheten zu sehen. Wie auch aus anderen prophetischen Schriften bekannt ist, wird der Prophet zum Sprecher für Gott berufen, zum Mahner der Menschen, die stets in Gefahr sind, sich selbst zu verfehlen. Die Propheten bezeugen: Gott wird sich niemals damit abfinden, daß der Mensch sich selbst zerstört. Was die gesamte Bibel sagt, gilt auch heute noch und muß auch heute verkündet werden. Das Buch Jesaja umfaßt mit seinen 66 Kapiteln Texte aus den wichtigsten Perioden der Geschichte Israels. In den Kapiteln 1–39 finden sich hauptsächlich Texte aus der vorexilischen Zeit (739–700), allerdings vermischt mit späteren Einschüben; in den Kapiteln 40–55 haben wir das Trostbuch Deutero-Jesajas, eines uns namentlich nicht mehr bekannten Propheten aus der Zeit des zu Ende gehenden Exils (586–538); in den Kapiteln 56–66 sind Texte hauptsächlich aus der Zeit gleich nach dem Ende der Babylonischen Gefangenschaft zusammengestellt. Eine Kernsammlung echter jesajanischer Tradition stellt die sogenannte Immanueldenkschrift in Jes 6,1–9,6 dar, an deren Anfang in c. 6. die Berufungsvision Jesajas steht. Diese ist wie fast alle anderen Texte später überarbeitet und erweitert worden. Die Propheten erzählen ihre Berufung zumeist in dieser Form als Legitimation vor ihren Zuhörern, als Rechtfertigung dafür, warum sie auf einmal im Namen Gottes auftreten und dem Volk und seinen Führern im Auftrag Gottes so harte Dinge sagen müssen. Die Propheten bezeugen damit, daß Gott selbst sie bestellt hat, und daß sie sich deshalb diesem Auftrag nicht entziehen können, so undankbar auch die Rolle eines Propheten zu allen Zeiten ist. Die Berufungsvision des Jesaja ist von ihm aber wohl erst später erzählt worden, als er nämlich schon schmerzvoll erfahren hatte, daß weder der König mit seinen Großen, noch das Volk sich dazu durchringen konnten, seine Botschaft anzunehmen und die liebgewonnenen eigenen hochfahrenden Pläne, so töricht sie auch waren, zugunsten des Vertrauens auf Gott aufzugeben. Daß die Dynastie Davids und das ganze Volk nur durch Katastrophen und Untergang dazu gebracht werden konnten, Gottes Wort aus dem Mund seiner Propheten anzunehmen, bedeutete für den Propheten selbst, dem das Heil seines Volkes mehr am Herzen lag als den eigentlich Verantwortlichen, eine schwere Belastung. Die Propheten mußten vor allem in ihrer Zeit um den Glauben des Volkes ringen, ohne sich mit dem Blick auf die kommende Heilszeit trösten zu dürfen. Sie setzten sich daher leidenschaftlich dafür ein, die Menschen hier und heute für Gott zu gewinnen und so zu ihrem Heil hinzuführen. Das ist auch der Auftrag der Kirche zu allen Zeiten. Das macht auch die Aktualität dieses über 2700 Jahre alten Textes aus, dem wir auch heute immer wieder in der Verkündigung der Kirche begegnen.

2. *Der Text und seine Auslegung*

Die Berufungsvision des Jesaja gliedert sich in der heutigen Gestalt in folgende Abschnitte: 6,1–5: Die Schau der Herrlichkeit Gottes; 6,6–8: Die Sendung des Propheten; 6,9–11:

Der Verstockungsbefehl und die Rückfrage des Propheten; 9,12 f: Spätere erklärende Zusätze.

(6,1) Jesaja sieht wohl anläßlich eines festlichen Gottesdienstes im Tempel Gott selbst, der als König in seiner allesumfassenden und erschütternden Heiligkeit inmitten des himmlischen Hofstaates thront. Der Tempel, auf den Israel doch so stolz ist, ist so klein, daß er gerade noch vom Saum seines Königsmantels berührt wird. Der erwähnte Tod des Königs Usija steht für die Vergänglichkeit und das Nichtvertrauenswürdige aller irdischen Macht, die zur unvergänglichen Herrlichkeit Gottes in scharfem Kontrast steht. So klein der Tempel in Jerusalem auch sein mag, so läßt doch Gott hier seinen Namen als Zeichen seiner Gegenwart wohnen; es ist der Ort, wo Jahwe seinem Volk im Kult begegnen möchte. Das Volk und seine Führer aber meinen, wie es die Menschen zu allen Zeiten so leicht tun, diesen überragenden Herrn des Himmels und der Erde geflissentlich übersehen zu können.

(6,2 f) Die übermächtigen himmlischen Wesen, die Serafim, die als geflügelte Engelsgestalten geschildert sind und als Diener und Hofstaat Gottes einen Abglanz seiner Herrlichkeit darstellen, vor denen nach atl. Auffassung die Menschen genausowenig wie vor Gott bestehen können, huldigen ganz selbstverständlich dem großen Gott in der himmlischen Liturgie. Sie verbergen ihr Angesicht vor der überwältigenden Größe Gottes. Ihr dreimal Heilig, das heute noch täglich in der Liturgie der Kirche erklingt, ist ein Bekenntnis der überragenden Macht und Herrlichkeit Gottes, welche die ganze Erde erfüllt. Das für den Propheten total Unverständliche ist, daß die gescheiten Menschen in Israel das nicht wissen und nicht wahrhaben wollen. Die Herrlichkeit Gottes, von der alle Geschöpfe vergehen müßten, offenbart sich aber hier, und wo immer sie erscheint, als strahlender Lichtglanz Gottes, der die Menschen in seinen Machtbereich ziehen und ihn verherrlichen will. Wiederum eine beglückende Tatsache, vor der sich aber Israel und so viele Menschen aller Zeiten in ihrem Wahn verschließen!

(6,4) Wenn in der Bibel die Erscheinung der Herrlichkeit Gottes, Theophanie genannt, beschrieben wird, so geschieht das mit gleichbleibenden Bildelementen, wie sie aus erschütternden Naturereignissen, von Gewitter, Erdbeben und Vulkanausbruch bekannt sind. Daher beben die Schwellen des Tempels und erfüllt Rauch den Tempel; daher hört der Prophet auch Stimmen wie Donner. Mit diesen Bildern möchte die Bibel das Erschütternde und das alles Beständige in der Welt Umwerfende der Macht Gottes beschreiben.

(6,5) Der Prophet, der dies alles sieht und hört, erschrickt zutiefst. Sein Weheruf bedeutet, daß er ein dem Tod Verfallener ist. Denn nach altorientalischer Auffassung ist jeder ein Mann des Todes, der Gottes Herrlichkeit schaut. Der Prophet erschrickt aber noch mehr, weil er sich vor der verzehrenden Heiligkeit Gottes als sündiger Mensch, als Repräsentant des halsstarrigen Israel erfährt, das die Macht Gottes übersieht. Es nimmt nicht mehr wahr, in welch tödliche Gefahr es sich bringt, wenn es sich der Königsherrschaft Gottes nicht einfügen will, und das, wo doch die mächtigen Himmelswesen sich ganz selbstverständlich in Ehrfurcht vor Gott niederwerfen!

(6,6f) Aber trotz allem ist Gott stets gewillt, den Menschen aus seiner Unheilssituation und aus aller verderblichen Sündenverfallenheit zu befreien. Gott wird mit diesen den Menschen gefährdenden Mächten, deren Gefährlichkeit sich die Menschen gar nicht bewußt sind, spielend leicht fertig. Das ist die Frohe Botschaft der ganzen Bibel, die Jesaja zuerst an sich erfahren darf: Gott ist es, der der Macht der Sünde und der Zerstörung und allen Bedrohungen des Menschseins ein Ende bereiten wird.

(6,8) Aber angesichts der Torheit Israels ist Gott gleichsam in Verlegenheit, was er noch alles tun soll, um sein Volk zur Einsicht zu bringen. Mit seinem Hofstaat berät er diese wichtige Frage, wie er Israel doch noch zu seinem Heil hinführen könne. Der Prophet spricht dann eher vorschnell sein Wort der Bereitschaft. Die folgenden Verse zeigen aber, was Jesaja selbst sehr bald erfahren sollte, daß Gottes Bemühen durch seine Propheten bis hin zu Jesus auf den massiven Unglauben, ja auf die Ablehnung bei den Frommen stoßen wird. Kein Wunder, daß sich Mose wie später auch Jeremia gegen Gottes Beauftragung wehrt und sagt: „Aber bitte, Herr, schick doch einen anderen!“ (Ex 4,13).

(6,9f) Jesaja erhält einen merkwürdigen Auftrag: Nicht bekehren soll er, sondern verstocken. Sicher stehen hinter dieser Formulierung die schlechten Erfahrungen des Propheten mit seinen Zuhörern in den Jahren nach seiner Berufung. Gott bezeichnet hier sein Volk Israel nicht mehr, wie es in der Bundesformel steht, als „mein Volk", sondern abwertend und distanzierend als „dieses Volk". Die Verstockung ist wohl so zu erklären: Weil Israel ständig das Hören auf Gottes Wort verweigert hat, ist es am Schluß gar nicht mehr in der Lage, überhaupt noch hinzuhören. Es kommt auch die bittere Einsicht Jesajas zum Ausdruck, daß die Umkehr nur noch durch schwere Katastrophen und letztes Erschüttertwerden kommen kann.
(6,11) Die kleinlaute Frage des Propheten, zu dessen Aufgaben auch das Einlegen von Fürsprache bei Gott gehört, wie lange die Notzeit dauern werde, erhält als Antwort nur die Beschreibung der Verwüstung des Landes durch die Assyrer.
(6,12) Dieser Hinweis auf die Verheerung des ganzen Landes und auf die Gefangenschaft können sich auf die Verbannung der Bewohner des Nordreichs nach dem Untergang Samarias 721 beziehen oder aber auf die Babylonische Gefangenschaft Judas 586–538.
(6,13) Dieser Vers ist wohl eine noch spätere Hinzufügung als v. 12. Der Untergang beider Reiche hat das Gottesvolk dezimiert; es scheint keine Zukunft mehr zu haben. Aber Israel weiß zu allen Zeiten, daß Gott treu zu seinem einmal gegebenen Wort steht und deshalb sein Volk auch aus allen Notlagen retten wird. Daß dies durch die Katastrophen hindurch von Gott her geschehen wird, ist die letzte Hoffnung Jesajas inmitten der ausweglos scheinenden Verstockung seines Volkes.

3. Themen von Jes 6

(1) *Die prophetische Schauweise.* Gott öffnet dem Propheten die Augen für die Wirklichkeit. Das Wie dieser Schauung Jesajas ist für uns nicht mehr zu erfragen. Der Prophet erfährt auf jeden Fall Gott als die einzige Wirklichkeit, die wirklich ernst zu nehmen ist. Gottes Macht erfaßt alles, Himmel und

Erde. Jesaja darf hören, was im Himmel besprochen wird. Das ist so erschütternd, daß er es gleich weitersagen muß. Bisher hat auch er wie seine Volksgenossen einfach in den Tag hineingelebt, eingesponnen von vordergründigen Interessen. Nun aber, wo ihm Gottes Macht und Größe aufgegangen sind, kann er es einfach nicht mehr. Jesaja erschrickt selbst, wie Israel so an der Wirklichkeit vorbeileben kann und mit Sicherheit ins Verderben rennen wird. Der in der prophetischen Schau erleuchtete Glaube schaut alles in der Welt mit den Augen Gottes, und dann sieht auf einmal alles ganz anders aus, als es unsere oberflächliche Schauweise zunächst wahrnimmt. Der Prophet darf das einmal Erkannte nicht verdrängen, nicht verschweigen wollen.

Er muß einfach reden als einer, der von Gott selbst in seiner Sicherheit aufgeschreckt wurde. Auch der Gläubige muß so prophetisch darüber reden, was er aus dem Glauben weiß. Das, was der Glaube ihn verstehen läßt, ist nicht eine einfach in sich ruhende Theologie, sondern etwas, was den Menschen zutiefst trifft, und wo er selbst darüber entscheidet, ob er sich durch das gläubige Sichöffnen gewinnt oder sich durch das ungläubige Sichverschließen verliert. Wo aber Gott sich in der Menschheitsgeschichte engagiert, da geschieht es immer, um den Menschen zu retten und ihn auf den Boden der Wirklichkeit zu stellen.

(2) *Die erschreckende Diskrepanz.* Das Erschütternde an der Berufungsvision Jesajas ist die Erfahrung der großen Diskrepanz zwischen der Wirklichkeit Gottes und der törichten Einstellung Israels, zwischen der angemessenen Reaktion der anbetenden mächtigen Engelwesen und der Gleichgültigkeit des sorglos in den Tag hineinlebenden Israels. Gottes Königsherrschaft ist im Himmel ganz selbstverständlich anerkannt, aber auf Erden wird sie von den Menschen mißachtet und als harmlos und leicht übersehbar abgetan. Auch die festesten irdischen Dinge erbeben vor der Herrlichkeit Gottes: Der Tempel, die Berge, die wie Wachs zergehen, das Meer. Alles Geschaffene der Welt erspürt die Mächtigkeit Gottes und seines Wortes, nur die Menschen nicht! Sie sperren sich, sind nicht bereit zu hören, zeigen nichts von einer entsprechenden

Reaktion. Die ganze Liturgie des Himmels ist auf Gottes Ehre und Herrlichkeit abgestimmt; auf Erden dagegen betrügen die Menschen mit ihrem veräußerlichten Kult sich selbst und beleidigen Gott durch das Nichternstnehmen seiner Macht und zudem durch die Mißachtung der Menschenwürde bei Entrechteten und Armen. Daß dies katastrophale Folgen haben und zum klärenden Gericht Gottes führen muß, das Israel erst von seiner Fehleinschätzung der Wirklichkeit befreien wird, ist dem Propheten klar, seinen Hörern aber noch lange nicht. Sie werden erst dann begreifen, wenn alles zerbrochen ist, worauf sie sich jetzt noch verlassen. Dann erst haben sie eine Chance, sich der Wirklichkeit zu stellen.

(3) *Die Gotteserscheinung.* Jesaja erhält seine Berufung im Rahmen einer Theophanie, einer machtvollen Selbstoffenbarung der Herrlichkeit Gottes. Als elementare Erfahrung steht hinter einer Theophanieschilderung die Erschütterung der Natur durch Gewitter, Erdbeben, Vulkanausbruch, bei denen sich bis heute der Mensch klein und hilflos vorkommt. Diese Bilder machen deutlich, wie die Schöpfung reagieren muß, wenn Gott sich ihr zuwendet und sich ganz selbstverständlich Respekt verschafft. Aber in der Schau des AT ist auch eine solche erschütternde Zuwendung Gottes zu seiner Schöpfung ganz auf das Heil des Menschen ausgerichtet, der im Mittelpunkt des Engagements Gottes in der Welt steht. So ist jede Theophanie als Zeichen des leidenschaftlichen Bemühens Gottes um die Befreiung des Menschen zu sehen. In der Theophanie offenbart sich Gott auch als eine Wirklichkeit, mit der man stets rechnen muß, die sich nicht einfach verdrängen läßt, ja sich dem Menschen zu seinem Heil geradezu aufdrängt. Dies alles geschieht aber, um den Menschen in den Bereich der Herrlichkeit Gottes hineinzustellen, die sich in der Theophanie schauen läßt. Nach dem Hymnus der Serafim ist die ganze Erde voll von Gottes Herrlichkeit. Aber der Mensch ist der einzige Punkt der Schöpfung, der in seinem Wahn meint, sich dagegen sträuben zu müssen. Wenn dagegen der Mensch sich im Glauben der Herrlichkeit Gottes öffnet, sich zu seinem Gott bekennt und ihm die Ehre gibt, dann gibt es keine Macht mehr, die den Menschen von Gottes Liebe tren-

nen und dem Bereich seiner alles erfüllenden Herrlichkeit entreißen könnte.

(4) *Die Sendung.* Gott nimmt das Angebot Jesajas an. Er stellt ihn in seinen Dienst und sendet ihn zu seinem Volk Israel. Gott bedient sich der Menschen, um durch sie andere Menschen zu ihrem Heil zu führen. Der Prophet, der sofort das Wort der Bereitschaft gesprochen hat, erfährt bald, wie schwer es ist, diese Sendung durch Gott auf sich zu nehmen. Aber Gott beschreitet zu allen Zeiten diesen Weg, daß er sich über das Zeugnis von Menschen erfahren läßt, denen er die Augen geöffnet hat, und die dann auf einmal mit Schrecken wahrnehmen, wie sie selbst und ihre Mitmenschen am Wesentlichen vorbeileben und die Grundprinzipien des Menschseins mißachten. Sie müssen dann auch andere darauf aufmerksam machen, worauf es im Leben eigentlich ankommt. Mit ihrem leidenschaftlichen Eintreten für die Wahrheit, aus der die Menschen allein leben können, verwirklichen die Propheten etwas vom Eifer Gottes für das Heil der Menschen. Sie wissen sich selbst wohl zuerst auch als Sünder, als Menschen „mit unreinen Lippen" (v. 5), aber sie wissen auch um den Vergebung schenkenden Gott, der aus den Katastrophen retten und ihnen aus Tod und Gefangenschaft einen neuen Anfang geben kann. Diesen Hinweis auf den Gott, der die Sünde überwindet und uns neues Leben schenkt, sind wir Gläubigen, die Gott zu den Menschen sendet, ihnen schuldig, auch wenn sie zunächst nichts davon hören wollen und sich in die Verstockung flüchten. Gott vermag sie auch von dort herauszuführen und er will sich dabei unser bedienen, so schwer uns auch diese Sendung zunächst ankommen mag.

(5) *Gott überwindet die Sünde.* Gott fängt zuerst beim Propheten an, ihn von der Sünde zu reinigen. Es geschieht in einem fast sakramentalen Akt mit einer Zeichenhandlung und mit dem die Sündenvergebung zusagenden Wort. Was aber Gott sagt und tut, hat Gültigkeit: Er nimmt die Schuld des Menschen hinweg. Der Glühstein erinnert daran, daß das Feuer alles Vergängliche vernichtet, das Edle und Bleibende jedoch herausläutert. Das Feuer wird auch Jerusalem und den Tempel verbrennen. Aber dies ist nur der Weg, um die Ver-

stockung des Volkes zu beenden, um die Menschen von ihrer Verkehrtheit zu läutern. Die Propheten müssen viel von der Sünde sprechen, noch mehr aber müssen sie davon sprechen, daß Gott die Sünde überwinden wird. Ganz sicher bedeutet Verstockung, sich lange dem Anruf Gottes verweigert zu haben, bis man aus dem selbstgefertigten Käfig nicht mehr herauskann. Das bedeutet einerseits eine Begrenzung der Macht Gottes, weil er unsere freie Entscheidung respektiert. Andererseits aber klopft Gott immer wieder bei uns an. Er kann warten, bis uns alle falschen Sicherheiten zerbrochen sind, steht aber dann erst recht bereit, unsere von eitlem Tand befreiten, leeren Hände mit seiner übergroßen Huld zu füllen. Ob es der Mensch angesichts dieser Liebe Gottes noch fertigbringt, diesem gütigen Gott das Nein der Verweigerung zu sagen?

4. Fragen an uns

(1) Gott hat uns Gläubigen durch seine Propheten und vor allem durch sein Wort in Jesus Christus die Augen für die Wirklichkeit geöffnet. Wir haben keine Ausrede mehr, wir wüßten nicht, was der Mensch wirklich ist, wie er sich gewinnt und wie er sich verliert. Wir sollen wie Jesaja zutiefst erschrekken, wenn wir die Wirklichkeit und den Anspruch Gottes mit der Fragwürdigkeit unseres Verhaltens und unserer Lebenseinstellung vergleichen. Das hat nichts zu tun mit Pessimismus oder Schwarzmalerei! Wir müssen uns und den anderen immer wieder klar machen, daß wir uns leider zu oft damit begnügen, unser Leben sehr oberflächlich zu sehen, und daß wir stets versucht sind, die Wirklichkeit aus Angst vor Konsequenzen einfach zu verdrängen. Aber nur „die Wahrheit wird uns befreien“ (Joh 8,32). Sind wir aber bereit, uns dieser Wirklichkeit und der prophetischen Schauweise jeden Tag zu stellen und uns durch die Wahrheit Gottes stets aufs neue befreien zu lassen?

(2) Die prophetische Schau läßt uns die Diskrepanz zwischen dem allheiligen Gott und unserer sündigen Schwachheit sehen. Wir wissen doch um den großen Gott, den Herrn von Himmel

und Erde, der uns liebt, der uns ernst nimmt, mehr als wir uns selbst, und der uns Anteil an seiner Herrlichkeit schenkt. Und trotzdem leben wir zumeist einfach in den Tag hinein und lassen unser Leben von lächerlichen Dingen bestimmen, die es nicht wert sind, von uns mit aller Leidenschaft des Herzens angestrebt zu werden. Obgleich wir uns von Gott geführt und umsorgt wissen, meinen wir, ohne ihn auskommen zu können. Auch wir Christen gestalten so oft unser Leben, als ob wir nichts von Gott wüßten. Wir organisieren auch seine Kirche nach sehr fragwürdigen Gesichtspunkten wie Erfolg, Ansehen bei den Menschen, Ausbau von Machtpositionen. Wie lange wollen wir uns auch im religiösen Bereich mit Vordergründigem betäuben, um ja nicht dem lebendigen Gott zu begegnen, der uns auffordert, mehr zu sein und aus seiner Kraft zu leben? Wie lange werden wir diese Haltung des Ausweichens und der Verweigerung durchhalten?

(3) Die Menschen der Alten Welt übertrugen die Erfahrung ihrer Kleinheit und Hilflosigkeit angesichts der tobenden Naturgewalten auf die Erscheinung des großen Gottes. Die Propheten erfuhren bei ihrer Berufung eine noch tiefer gehende Erschütterung, wenn Gott ihnen seine Herrlichkeit und seine umwerfende Mächtigkeit offenbarte, vor denen niemand bestehen kann. Die Bibel bezeugt im AT und NT, daß Gott uns Anteil an seiner Herrlichkeit gibt, die göttliches Leben und ein Aufbrechen unserer menschlichen Beschränktheit hin ins Unendliche Gottes bedeutet. Noch der verworfenste Mensch, der in unseren Augen nichts gilt, ist in den Augen Gottes unendlich wertvoll, weil auch er den Abglanz der göttlichen Herrlichkeit in sich trägt. Wir wissen auch um die sich daraus ergebende Verpflichtung, diese Herrlichkeit, die sich als Liebe und Treue Gottes zeigt, andere Menschen erfahren zu lassen. Sie sollen Gottes Herrlichkeit nicht im Erschrecken vor den Naturgewalten erfahren, sondern durch unser Zeugnis für Gottes gütiges Dasein für die Menschen. Vermitteln wir Christen aus dem verborgenen Schatz der Herrlichkeit, den wir in uns tragen, etwas von der Geborgenheit in Gott, nach der sich alle Menschen sehnen? Sind wir Christen mehr Repräsentanten der Herrlichkeit Gottes in der Welt durch Ausübung von

Macht als durch unseren Dienst, durch die Güte und Menschenfreundlichkeit unseres Gottes, wie sie uns in Jesus Christus aufgeleuchtet sind?

(4) Die Sendung des Propheten, von der Jes 6 berichtet, bedeutet einen Hinweis darauf, daß Gott über uns Menschen andere Menschen zu seiner Wahrheit und zum vollen Menschsein führen will. Sendung durch Gott bedeutet für die von Gott Beauftragten sicher auch bittere Erfahrungen, Ablehnung und Verfolgung. Aber Gott hat den Menschen für seinen Mitmenschen nicht zum Wolf geschaffen, sondern zu seinem Hüter und Hirten. Mögen sich die von Gott in Dienst Genommenen auch „wie Schafe mitten unter die Wölfe gesandt" (Mt 10,16) vorkommen, so ist ihnen doch zugesagt, daß Gott, der mächtige König Himmels und der Erde, auch durch den Dienst von uns schwachen Menschen sein Reich in der Welt zum Durchbruch bringen wird. Sind wir uns dessen bewußt, daß Gott, der uns alle dazu in Dienst genommen hat, auch gewillt ist, durch uns Großes zu leisten?

(5) Jeden Tag sehen wir uns mit Sünde und menschlichem Fehlverhalten konfrontiert, bei uns wie bei anderen. Es könnte uns entmutigen zu sehen, daß wir doch nie zu Rande kommen mit unserem Auftrag. Die Bibel spricht viel von der Sünde. Sie möchte uns vor allem vor der Sünde warnen, die sich als Alternative zu Gottes Gnade anbietet und für uns doch keine Alternative ist. Die Bibel redet auch deshalb von der Sünde, um uns zu sagen, daß Gott mit ihr fertig wird und daß er uns aus den ausweglosen Situationen herausholt, in die wir uns durch die Sünde hineinmanövriert haben. Die Sünde, von der die Propheten und auch die Kirche soviel reden, ist also nur vordergründig Thema ihrer Verkündigung; das eigentliche Thema ihrer Verkündigung im Auftrag Gottes ist die Überwindung der Sünde. Mögen die Wege zu dieser Vernichtung der Sünde in unserem Leben auch verworren sein und durch Gericht und Katastrophen gehen, an ihrem Ende steht auf jeden Fall für uns, wenn wir uns im Glauben Gott übergeben, der Sieg Gottes, der auch unser Sieg ist. Leben wir Christen aus dieser Frohen Botschaft? Geben wir diese Frohe Botschaft

weiter? Begnügen wir uns, wenn wir von der Sünde reden, zumeist nur mit der halben Wahrheit, während doch ihre Überwindung durch Gott die volle Wahrheit ist?

5. Zur praktischen Bibelarbeit

Das historische Interesse für die Propheten des AT und ihre Zeit ist lobenswert. Eine breite wissenschaftliche Untersuchung der literarischen Probleme von Prophetentexten ist für ihr Verständnis unerläßlich. Wichtig ist aber vor allem, daß wir diese Texte lesen und hören als einen Aufruf Gottes, uns hier und heute der Wirklichkeit Gottes mit unserem Leben zu stellen und uns bewußt zu machen, in welch erschreckendem Maß wir einfach in den Tag hineinleben. Wie Israel im 8. Jahrhundert sind wir in Gefahr, uns wegen unserer korrekt absolvierten religiösen Pflichtübungen vor Gott völlig in Ordnung zu fühlen, und dabei leben wir doch an unserer eigentlichen Berufung vorbei! Die Aufgabe der praktischen Bibelarbeit könnte z. B. darin bestehen, Jes 6 in Untergruppen zu einer Predigt umzugestalten, wie sie der Prophet Jesaja heute unserer Gemeinde halten würde, um uns darauf aufmerksam zu machen, worauf es eigentlich ankommt, und wie leicht auch wir unser Leben ganz falsch programmieren. Diese Predigt könnte etwa so aussehen:
Liebe Christen! Ich kann nicht anders: Heute muß ich euch ein Erlebnis berichten, das mir keine Ruhe läßt und das auch euch beunruhigen müßte!

(v. 1) Wie ihr heute saß ich bei festlichem Gottesdienst inmitten der Gemeinde. Ich hatte dabei das bekannte gute Gefühl, für den lieben Gott etwas getan zu haben und ein anständiger Mensch zu sein, dem man auch im Religiösen nichts vorwerfen kann. Wie die meisten anderen Leute war auch ich in den Gottesdienst gegangen, weil es einmal so üblich ist bei uns und weil es auch besser aussieht, wenn man religiös ist – mit entsprechenden Vorbehalten, versteht sich! Aber auf einmal gingen mir, ich weiß nicht wie, die Augen auf. Ich sah, was wir doch alle schon so oft gehört hatten, was ich aber bis dahin auch nicht so ernst genommen hatte, daß der große Gott, der

König von Himmel und Erde, mitten unter uns anwesend war, und daß seine Herrlichkeit alles erfüllte.

(v. 2) Und ich sah vor Gott auch die ganze Schöpfung, alle Mächte des Himmels und der Erde. Sie lobten alle Gott in festlicher Liturgie, freilich ganz anders als wir, die wir die vorgeschriebenen Texte gewohnheitsmäßig „herunterspulen" und bei den Liedern eben mitsingen, damit die Zeit schneller vergeht.

(v. 4) Und ich sah, wie die ganze Welt, die uns so groß und fest vorkommt, in der wir mit beiden Füßen stehen, vor Gott bebte und ganz klein vor ihm wurde. Und da ging mir auch auf, wie ganz anders wir am Gottesdienst teilnehmen und dabei diesen großen Gott eigentlich ganz übersehen. Die einen schlafen, die anderen machen sich Gedanken, wie man den Nachmittag gestalten könne, was die nächste Woche bringt, und wie wir es unserem Kollegen einmal zeigen werden.

(v. 5) Als ich dies alles sah, den Himmel und die Erde, den Herrn in unserer Mitte, das Loblied der ganzen Schöpfung, die erschütterte Welt und daneben mich und meine Glaubensgenossen mit all den unnützen Gedanken, kam mir plötzlich erschreckend: Ja, sind wir denn alle verrückt, daß wir Gott in unserer Mitte gar nicht ernst nehmen, daß wir auch angesichts seiner erschütternden Herrlichkeit noch so tun, als ob unser Leben einfach so dahinplätschern könnte mit all den Banalitäten, die uns bis in den Gottesdienst hinein verfolgen? Es kam auch zum Bewußtsein, daß doch vor diesem heiligen Gott niemand bestehen kann, am wenigsten wir, die wir doch dazu noch so oft auf Kosten anderer leben und uns selbst als Nächsten ansehen, den wir mit allen Kräften lieben. Ganz erregt fragte ich mich: Ist denn das möglich, daß wir ganz genau wissen, welche Verantwortung vor Gott wir für unser Leben haben, für uns selbst und für unsere Mitmenschen, und uns dann einfach unseren Hobbies zuwenden und zur Tagesordnung übergehen?

(v. 6) Als ich so erschrocken war über meine Torheit und die meiner Mitmenschen, und als mir das Unerhörte unseres Verhaltens schlagartig bewußt wurde, da gab Gott mir ein Zeichen. Er befreite mich von meinem Befangensein in der Sünde und ließ mich erfahren, daß er stets bereit ist, uns von der Verlogenheit unseres Lebens zu befreien, uns Augen und Ohren zu öffnen für die Wahrheit, aus der wir allein leben können.

(v. 8) Aber das allein genügt noch nicht! Wenn wir für uns selbst recht wohl wissen, was der Mensch eigentlich ist und wie er vor Gott Bestand hat, so ist das noch zu wenig! Und ich hörte, wie Gott mit seinem Hofstaat sich darüber beriet, ob wohl ein Mensch bereit wäre, für ihn vor die Menschen hinzutreten, ihnen diese Wahrheit zu verkünden und sich von ihm dafür in Dienst nehmen zu lassen. Da meldete ich mich mit frohem Schwung und in der törichten Meinung, diesen Auftrag leicht ausführen zu können. Was ich begriffen hatte, müßten doch die anderen genau so schnell wie ich begreifen!

(v. 9) Aber Gott gab meinem naiven Optimismus gleich einen deutlichen Dämpfer, und das war gut so. Denn als ich das Geschaute meinen Mitmenschen weitererzählte, da lachten sie mich nur aus und waren fest davon überzeugt, daß ich wohl einigermaßen verrückt sein müsse. Trotzdem konnte ich nicht aufhören, für Gott vor ihnen zu sprechen, auch wenn sie sich noch mehr sträubten und sich noch tiefer in eine falsche Sicherheit hineinflüchteten.

(11 f) Ganz entmutigt fragte ich Gott, wie lange diese offenkundige Blindheit der Menschen für die Wirklichkeit noch weitergehen solle, die sie unaufhaltsam auf eine Katastrophe zutrieb. Aber Gott machte mir unerbittlich klar, daß zuerst alles zusammenbrechen, daß bittere Not die leeren Fassaden der Menschheit umstürzen müsse, bis die Menschen bereit wären, zu sich selbst zu kommen und sich auf das Eigentliche zu besinnen. Er ließ mich auch erkennen, daß auch in der Kirche noch viele Rückschläge kommen müßten, bis die Christen endlich wieder dazu bereit wären, einfach für die anderen da zu sein und aus der verborgenen Herrlichkeit Gottes zu leben, die doch in ihnen schon wirksam ist.

(v. 13) Und so wird es wohl immer sein; Zuerst muß unser Stolz radikal abgewirtschaftet haben, bis Gott mit seiner Sache in uns wieder ganz klein anfangen kann, die allein für uns Zukunft bedeutet.

Ich frage mich, ob ihr das begreift, wenn ich euch das so erzähle. Werdet ihr euch durch das, was ich erlebt habe, vom Vordergründigen und Zweitrangigen abbringen lassen? Vielleicht, vielleicht aber auch nicht! Aber das wäre nichts Neues! In jedem Fall will ich aber das eine sagen, und vielleicht denkt ihr dann daran, wenn es so weit ist: Wenn ihr alles zugrunde gerichtet habt mit eurer falschen Sicherheit, wenn alles ausgebrannt ist in eurem Leben, dann wird Gott da sein für euch. Er gibt euch dann in seiner Güte und Treue einen neuen Anfang. Macht euch keine Sorgen, wenn ihr dann mit leeren Händen vor ihm steht, denn so seid ihr am besten für sein Wirken vorbereitet. Aber das begreift ihr jetzt wohl noch nicht. Ihr müßt zuerst selbst eure Erfahrungen machen, wie weit die Menschen ohne Gott kommen. Aber das sollt ihr jetzt schon wissen: Gott steht trotz allem zu euch! Er wartet auf euch! Er gibt euch nie auf! Das ist das eigentlich Entscheidende in der Weltgeschichte und in eurem Leben. Ich wünsche nur, daß Ihr das dann in der Zeit der Not begreift, wenn alles so kommt, wie ich euch im Auftrag Gottes sagen mußte.

Literaturangaben

Hermann Eising, Das Buch Jesaja. Teil I, Düsseldorf 1970

Walther Eichrodt, Der Heilige in Israel. Jesaja 1–12, 2. Aufl., Stuttgart 1976

Hellmuth Frey, Handkommentar zum Buch Jesaja. Der heilige Gott, der Messias und der autonome Mensch (Jesaja Kapitel 6–12), Bad Liebenzell 1978

Franz Josef Helfmeyer u. a., Licht der Völker. Das Buch Jesaja, Stuttgart 1978

§ 6
Der messianische Friede (Jesaja 11,1–10)

1. Zur Situation von Jes 11,1–10

Die Schilderung des neuen Davidskönigs, der in der Kraft des Geistes Gottes herrscht, und des Paradiesesfriedens in Jes 11 stammt wohl aus dem 8. Jahrhundert v. Chr. Damals wurde das Reich Juda von Königen aus dem Haus Davids von sehr unterschiedlicher Qualität regiert. Die politische Lage ließ, vor allem wegen der ständigen Bedrohung durch die assyrische Militärmacht, den Zusammenbruch des Reiches Juda für die allernächste Zeit erwarten. Die Frage, ob diese zehn Verse ganz oder nur teilweise von Jesaja, dem großen Propheten des 8. Jahrhunderts, stammen oder von einem Schüler in seinem Geist geschrieben wurden, beeinträchtigt keineswegs die großartige theologische Aussage dieses Abschnittes, die für alle Zeiten gilt. Der falschen Politik der Könige, deren katastrophale Folgen das Volk zu tragen hat, setzt Gott sein engagiertes und fast zorniges Trotzdem entgegen. Die stark degenerierte Davidsdynastie ist unfähig, Gott zu vertrauen, unfähig auch, dem Volk den Frieden zu bewahren. Sie gleicht einem alten, ausgelaugten Baum, der keine Früchte mehr bringt. Ihr läßt Gott durch seinen Propheten die bald eintretende Katastrophe ankündigen. Das Reich Davids wird untergehen. Zugleich verheißt jedoch Gott, es wie die Bauern zu machen. Sie fällen einen alten Baum, um durch den jungen Trieb, der aus dem Baumstumpf hervorwächst, einen neuen Ansatz zu gewinnen. Ebenso wird Gott einen neuen Davidskönig heranwachsen lassen, der den Anforderungen Gottes und den Erwartungen der Menschen entsprechen wird. Das Gedicht auf diesen neuen Davidskönig, der so ganz anders ist als die jetzigen, und mit dem Gott die große Heilszeit beginnen läßt, mag bei einem Gottesdienst im Tempel anläßlich der Geburt eines Thronfolgers oder am Krönungstag des Königs vorgetragen worden sein, und zwar als frommer Wunsch und zugleich als prophetische Warnung an das Haus Davids vor falscher Selbstsicherheit. Jedenfalls steht dahinter die Verheißung Gottes, daß er sein Werk und seinen ewigen Bund mit David auch nicht durch menschliches Verschulden zerstören läßt. Sein alles neugestaltender Geist garantiert das. Der Paradiesesfriede mit seinen phantastischen Farben unterstreicht desgleichen, daß Gott nicht gewillt ist, seine Pläne mit der Welt durch die Macht der Sünde zunichtemachen zu lassen. Gott ist vielmehr entschlossen, die Vollendung der Menschheit und der gesamten Schöpfung zu verwirklichen. Das Wann und das Wie liegen ganz in Gottes Hand. Bis dahin ist es aber den Menschen aufgetragen, schon jetzt etwas davon zu verwirklichen, indem sie in der Kraft des Geistes Gottes leben, für Recht und Gerechtigkeit eintreten und allem Untermenschlichen eine klare Absage erteilen. Die Menschen können schon jetzt daran mitarbeiten, daß die Herrschaft Gottes, die Friede, Recht und Gerechtigkeit bedeutet, sich in der Welt durchsetzt, auch wenn Gott dies endgültig erst zu der von ihm bestimmten Zeit verwirklichen wird.

2. *Der Text und seine Erklärung*

Das Lied, das Gottes Garantie für die Erreichung seiner Ziele in der Weltgeschichte ausspricht, hat folgende Einteilung: 11,1–5: Gott läßt den kommenden Heilskönig aus dem Stumpf des gefällten Baumes hervorsprossen; 11,6–9: Gott führt den Paradiesesfrieden herbei als Verwirklichung des wahren Menschseins; 11,10: Der davidische Messiaskönig vermittelt allen Völkern das Heil.

(11,1) Daß die als Baum dargestellte Davidsdynastie, die Gott den Glauben verweigert, um eigene Ziele verfolgen zu können, sich auf diese Weise ihrer Existenzgrundlage beraubt, ist dem Propheten klar. Aber Gott sinnt schon auf einen neuen Anfang, der über David hinaus auf dessen Vater Isai zurückgeht, – eine klare Absage Gottes an die Davidsnachkommen, die versagt haben! Gegen alle Erwartung wächst jedoch aus dem Baumstumpf ein lebenskräftiger junger Trieb, der messianische König der Heilszeit, mit dem Gott endlich seine Ziele in der Weltgeschichte erreicht.

(11,2) Die Aufzählung der sogenannten sieben Gaben des Heiligen Geistes macht deutlich, woraus der junge Trieb seine Kraft bezieht: Es ist die Mächtigkeit des Geistes Gottes, der nach biblischer Darstellung stets dort neues Leben und Fruchtbarkeit hervorbringt, wo menschliche Kraft total am Ende ist. In drei Doppelbegriffen – die Nennung der siebten Gabe des Heiligen Geistes in 11,3 erklärt sich wohl aus einer Doppelschreibung! – wird die Mächtigkeit des Geistes Gottes geschildert, die den Messiaskönig befähigt, Gottes treuer Sachwalter in der Welt zu sein. Weisheit und Einsicht meinen die Fähigkeit, alles zu durchschauen und den eigentlichen Sinn, der hinter allem steht, zu ergründen. Rat und Stärke befähigen den König, der in besonderer Weise mit dem Geist Gottes ausgestattet ist, das Erkannte und Beschlossene dann auch wirklich durchzuführen. Erkenntnis und Gottesfurcht besagen eine lebendige Beziehung zu Gott, auf die es im letzten im menschlichen Leben ankommt. Erkennen bedeutet dabei im Semitischen über ein verstandesmäßiges Erfassen der Wirklichkeit hinaus eine liebende, personale Verbundenheit, hier zwischen Gott und Mensch. Gottesfurcht meint mehr als Furcht, mehr auch als Ehrfurcht; es ist einfach die Anerkennung der ganzen Wirklichkeit Gottes, ein ständiges Leben in der Gegenwart Gottes, das Wissen des Menschen um seine Verantwortung vor Gott in allen Bereichen des Lebens.

(11,3–5) Vers 3 wiederholt diesen zentralen Begriff der Gottesfurcht und bringt ihn in Verbindung mit dem König, dem Vertreter Gottes auf Erden, der sich bei der Ausübung der Herrschaft im Auftrag Gottes dieser Verbundenheit mit Gott und dieser Verpflichtung, in seiner Gegenwart zu leben, ganz besonders bewußt sein muß. Dabei hat sich der König an Gottes Statt besonders der Armen und Hilflosen anzunehmen und sie gegen Unrecht und Gewalttat zu verteidigen. So, wie Gott sich stets als gerecht und treu erweist, indem er für die Entrechteten eintritt, so wird es der messianische Heilskönig ebenfalls tun. Bildlich wird gesagt, daß der König mit Recht und Gerechtigkeit gegürtet ist. Das Gegürtetsein steht für Kraft, für Gerüstetsein und Bereitschaft, die königliche Macht in diesem Sinn voll einzusetzen. Das zeichnet den Messiaskönig aus und unterscheidet ihn deutlich von den entarteten Davidsnachkommen zur Zeit des Propheten, die nichts als eine weitere Entfaltung ihrer eigenen Macht im Sinn haben.

(11,6–8) Wenn sich durch den Dienst des Messiaskönigs die Herrschaft Gottes durchgesetzt hat, dann ist die Welt wieder ganz in Ordnung. Dann ist vor allem der Mensch, um den es doch in der ganzen Heilsgeschichte geht, wieder heil geworden. Das wird dargestellt unter dem phantastischen Bild vom wiedergewonnenen Paradiesesfrieden, bei dem weder die Tiere untereinander, noch Mensch und Tier sich gegenseitig als Bedrohung erfahren und daher alle Furcht voreinander abgebaut haben. Dieses Bild, das auch andere Völker kennen, wenn sie von der wieder heilgewordenen Welt sprechen, erhebt nicht den Anspruch, eine historische oder naturwissenschaftliche Gegebenheit der Urzeit oder der Endzeit zu beschreiben, sondern es besagt vor allem, daß die Menschen sich selbst und einander wieder annehmen und verstehen, daß sie ihr tierisches Verhalten des Fressens und Gefressenwerdens abgelegt haben und sich nicht mehr vom krassen Egoismus und von rücksichtslosem Sichdurchsetzen bestimmen lassen. In diesen Frieden, von dem Jes 11 berichtet und dabei auch auf den ursprünglichen Paradiesesfrieden zwischen Mensch und Tier in Genesis 2 anspielt, ist nun auch wieder die Schlange ausdrücklich miteinbezogen, um so zu sagen, daß nun sogar die in Gen 3,15 ausgesprochene Feindschaft zwischen Mensch und Schlange und die ständige Gefährdung des Menschen durch das Böse von Gott her überwunden sind. Die Befreiung des Menschen in der Heilszeit umfaßt „die ganze Schöpfung, die sehnsüchtig auf das Offenbarwerden der Söhne Gottes wartet, um von der Sklaverei und Verlorenheit zur Freiheit und Herrlichkeit der Kinder Gottes befreit zu werden“ (Röm 8,19.21).

(11,9) Mit weiteren biblischen Bildern wird nun zusammenfassend gesagt, daß das Böse ganz überwunden ist, und daß Zion und die ganze Schöpfung, Land und Meer, erfaßt sind von der Herrlichkeit Gottes und von der Erkenntnis, d. h. von dem liebenden Verbundensein mit Gott. Was nach Gen 1–11 und nach den prophetischen Schriften von der Menschheit und von Israel in der Geschichte an Sünde und Fehlverhalten zum Unheil der Welt verwirklicht wurde, ist nun durch Gottes Macht endlich vernichtet.

(11,10) Der neue Davidskönig gibt die allesverwandelnde Kraft Gottes weiter an alle Menschen. Sie kommen nach Zion und erkennen Jahwe als den einen wahren Gott an. Das durch Sünde entstellte und durch Kriege zerstörte Jerusalem, das bisher ein Beispiel für die zerstörerische Macht der Sünde war, wird nun endlich zum Symbol der alles erlösenden und verherrlichenden Macht und Liebe Gottes.

3. *Themen von Jes 11,1–10*

(1) *Gott schenkt einen neuen Anfang.* Die Geschichte der Welt, die Geschichte Israels, die Geschichte der Kirche sowie die Geschichte unseres Lebens sind auf beängstigende Weise bestimmt von Fehlverhalten und falschen Entscheidungen, die eine gute Entwicklung und das Erreichen der gesetzten Ziele aufs äußerste gefährden. Was die Propheten im Namen Gottes an der Davidsdynastie zu tadeln hatten, daß sie nicht bereit sind zum Glauben, zum Aufgeben der eigenen Vorstellungen, zum Sich-voll-Einsetzen für Recht und Gerechtigkeit, betrifft uns in gleicher Weise. Daß der Baum gefällt werden muß, daß die Dinge auf eine Katastrophe zutreiben, wollen wir Menschen nie wahrhaben. Wenn im AT die Propheten schon soviel vom Gericht reden müssen, so bedeutet das angedrohte Einbrechen des Gerichts für die Menschen oft die letzte Chance, zur Erkenntnis der Wahrheit und zur Anerkennung der Wirklichkeit zu kommen. Viel wichtiger ist jedoch, was nach den prophetischen Texten Gott dabei als eigentliches Ziel seines Handelns im Auge hat, daß er nämlich danach stets einen neuen Anfang schenkt. Die Vorstellung einer von uns selbst verwirklichten heilen Welt, die uns Menschen dauernd vorschwebt, erweist sich als reine Utopie. Die wirklich heile Welt und der heile Mensch in ihr können nur von Gott her verwirklicht werden. In vielen Bildern bezeugt uns die Bibel, daß Gott dies tut: Im messianischen Heilskönig, im geläuterten und verherrlichten Jerusalem, im neuen und ewigen Bund, in seinem aus der Knechtschaft von Sünde und Tod befreiten Volk, in der neuen Schöpfung. Soviel die Propheten auch von der Sünde reden müssen, noch viel mehr bezeugen sie Gottes größere Macht und seinen leidenschaftlichen Willen, die Sünde endgültig zu überwinden und die Menschheit und die gesamte Schöpfung unwiderruflich zu ihrer Vollendung in seiner Herrlichkeit zu führen.

(2) *Die Macht des Geistes Gottes.* Der kommende Messiaskönig wird in besonderer Weise mit den Gaben des Geistes Gottes ausgestattet sein. Hiermit wird deutlich gemacht, daß menschliches Wollen und Unternehmen die eigentliche Befreiung der Welt und des Menschen aus Sünde und Not nicht

schaffen können, sondern nur die Mächtigkeit Gottes. Das kann der Mensch auf verschiedene Weisen erfahren, wie es etwa in den sieben Gaben des Heiligen Geistes zum Ausdruck gebracht wird. Zum einen muß der Geist Gottes uns zuerst lehren und uns in die volle Wahrheit einführen, muß uns eine ganz neue, und zwar die richtige Schauweise von Gott, Welt und Menschen vermitteln. Sodann muß er den Menschen die Beschlußkraft für das Richtige und die Fähigkeit zur Durchführung des Beschlossenen schenken, wobei sonst die Menschen hoffnungslos überfordert wären. Der Geist Gottes muß ferner vor allem im Menschen die Bande der Liebe und der Anerkennung Gottes wachsen lassen, durch die sich Gott ihnen verbindet und ihnen eine hohe Würde gibt. Der Geist Gottes, der Gottes großartiges Werk schon mit der Erschaffung der Welt begonnen hat, setzt sich nun endlich auch im Menschen, dem Höhepunkt der Schöpfung, siegreich durch und erweist sich in ihm als das eigentliche Lebensprinzip allen menschlichen Seins.
Die Davidskönige sträuben sich dagegen und stehen damit für die Menschen aller Zeiten. Aber Gott ruht nicht, bis sein alles verändernder Geist auch uns Widerspenstige zu unserem Heil erfaßt und zu dem gemacht hat, was wir sein sollen: Kinder Gottes.

(3) *Der große Friede.* Der neue Anfang, den Gott schenkt, den wir aber immer wieder gefährden oder gar zurückweisen, und ebenso das erneute Eingreifen seines lebensspendenden Geistes in eine von Sünde und Tod bestimmte Welt, wird hier und an vielen Stellen der Bibel mit dem Wort Friede umschrieben. Friede bedeutet einfach die Fülle des Heils. Die von Feinden heimgesuchten Israeliten erhoffen sich davon zunächst vor allem das Aufhören der Kriege, die alles zu verschlingen drohen. Friede bedeutet für sie auch Erfüllung der Hoffnung, daß alle Spaltungen und Zwistigkeiten innerhalb des Volkes überwunden werden. Friede bewirkt nach der bildhaften Darstellung Jes 11, daß die Menschen das Tierhafte ablegen, daß keiner für den anderen zum reißenden Wolf wird, daß keiner vor dem anderen Angst zu haben braucht. Dies alles verwirklicht sich, wenn der Mensch sich selbst vor

Gott so annimmt, wie er geschaffen ist, nämlich als ein Beschenkter, ein Beauftragter, ein von Gott Geliebter, als einer, der durch Gott selbst befreit ist. Dies alles geschieht, wenn er sich selbst losläßt und sich Gott und dem Mitmenschen und der gesamten Wirklichkeit öffnet. Es wird mit den Bildern vom wiedergewonnenen Paradies beschrieben, das hier wie in Gen 2 und 3 nichts anderes besagen will, als daß nun alle Störung durch Sünde und Abfall von Gott, die der Mensch selbst in die Schöpfung hineingetragen hat, durch Gottes Kraft überwunden sind. Das Bild vom Paradiesesfrieden meint die grundlegende Zusage Gottes an den Menschen, daß das Böse in der Welt endgültig ausgespielt hat, daß der Fluch, von dem in der Bibel ab Gen 3 gesprochen wird, nun endlich dem Segen gewichen ist. Den Zuhörern des Propheten erschien diese Botschaft zunächst phantastisch und unwirklich. Auch wir sind versucht, diese Zusage Gottes für ein Märchen, für einen schönen, aber eben doch unwirklichen Traum zu halten. Gott bezeugt jedoch im ganzen AT und NT, daß er als Ziel seines gesamten Heilshandelns den wirklichen Frieden für die Menschen anstrebt. Dieser Friede bedeutet aber, daß der Mensch zu Gott und damit zu sich selbst zurückfindet und dann auch in Harmonie zur gesamten übrigen Schöpfungswirklichkeit steht.

4. Fragen an uns

(1) Es ist sicher eine Täuschung zu meinen, die im AT geschilderte Gefährdung des Menschen durch die Sünde sei längst überwunden und für uns völlig ohne Bedeutung. Meinen wir aber nicht wie die davidischen Könige damals, auch alles selbst machen zu können, das Leben und uns selbst besser zu verstehen als der allwissende Gott? Übersehen wir dabei nicht ebenso wie die Davidsnachkommen des 8. Jahrhunderts, auf die wir keine Steine werfen dürfen, daß die Axt schon an den Stamm unseres Lebensbaumes, an unsere großspurigen Pläne und kluge Organisationskunst gelegt ist, daß unser Weiterwachsen auf weiten Strecken doch ein Fortschreiten in der falschen Richtung ist, eine rundweg falsche Politik? Auch wir Christen, als gesamte Kirche und als einzelne, müs-

sen uns fragen, wann wir endlich voll einsehen werden, daß unser Heil nicht von uns selbst, sondern nur von Gott kommen kann, und zwar als ein freies Geschenk seiner Liebe. Müssen auch wir erst den Fall des Baumes erfahren, das Zusammenbrechen all unserer Pläne und Vorstellungen, bis wir das kleine Reis bemerken, das uns allein Zukunft gibt, und durch das Gott uns einen neuen Anfang ermöglicht, zu dem es keine wirkliche Alternative gibt?

(2) In der gleichen Richtung geht die Frage, ob wir wirklich bereit sind, uns der Mächtigkeit des Geistes Gottes zu öffnen, ob wir bereit sind, uns von ihm wirkliche Erkenntnis und echte Erfassung der Wirklichkeit schenken zu lassen. Wir müssen uns fragen, ob wir etwas Ernsthaftes und Bleibendes ohne diese Kraft Gottes tun können, ob wir überhaupt fähig sind, Gott in Liebe zu begegnen, nach ihm unser Leben auszurichten und alles in ihm zu erneuern. Vertrauen wir nicht lieber auf das „Fleisch", d. h. auf die sehr begrenzten Möglichkeiten des Menschen, der erst in der Katastrophe bemerkt, daß er alles auf die falsche Karte gesetzt und nun einfach verspielt hat? In der Taufe und in den anderen Sakramenten wurde uns in besonderer Weise die belebende Kraft des Geistes Gottes geschenkt. Wann werden wir bereit sein, an diese größere Wirklichkeit in uns zu glauben und unser Leben aus der Fülle des Geistes Gottes umgestalten zu lassen?

(3) Das mit der Vision vom Paradiesesfrieden Gemeinte erfüllt sich ganz sicher bei der Vollendung der Welt im Reich Gottes am Ende der Zeiten. Aber die Botschaft der Heiligen Schrift ergeht in erster Linie an die jeweilige Gegenwart und stellt deshalb auch an uns die Forderung, von diesem Frieden, von dem in Christus geheilten Menschsein in der Kraft seines Geistes etwas in unserem Leben zu verwirklichen. Vor allem sollen wir offen sein für Gottes Heilshandeln, das uns allein zu wahren Menschen macht. Wenn wir uns selbst als Mittelpunkt der Welt betrachten und danach unser Leben einrichten, geraten wir notwendigerweise mit allen Bereichen der Wirklichkeit in Konflikt: Mit Gott, mit uns selbst, mit unseren Mitmenschen, mit der gesamten übrigen Schöpfung. Deshalb müssen wir uns immer wieder fragen: Setzen wir uns mit unseren

Vorstellungen gegen besseres Wissen rücksichtlos durch? Sind wir den anderen Menschen in so vielen Bereichen eine Gefährdung, eine zerstörende Macht? Säen wir Mißtrauen oder bemühen wir uns, Friedensstifter zu sein, die von Christus seliggepriesen werden? Bemühen wir uns um die Gesinnung Christi, dessen Liebe alle Menschen umfaßt, und der allen Menschen das Ja der Annahme sagt? Sind wir wie die Davidskönige damals Anbeter der Macht und leben wir in der Haltung alle gegen alle? Sind wir bereit, den ersten Schritt zur Versöhnung und Verzeihung zu tun, oder warten wir jeweils auf die anderen, um bis dahin einmal Gleiches mit Gleichem zu vergelten? Die Botschaft von Jes 11 von dem Sichselbstgewinnen des Menschen, von seiner Sinnverwirklichung in Frieden und von seiner Vollendung bedarf stets unserer aktiven Mitarbeit, geleistet aus der Kraft des Geistes Gottes, um mit dieser Friedensbotschaft von den anderen verstanden und angenommen werden zu können. Denken wir hier und heute daran?

5. Zur praktischen Bibelarbeit

Bei allen Bibeltexten, vor allem aber bei so schönen Idyllen wie Jes 11 mit dem Bild vom Paradiesesfrieden, besteht immer die Gefahr, daß sie von uns nicht ernst genommen und in ihrem Bezug zu unserem Leben nicht erkannt werden. In der gemeinsamen praktischen Bibelarbeit kann herausgestellt werden, was ein solcher Text uns heute im Hinblick auf unser Menschsein zu sagen hat, und wie verhängnisvoll es wäre, wollten wir die Botschaft von Jes 11 nicht auf uns beziehen. Eine anregende Methode der praktischen Bibelarbeit könnte z. B. sein, in Gruppen anhand von Jes 11,1–10 einen aktuellen Zeitungsbericht gestalten zu lassen, der uns spüren läßt, was der alte Text uns heute zu sagen hat. Wenn die Untergruppen nach Ablauf der angesetzten Arbeitszeit im Plenum dann das Erarbeitete vortragen, wird deutlich werden, wie verschiedenartig und in Grundzügen doch wieder gleichartig die Botschaft von Jes 11 erfaßt wird. Ein solcher Zeitungsartikel könnte etwa so aussehen:

Nach zuverlässigen Berichten der dpa trat am letzten Dienstag im Bundestag gegen Ende der regulären Sitzungszeit während der Debatte von Fragen der Sicherheit und des Friedens ein vornehm gekleideter Mann auf einmal ans Rednerpult. Vor den überraschten und sprachlos dasitzenden Abgeordneten behauptete er, ihnen im Auftrag Gottes einige wichtige Punkte zum Thema ihrer Diskussion vortragen zu müssen. Dem gespannt zuhörenden Parlament soll er folgendes gesagt haben:

(v. 1) „Die Menschen aller Zeiten werden leider erst durch Schaden klug. Ihr Politiker müßt offensichtlich eure Auseinandersetzungen zuerst soweit vorgetrieben haben, bis alles zu spät ist, bis alles mühsam Aufgebaute wieder zerstört ist. Aber seid sicher: Gott wird der Menschheit nach der Katastrophe, wenn ihr alles zugrundegerichtet habt, einen ganz neuen Anfang geben, von dem ihr heute noch nichts wissen wollt. Aus den Trümmern eurer Selbstmordpolitik wird Gott eine neue Menschheit erstehen lassen, die wirklich Zukunft hat.

(v. 2) Dann bilden sich die Menschen nicht mehr ein, auf Gott einfach verzichten und aus eigener Kraft leben zu können. Diese neue Menschheit orientiert sich dann auch nicht mehr an lebensfremden Wissenschaften, die zwar alles das ihnen Mögliche getan haben, aber trotzdem nicht bis zu den eigentlichen Problemen der Menschen vorgedrungen sind und noch viel weniger diese Probleme lösen konnten. Die neue Menschheit lebt ganz aus der Kraft des Geistes Gottes, der ihr geschenkt ist. Deshalb schwören diese Menschen nicht mehr auf höheren Lebensstandard, nicht auf ein unbegrenztes Wachsen des Bruttosozialprodukts, nicht auf Weltwirtschaftsgipfel, nicht auf Atombomben und nicht auf Energiereserven, sondern einfach auf das wirkliche Leben, das ganz von Gott getragen und von seiner Liebe geprägt ist.

(v. 3) Die Menschen hören dann wieder auf Gott und lassen sich von ihm sagen, was der Mensch ist, und wie der Mensch zu sich selbst kommt.

(v. 4) Dann hören alle fragwürdigen Geschäfte auf. Dann kennt man keine Bestechung, kein Verschleppen der anstehenden Prozesse, kein An-die-Wand-Drängen derer, die keine Beziehungen haben und die den Parteien keine hohen Spenden in Aussicht stellen können. Dann läßt sich der Mensch nicht mehr von Parteizentralen aus gängeln und nicht mehr durch die sogenannte öffentliche Meinung und durch andere Formen des Gewissensterrors manipulieren.

(v. 5) Dann kommt jeder zu seinem Recht. Der Mensch gilt wieder und nicht die Parteizugehörigkeit oder der akademische Titel oder der Geldbeutel oder einfach der stärkere Ellenbogen.

(v. 6) Dann gehören die Probleme von Terrorismus und alle Formen ungerechter Gewaltanwendung der Vergangenheit an. Arbeitgeber und Arbeitnehmer sprechen wieder miteinander, ebenso die Menschen aus Ost und West, die Linken und die Rechten, die Jungen und die Alten. Kinder lernen nicht mehr aus dem Fernsehen, wie man sich rücksichtslos durchsetzt, und daß jeder dumm ist, der noch für andere da ist und ihnen froh und selbstlos dient.

(v. 7) Dann wird endlich das wieder geschätzt, was den Menschen zum Ebenbild Gottes macht: das Sicheinbringen, das gütige Einanderbegegnen und die Treue zum Mitmenschen, und zwar in Ehe und Familie, in der Kirche, in der Wirtschaft, im gesamten öffentlichen Leben.

(v. 8) Dann kann auch ein kleines Land neben einem großen bestehen. Dann kann eine Witwe zu der Behörde gehen, ohne Angst haben zu müssen, von Amts wegen um berechtigte Ansprüche betrogen zu werden. Dann dürfen unsere Kinder mit den Kindern der Gastarbeiter spielen. Dann muß man nicht mehr die Kinder wegschicken, wenn Erwachsene miteinander sprechen. Dann können Regierungs- und Oppositionsparteien menschlich miteinander umgehen und sogar miteinander Feste feiern. Dann werden die Güter der Erde und die Nahrungsmittel nicht zu 95 Prozent den 5 Prozent Privilegierten gehören, sondern jeder hat, was er zum Leben braucht. Mord, Betrug und Verbrechen jeder Art kennt man nicht mehr. Die Menschen leben dann endlich wirklich als Menschen und bedrohen einander nicht wie wilde Tiere. Auch wir Christen legen das Machtstreben, die Rechthaberei, das lieblose Verurteilen der anderen ab. Die Menschen lassen sich ganz von der Liebe Gottes erfassen, die so übermächtig wird, daß für Sünde, Haß, Neid und Torheit aller Art einfach kein Platz mehr ist. Auf einmal erweist sich die Sache Christi, die wir so oft vor den anderen verraten haben, als Zeichen des Lebens, der Zukunft, als Inbegriff des vollerlösten, gesunden und frohen Menschen. Alle Menschen verwirklichen bei aller Verschiedenheit die eine Menschheit, sind alle Vollbürger des neuen Jerusalem, das allen Menschen Lebensraum, Heimat und frohe Erfüllung bietet."

Die Abgeordneten sollen – so wird von Augenzeugen berichtet – zunächst unbeweglich dagesessen haben. Aber auf einmal erwachten sie und sagten ziemlich einmütig: „Der Mensch ist wohl verrückt. Er traut uns wohl nicht zu, daß wir mit unserem bewährten parlamentarischen System mit allen Problemen der Menschheit fertig werden. Wir erreichen doch mit unseren Ausschüssen und Konferenzen, mit den Vereinten Nationen, mit der ausgeglichenen Abschreckung durch Atomwaffen, mit unserer vorbildlichen Sozialgesetzgebung, mit unserer Bildungsreform und mit den neuen Strafbestimmungen noch in dieser Wahlperiode das gleiche!" Und auf einmal stürzten sie empört in einer im Parlament nie gesehenen Einmütigkeit auf den Eindringling und trieben ihn zum Plenarsaal hinaus. Der Mann ging traurig weg. Nach zehn Minuten konnte dann der normale Parlamentsbetrieb mit seinen Anträgen, mit den offenen und versteckten Verleumdungen, mit Gegenvorschlägen und Scheingefechten wieder weitergehen. Die Welt war wieder normal. Aber war sie es wirklich? Draußen soll der merkwürdige Fremde den Herumstehenden zugerufen haben: „Und Gott wird diese Utopie trotzdem verwirklichen. Er wird nicht nachgeben, bis die Menschen alles Tierische abgelegt haben und zu wirklichen Menschen geworden sind." Und er fügte hinzu: „Und das beginnt nicht in ein paar tausend Jahren, sondern schon heute. Jeder von euch kann schon heute damit beginnen, ein neuer, ein wirklicher Mensch zu werden. Versucht es nur: In der Familie, im Beruf, im öffentlichen Leben, in der Kirche! Dann könnt ihr und auch die anderen auf einmal glauben, daß diese neue Menschheit kommt, ja, daß sie schon begonnen hat. Allerdings nicht bei den Mächtigen und Reichen und Blassierten, sondern in dem unscheinbaren Gottesknecht Jesus von Nazaret, den Gott verherrlicht hat, und zugleich in allen, die aus seinem Geist und aus seiner Liebe leben. Diese neue Menschheit verwirklicht sich in uns allen jedesmal, wenn wir für andere da sind, wenn wir ihnen dienen, ihnen die Treue halten, mit ihnen weinen und uns freuen und Feste feiern. Diese Menschheit wird sich durchsetzen und sie hat noch eine ewige Zukunft, wenn diese Erde längst vergangen ist. Darauf könnt ihr euch verlassen! Hundertprozentig!" Danach soll der Mann in der Menge untergetaucht und spurlos verschwunden sein.

Literaturhinweise

s. o. zu Jes 6.

4. Abschnitt: Die Aussage der biblischen Urgeschichte

Die ersten Kapitel der Bibel, Gen 1–11, die sogenannte biblische Urgeschichte, wollen wie die gesamte Heilige Schrift vor allem als Frohe Botschaft gelesen und verstanden werden. In ihnen kommt die Glaubenserfahrung Israels zum Ausdruck, daß die ganze Schöpfung das Werk des lebensbejahenden und menschenfreundlichen Gottes ist. Dieser Gott denkt so groß vom Menschen und steht zu ihm selbst dann noch, wenn die Sünde den Menschen sich selbst und der Schöpfung entfremdet hat. Gott sichert dem Menschen zu, daß er allen Unheilsmächten zum Trotz sein Werk und vor allem den Menschen zur Vollendung in seiner Herrlichkeit führen wird. In der neuesten Zeit hat man in einer falsch ansetzenden Interpretation dieser theologischen Texte und ihrer Aussagen über den Anfang von Welt und Mensch zu schnell einen Widerspruch zu den Ergebnissen der Naturwissenschaft herauslesen wollen. Man hat dabei übersehen, daß Theologie und Naturwissenschaft mit gutem Recht, aber doch auf sehr verschiedene Weise über die Entstehung der Welt und des Menschen sprechen. Die Naturwissenschaften müssen zu ergründen versuchen, wie unsere Welt entstanden ist und wie sie sich im Verlauf von Jahrmillionen zu der wunderbaren Vielfalt alles Lebendigen entwickelt hat. Dabei ist nicht zu übersehen, daß die Naturwissenschaft bei der Beantwortung dieser Fragen in wichtigen Punkten nicht über Vermutungen hinausgekommen ist, die bestenfalls ein hohes Maß an Wahrscheinlichkeit beanspruchen können. Die Bibel dagegen erfaßt die gesamte Wirklichkeit unserer Welt aus der Sicht Gottes. Sie erzählt dabei in bildhaften Geschichten, wie Gott die Welt, den Menschen und alles übrige geschaffen hat. Dabei liegt das Hauptgewicht nicht auf dem Wie dieses Erschaffens, sondern auf dem Was, auf den Wesensaussagen über Welt, Mensch und Tier und Pflanzen. Diese Deutung der ganzen Schöpfung aus der Sicht Gottes können heute auch unsere gescheitesten Definitionen nicht besser und umfassender aussagen.

Die Texte der biblischen Urgeschichte, in denen schon die Erfahrung der Menschheit aus den vorausgegangenen Jahrtausenden zusammengeflossen ist, wurden in ganz bestimmten Zeiten der Geschichte Israels abgefaßt. Sie stellen jeweils nur den ersten Teil von zwei großen theologischen Werken dar, vom sogenannten jahwistischen Geschichtswerk aus dem 10. Jahrhundert v. Chr. und von der sogenannten Priesterschrift aus dem 6. Jahrhundert v. Chr. Die großen Aussagen beider theologischen Werke über den Anfang von Welt und Mensch mit ihrer theologischen Deutung der ganzen Schöpfung stimmen in den Grundzügen überein, müssen aber in ihrer Aussageabsicht auch von ihrer unterschiedlichen Entstehungssituation her verstanden werden.
Die Anfänge des älteren Werkes, des jahwistischen Geschichtswerkes, liegen in der Zeit Salomos (961–928), als es dem im Land der Verheißung geeinten Israel sehr gut ging. In den verschiedenen Sündenfallsgeschichten möchte der Verfasser aus einer prophetischen Schau heraus seinen zu selbstsicheren Zeitgenossen in Erinnerung rufen, wie leicht der Mensch, den Gott doch so sehr begnadet und zu Großem befähigt hat, durch die Sünde, durch das Mißachten der Wirklichkeit und durch den Abfall von Gott sich selbst und seine Welt stören, ja zerstören kann. Aber Gott ist auch stets bereit, dem gefallenen Menschen immer wieder einen neuen Anfang zu schenken. Das wird vor allem in der Berufung Abrahams in Gen 12 sichtbar, welche die Antwort Gottes auf das Scheitern seiner Bemühungen um den Menschen in Gen 1–11 darstellt.
Das jüngere Werk, die Priesterschrift, entsteht in einer Zeit bitterster Not, in der Babylonischen Gefangenschaft des 6. Jahrhunderts. Es weist das entmutigte Israel auf die stete Bereitschaft Gottes hin, durch sein machtvolles Wort und durch seinen Geist die den Menschen gefährdenden Chaosmächte in der Welt zu besiegen und den Menschen in seine bergende Ordnung hineinzunehmen. Diese gute Ordnung Gottes läßt sich in den Schöpfungswerken, in Listen und Stammbäumen und in einer klaren Abfolge der Perioden der Heilsgeschichte ablesen. In dieser unerschütterlichen Ordnung schenkt Gott dem Menschen Geborgenheit und neue Größe. Beide theologischen Werke verwenden in ihrer Urgeschichte

eine Vielfalt von literarischen Gattungen. Sie bringen darin ihre theologischen Aussagen über die Größe des von Gott geschaffenen Menschen, über seine Gefährdung durch die Sünde und über die Gewißheit des rettenden und Heil schaffenden Gottes zum Ausdruck. Die Aussagen dieser alten Texte sind nicht so sehr unter geschichtlichen oder naturwissenschaftlichen Gesichtspunkten zu lesen, sondern als zurückschauende prophetische Deutung der Gegenwart. Sie erörtern die bis heute gleichgebliebenen grundlegenden Fragen: Was ist der Mensch? Wie gewinnt oder verliert er sich? Diese Fragen sind von einer unerhörten Aktualität und gelten für alle Zeiten, solange es Menschen gibt, die angefochten sind von Sünde und falscher Einschätzung der Wirklichkeit und die sich zugleich nach Heil und Erfüllung ihres Menschseins sehnen. Die Hinwendung zu Gott und die Annahme der gesamten Schöpfungswirklichkeit durch den Menschen, ferner die Umkehr des sündig gewordenen und dem Gericht Gottes verfallenen Menschen zum verzeihenden Gott sind Themen der biblischen Urgeschichte. Der Jahwist hat diese Aussagen in der Zeit des Glücks Israels, und die Priesterschaft hat sie in der Zeit des hoffnungslosen Darniederliegens Israels ebenfalls als Weg aufgezeigt, der auch uns offensteht. Das Festhalten an der Frohen Botschaft von dem uns zugewandten, mächtigen, treuen und barmherzigen Gott ist wie damals für Israel so auch heute für uns alle „eine Kraft Gottes, die jeden rettet, der glaubt“ (Röm 1,16).

Als Beispiele für die Botschaft der biblischen Urgeschichte wurden ausgewählt: Für die Priesterschrift der großartige Schöpfungsbericht Gen 1,1–2,4a und für das jahwistische Geschichtswerk die für alle Zeiten aktuelle Geschichte von Kain und Abel in Gen 4,1–16. In beiden Texten begegnet uns Gott, der sich dem Menschen in Liebe zuwendet und sich auch durch die Sünde der Menschen nicht davon abbringen läßt, als ihr Gott für sie dazusein.

§ 7
Geborgenheit in der guten Ordnung Gottes (Gen 1,1–2,4a)

1. Zur Situation von Gen 1,1–2,4a

Was Abschnitte der Heiligen Schrift uns hier und heute zu sagen haben, begreifen wir um so leichter, je mehr wir diese Texte aus ihrer Entstehungszeit heraus verstehen und je mehr wir die theologischen Traditionen beachten, aus denen der heutige Text zusammengeflossen ist. Das gilt auch für den im 6. Jahrhundert v. Chr. aus alten theologischen Überlieferungen entstandenen Schöpfungsbericht der Priesterschrift. Hinter seinen Wesensaussagen über Gott, Welt und Mensch mag als eine sehr alte Schicht das Bemühen der Menschen schon Jahrtausende vor Israel gestanden haben, sich selbst und die gesamte sie umgebende Wirklichkeit gedanklich zu erfassen, mit Worten auszudrücken und sie so irgendwie in den Griff zu bekommen. Mit mythologischen Elementen, die sich lange unserem rationalen Denken verschlossen haben, wird in dieser vorbiblischen Menschheit über die Entstehung von Göttern, Welt und Mensch gesprochen, um so zu sagen, was Gott, Welt und Mensch eigentlich sind. Gleichzeitig waren die Menschen der Frühzeit davon überzeugt, daß sie durch wiederholtes Nachsprechen dieser Entstehungsgeschichten im Kult, verbunden mit der Anrufung der Götter, die ganze Schöpfung stabilisieren und weiterhin in ihrem Bestand erhalten könnten. Als die Nachkommen Abrahams mit solchen Schöpfungsgeschichten in Berührung kamen, konnten sie aus ihrer Glaubenserfahrung heraus nicht anders, als diese uralten Texte über die göttliche Schöpfermacht und über die so von Gott her garantierte Stabilität der Welt mit ihrem Gott, dem Gott der Väter, in Verbindung zu bringen. So sprechen sie aufgrund ihrer Erfahrungen von diesem Schöpfergott als dem lebendigen Gott, der sich in der Geschichte den Menschen zuwendet. Dieser Gott hat die ganze Schöpfung in den Dienst des Menschen gestellt und möchte ihn zur Selbstverwirklichung in sein Reich führen. Diese Sicht Gottes als Schöpfer, Erhalter und Vollender der Welt und das Lob auf Gottes unerschütterliche Treue Gottes zum Menschen müssen auch im Kult, im regelmäßigen Gottesdienst, zum Ausdruck kommen.

So wird der vorliegende Schöpfungsbericht im Jerusalemer Tempel wohl als Hymnus, als Loblied auf den welt- und menschenzugewandten Gott erklungen sein, als eine angemessene Antwort des Menschen auf Gottes gnädiges Wirken. Dieses im Kult verwendete Loblied Israels mit seinen kunstvoll aufgebauten Strophen zu den sieben oder acht Schöpfungswerken ist in seinem Aufbau leicht herauszustellen, wenngleich auch hier ältere und ganz verschiedenartige literarische Bausteine zu erkennen sind. In der vorliegenden Endgestalt gehört Gen 1,1–2,4a zur Priesterschrift, die in exilischer Zeit in Babylonien entstanden ist. Sie stellt dem von dem Untergang Jerusalems (586) und von der langen Gefangenschaft (586–538) entmutigten Volk Israel von Gottes Macht und Treue her wieder einen Neuanfang in Aussicht. Dabei erhält das ganze Gedicht deutlich den Akzent des Trostes. Gen 1,1–2,4a verkündet den Gott der Väter, dessen machtvolles und gütiges Wort alles ins Dasein gerufen hat, dessen Wort in der Schöpfung unerschütterlich weiterwirkt und dessen Wort sich an Israel als treu und zuverlässig erweisen wird. Die Priesterschrift verweist dabei in der Not der Zeit auf einige feste Punkte, an denen Gottes Macht und Treue abgelesen werden können: auf den Geist Gottes, auf Gottes schöpferisches Wort mit seiner bleibenden Zusage, auf die Ordnung in der Natur, auf den Segen Gottes, der auch den Gefangenen in Babylonien in der Weitergabe des Lebens noch erfahrbar ist. Daß der Mensch als letztes und größtes Schöpfungswerk genannt ist, hat der priesterschriftliche Verfasser wohl schon in seinen älteren Texten vorgefunden. Daß er den Menschen aber durch den Sabbat in Verbindung mit der Ewigkeit Gottes gebracht hat, entstammt dem Glauben Israels und unterstreicht um so mehr das Tröstliche seiner Zusage, daß Gott den Menschen und erst recht Israel nicht vergessen wird. Was die Priesterschrift in der Zeit der großen Anfechtung den Israeliten bezeugt hat, ist auch für uns und für alle Zeiten von großer Aktualität: Diese frohe, tröstliche Botschaft von Gottes Macht und Güte inmitten ausweglos erscheinender Notsituationen, so wie sie sich auch in der Kirche und in unserem Leben immer wieder ergeben. Solche Zeiten der Not sind dann als Aufforderungen Gottes an den Menschen zu sehen, seine Sicherheit in Gott zu suchen und nicht in menschlicher Macht, so wie es die Propheten im AT und NT als Botschaft Gottes stets vortragen mußten. Es ist einfach unvorstellbar, daß diese Trostbotschaft von Gen 1,1–2,4a im Leben der Kirche und im Leben der einzelnen Gläubigen jemals ihre Aktualität verlieren könnte.

2. Der Text und seine Erklärung

Der Text des priesterschriftlichen Schöpfungsberichts läßt sich folgendermaßen unterteilen: 1,1: Gott, der Schöpfer von Himmel und Erde; 1,2: Das mächtige Wirken des Geistes Gottes; 1,3–31: Die acht Schöpfungswerke in sechs Tagen mit dem Höhepunkt in der Erschaffung des Menschen (1,26–31); 2,1–3: Der Sabbat als freimachende und beglückende Rückbindung des Menschen an seinen Schöpfer; 2,4a: Wiederholung der Überschrift 1,1.

(1,1) Das Wort „Im Anfang" weist darauf hin, daß Gott völlig außerhalb der Zeit steht. Vom hebräischen Wort her bedeutet es aber auch: „Die Hauptsache ist", daß sich Gott als Schöpfer und Ordner allem Geschaffenen zuwendet. Hier kommt die Grundaussage der ganzen Heiligen Schrift zum Ausdruck, daß Gott einer ist, der sich im Entstehen und Weiterbestehen von Welt und Leben erfahren läßt. Der hebräische Begriff für schaffen ist hier bara', das im AT nur auf Gottes Schaffen angewandt wird. Es bedeutet ein wunderbares, staunenerregendes Gestalten Gottes, das so noch heute an Himmel und Erde, d. h. in allem Geschaffenen abgelesen werden kann. Dieses Tun Gottes besagt auch: Dieser Gott existiert nicht für sich, sondern öffnet sich auf seine Schöpfung hin und legt von seinem Wesen und von seiner Herrlichkeit etwas in sie hinein, das uns ihn heute noch als den Allgütigen und Allmächtigen in allem Geschaffenen erkennbar macht.

(1,2) Vers 2 ist ein kleiner selbständiger Abschnitt und spricht in Anlehnung an altorientalische Mythen von dem die Menschen stets bedrohenden Gegenstück der guten Schöpfung Gottes, von dem Chaos. Unordnung und Finsternis werden hier als Merkmale des Chaos genannt. Der Geist Gottes aber vermag sie zu überwinden und die geordnete Welt, den Kos-

mos, hervorzubringen, wie es dann in den nachfolgenden Schöpfungswerken durch das mächtige Wort Gottes geschieht. Der Gottesgeist bedeutete in den heidnischen Vorlagen ursprünglich soviel wie Gottessturm, einen gewaltigen Sturm, und meinte vielleicht damit ein Chaoselement. Hier ist es aber vom Glauben Israels her schon anders zu deuten: Die ruach Gottes, Gottes schöpferischer Geist, seine unwiderstehbare Mächtigkeit schwebt über dem Chaosmeer, hat es fest im Griff, wird es machtvoll umgestalten. In diesem Vers klingt schon die große biblische Frohbotschaft an: Mögen die Weltgeschichte und die Geschichte Israels den Gläubigen so oft als ein reines Chaos vorkommen, dem nichts gewachsen ist, als Tummelplatz aller zerstörerischen Mächte, so bleibt doch Gottes Zusage bestehen, daß er zu seiner Schöpfung steht und mit seiner Mächtigkeit diese Chaosmächte entmachtet. Gottes Geist allein bestimmt den Lauf der Geschichte und das Leben der einzelnen Menschen. Das ist eine Trostbotschaft, die für die Menschen aller Zeiten von größter Aktualität ist.
(1,3–25) Mit 1,3 beginnt als eine parallele Aussage zu 1,2 die tröstliche Zusage des priesterlichen Schöpfungsberichts, der Hinweis auf Gottes Wort, das machtvoll alles hervorbringt und ordnet und so das Chaos überwindet. Wiederum wird deutlich, daß dieses mächtige Wort an den Menschen ergeht, um den sich Gott so sehr kümmert. Alles, was in den folgenden Schöpfungswerken genannt ist, muß dem Menschen dienen, bzw. wird ihm übergeben. Die Natur mit ihrer Schönheit und ihrer festen Ordnung weist in allem Geschaffenen den Menschen hin auf die Macht und Güte des Schöpfergottes, der sein lebensspendendes Wort nicht mehr widerruft. In den ersten sieben Schöpfungswerken schafft Gott die Voraussetzungen für das Leben des Menschen. Das Licht, der Tag und die Nacht, das Gewölbe des Himmels, das feste Land inmitten des tobenden Meeres, die Pflanzen aller Art, die Himmelsleuchten, die Tiere der Luft, des Landes und des Meeres. Was heidnische Religionen als Götter und göttliche Mächte erklären, wird hier klar als Geschöpfe Gottes herausgestellt. Sie bergen wohl von Gott geschenktes Leben und erstaunliche Kraft in sich, unterstehen aber klar dem Wort Gottes und müssen zudem dem Menschen dienstbar sein. Dies ist beson-

ders deutlich von Sonne, Mond und Sternen ausgesagt, die für die Berechnung der Kulttermine wichtig sind, damit der Mensch seine Gottesverehrung im Rhythmus der Schöpfung vornehmen und damit den Schöpfer aller Dinge stellvertretend für die ganze Schöpfung loben kann. Diese Aussagen, die in gleich aufgebauten Strophen des alten Hymnus gemacht werden, sind literarisch und theologisch keineswegs aus einem Guß, wie man es vielleicht von der systematisierenden theologischen Arbeitsweise der Priesterschrift erwarten würde. Wir begegnen bei der Darstellung der Schöpfungswerke vielmehr verschiedenen Schöpfungsbegriffen, denen aber gemeinsam ist, daß sie auf Gottes Macht und Güte hinweisen. Neben der älteren Tatschöpfung („Gott machte . . .“) und der jüngeren Wortschöpfung („Gott sprach: Es werde! Und es ward.“) sowie neben dem Ausdruck des wunderbaren göttlichen Schaffens (hebr. bara’) begegnen uns als Schöpfungsbegriffe: Nennen, d. h. wenn Gott etwas beim Namen ruft, dann tritt es ins Dasein; scheiden, d. h. wenn Gott unterscheidet, trennt, ordnet, dann bleibt das auch so. Auf die Beständigkeit der Ordnung Gottes weist auch der am Ende von sechs Tagewerken genannte Wechsel zwischen Abend und Morgen hin. Nach dieser Ordnung Gottes richtet sich auch das Leben des Menschen, wie es im festen Rhythmus seines Gotteslobs zum Ausdruck gebracht wird.

(1,26–31) Die Erschaffung des Menschen ist in Gen 1 klar als Ziel und Höhepunkt des Schaffens Gottes herausgestellt. Das zeigt sich schon darin, daß zu diesem letzten Schöpfungswerk die Strophe mit dem größten Textumfang im ganzen Schöpfungshymnus vorliegt. Der Erschaffung des Menschen geht eine Selbstberatung Gottes in 1,26 voraus, um die Bedeutung des nun zu Schaffenden aufzuzeigen. Der Mensch soll ja als Gottes Abbild geschaffen werden. Gen 1 macht deutlich, wie das zu verstehen ist: Der Mensch soll im Auftrag Gottes das Werk des Schöpfers in der Welt weiterführen und die Schöpfung im Auftrag Gottes und zugleich in Verantwortung vor ihm verwalten. Vers 1,27 verwendet das Wort bara’, auf staunenerregende Weise schaffen, für den Menschen gleich dreimal. Dadurch wird deutlich gemacht, daß das, was Gott sich vornimmt, nämlich in der Erschaffung des Menschen den Hö-

hepunkt der Schöpfung zu verwirklichen, im Menschen im höchsten Maße auch erreicht wird. Das Gleiche besagt in diesem Vers auch, daß der Mensch Abbild Gottes ist. Zu diesem Gelingen des Planes Gottes gehört auch die Verwirklichung des Menschen als Mann und Frau. Zum Segen, der Leben bedeutet, und zum Vermehrungsauftrag, der an Mensch und Tier in gleicher Weise ergeht, kommt beim Menschen noch der Auftrag, sich alles untertan zu machen. Eben darin kommt die Gottebenbildlichkeit des Menschen im Verständnis der Priesterschrift zur Sprache. Es ist ein Herrschen über alles andere, aber ein Herrschen in Verantwortung vor Gott und vor seiner Schöpfung. In 1,31 werden Mensch und Schöpfung abschließend als sehr gut bewertet. (2,1–3) Über den Menschen als Höhepunkt der Schöpfung hinaus führt der Sabbat, der siebte Tag. Er macht klar, daß dieser hochbegnadete Mensch sich in der Sabbatheiligung eindeutig zu Gott als seinem Herrn bekennen muß. Der Sabbat weist so über die Welt hinaus in den Bereich der Ewigkeit Gottes. Der Segen über diesen Tag vermittelt erst recht Leben und zwar eines, das über die Welt hinaus in den Bereich hineinreicht. Das Heiligen des Sabbats zeigt ebenfalls auf, daß an diesem Punkt die Welt und der Mensch in den Bereich Gottes hineingenommen sind. Wenn der Mensch also den Sabbat feiert, läßt Gott ihn die Grenzen dieser Zeitlichkeit und der irdischen Begrenztheit überschreiten und gibt ihm Anteil an seiner Ewigkeit; darauf weist auch hin, daß für den siebten Tag die Abend-Morgen-Formel ausgelassen ist. Im Kult, in der Anbetung, in der Heiligung des Sabbats schließt der Mensch in Gott, seinem Schöpfer, den Kreis des Lebens, in den ihn Gottes schöpferisch machtvolles Wort hineingerufen hat.
(2,4a) Die Priesterschrift faßt in Wiederholung von 1,1 nochmals abschließend in diesem Vers zusammen, was Gottes staunenerregendes Schaffen des Alls bedeutet. Alles ist aus Gottes lebensschaffendem Wort hervorgegangen, und allein vom Wort Gottes her können sich Mensch und Welt richtig verstehen und um ihre hohe Würde wissen.

3. Themen von Gen 1,1–2,4a

(1) *Der weltzugewandte Gott.* Grundlegende Aussage von Gen 1 und aller anderen Bücher des AT und NT ist, daß Gott die Welt ins Dasein ruft. Er spricht zu ihr sein Ja und widerruft dieses Ja nie mehr. Die Götter der Heiden dagegen sind, wie es der ebenfalls in der Exilszeit tätige Deuterojesaja oft sagt, nur Nichtse, die sich nicht um die Welt kümmern können, und mit denen man nie rechnen kann. Die Bibel verkündet Gott eigentlich unter keinem anderen Gesichtspunkt als unter dem im Schöpfungsbericht ausgesprochenen, daß er nämlich auf die Welt zugeht, daß er sich vor allem um den Menschen, den Höhepunkt seines Schöpfungswerkes, kümmert. Diese Zuwendung Gottes zum Menschen ist die Grundlage für unser Leben und auch für die in allen Religionen vorhandene Überzeugung, daß das Ganze einen Sinn haben muß, weil Gott selbst diesen Sinn in alles Seiende, vor allem in den Menschen hineingelegt hat. Um die Zusicherung und Erfahrung dieses schon in der Erschaffung der Welt gegebenen Sinnes von Gott her geht es in allen Religionen.

(2) *Der mächtige Geist Gottes.* 1,2 verstärkt diese Aussage von 1,1 noch, daß alles von Gott her einen Sinn erhalten hat. Der Geist, die Mächtigkeit Gottes in der Schöpfung, die sich gegen das Chaos in all seinen Gestalten mit spielender Leichtigkeit durchsetzt, ist der Garant für diese Sinnhaftigkeit alles Geschaffenen. Der Geist Gottes ist auch Ausdruck der Allmacht Gottes, der sich keine Größe entgegenstellen kann. Die Menschen der Alten Welt haben diese Erfahrung des Geistes Gottes mit dem Wort für Sturm/Wind/Lebensodem in Verbindung gebracht, wo auf unsichtbare, aber umwerfende Weise eine elementare Mächtigkeit sichtbar wird, welcher der Mensch und irdische Stärke nicht zu widerstehen vermögen. Ebenso erfährt Israel das Eingreifen des Geistes Gottes, der mit Leichtigkeit alles Widerstrebende überwindet. Daß Gottes Geist so Großes tut, erfahren die Menschen vor allem dann, wenn sie am Ende ihrer eigenen Kraft sind. Dann vermag Gottes Geist auf unerwartete, staunenerregende Weise neuen Lebensraum zu schaffen, wo wir sonst nur Chaos und Vergehen erwarten könnten. Daraus leitet sich in der Bibel das

große Vertrauen auf die Macht und den Schutz Gottes in aller Not ab. Wo immer vom Eingreifen des Geistes Gottes die Rede ist, da beginnt in seiner Kraft etwas Neues, entwickelt sich unerwartet neues Leben, erfährt der Mensch die tröstliche Wahrheit, daß der Geist Gottes alles im Griff hat und alles unwiderruflich seiner Vollendung entgegenführt.

(3) *Das Wort Gottes.* Eine ähnlich elementare Erfahrung wie hinter dem Wort Geist steht auch hinter dem biblischen Begriff Wort Gottes. Das Wort eines Menschen, das Ansprechen des anderen, das Wort der Annahme, der Liebe, des Verstehens und des Vergebens bestimmen und verändern in ungeheurer Weise das Leben jedes Menschen. Das gilt erst recht vom Wort Gottes. An wen sein Wort ergeht, der tritt ins Dasein, der weiß sich angenommen, geborgen und bejaht. Dazu kommt: Wenn Gott ein Wort spricht, dann tritt das Ausgesprochene mit absoluter Sicherheit ein, wie es Gen 1 deutlich zeigt. So wollte die Priesterschrift den Gefangenen in Babylon die tröstliche Zusage machen: Alle weltliche Macht ist im Vergleich zum Wort Gottes soviel wie nichts. Das Wort Gottes hat ja von Anfang an die Welt getragen, geordnet und erhält sie bis heute. Daher kann man sich auf dieses Wort Gottes verlassen. Dieses Wort ist zudem in ganz besonderer Weise an Israel ergangen und wird sich in der Geschichte Israels mit seiner Mächtigkeit ganz sicher durchsetzen. Darauf kann man sich verlassen. Daraus kann der Mensch frohe Zuversicht schöpfen, selbst in der Gefangenschaft. Darauf kann er sich unendlich mehr verlassen als auf alle noch so imponierende, aber letztlich doch zerbrechliche irdische Macht.

(4) *Die gute Ordnung.* Der Schöpfungshymnus von Gen 1 zeigt auf, wie von Gott her alles geordnet, gegliedert, festgelegt ist. Darauf verweisen die Schöpfungswerke, die sieben Tage, die Einteilung in Licht und Finsternis, in Tag und Nacht, in Festland und Meer. Israel fühlt sich in der Gefangenschaft herausgerissen aus seinem Lebensbereich. Die Priesterschrift sagt den Gefangenen, daß sie doch jeden Tag die gute, feste Ordnung Gottes in der Welt ablesen können, eine Zusage, die weder durch Menschen, noch durch die Übermacht des Bösen, noch durch irgendeine Macht in der Welt in Frage gestellt

werden kann. Diese Ordnung weist aber hin auf den menschenfreundlichen und weltbejahenden Gott, der sie geschaffen hat und erhalten wird, und der ebenso sicher zu Israel steht. Es braucht sich nur wieder auf diese gute Ordnung, auf diese eigentliche Stabilität zu besinnen, die Gott anbietet und verwirklicht, um wirkliche Festigkeit für sein Leben zu finden.

(5) *Der Mensch als Krone der Schöpfung.* Es geht in der Bibel stets um den Menschen. Nicht, als ob sich der Mensch diesen Rang selbst erobert hätte. Gott selbst ist es, der den Menschen so hoch gestellt, ihn als sein Abbild geschaffen hat. Man kann in der Theologie über Engel und Dämonen, über ihr Wesen spekulieren, ebenso über mögliche Bewohner anderer Planeten; es ist aber nicht zu übersehen: In der Bibel geht es Gott stets um den Menschen und um sein Heil. Wenn dieser Mensch um seine Würde und um seine verantwortungsvolle Stellung weiß, dann ist die ganze Schöpfung an ihrem am meisten gefährdeten Punkt heil. Alle Versuche, den Menschen rein innerweltlich zu erklären, sind äußerst fragwürdig und letztlich sämtliche zum Scheitern verurteilt. Dem Menschen wird man eben nur gerecht, wenn man ihn als Empfänger der unbegrenzten Liebe und Zuwendung Gottes sieht. In dieser Liebe Gottes weiß sich der gläubige Mensch geborgen, selbst wenn er von anderen abgelehnt, ja vernichtet wird. Gott steht in unerschütterlicher Treue zum Menschen. Das macht dessen Größe und Würde aus.

(6) *Der Segen als bleibende Wirklichkeit.* Unter den Trostelementen für die Gefangenen in Babylon nennt die Priesterschrift in Gen 1 auch mehrfach das Stichwort Segen. Segen ist wie das Wort Gottes oder der Geist Gottes einfach eine Umschreibung der Tatsache, daß Gott sich dem Menschen in Gnade zuwendet und ihm Leben schenkt. Daß Segen und Weitergabe des Lebens als Geschenk Gottes in der Bibel eng zusammengehören, erfahren die Gefangenen in Babylon, wenn sie Kindern das Leben weiterschenken dürfen. Sie erfahren so, daß Gottes Segen, seine gute Zusage weiterhin gilt. So ist bis heute noch jedes Kind ein Hinweis auf Leben und Zukunft, die Gott uns verheißt. Im weiteren Verlauf der priesterschriftlichen Urgeschichte wird aufgezeigt, wie sich dieser

Segen Gottes im Menschen auch nach der Sintflut in der Vielzahl der Völker (Gen 10) als wirksam erweist. So bezeugt schon die Priesterschrift den entmutigten Israeliten des 6. Jahrhunderts, was Paulus später so formuliert: „Unwiderruflich sind Berufung und Gnade, die Gott gewährt" (Röm 11,29).

(7) *Der Sabbat als Geschenk Gottes.* Israel weiß mehr über Gott, Welt und Mensch als alle übrigen Völker, weil Gott in besonderer Weise zu ihm gesprochen hat. Das zeigt sich auch beim Sabbat, der besagt, daß Gott dem Menschen Anteil schenkt an seiner Ewigkeit, an seiner Ruhe. Wer den Sabbat feiert, weiß um dieses Ziel der Welt. Wenn die Gefangenen in Babylon den Sabbat begehen, dann wissen sie sich letztlich frei und stehen in der größeren Wirklichkeit Gottes, dann sind sie allen Heiden mitsamt ihren prunkvollen Kulturen weit überlegen. In der Feier des Sabbat, in der Anbetung und in der Anerkennung Gottes als des Herrn von Zeit und Ewigkeit wird der Mensch eigentlich erst richtig zum Menschen. Er freut sich im Kult seines Gottes, er findet darin die innere Mitte der Welt und seines Daseins. Er erfährt, „daß der Mensch unendlich mehr ist als nur ein Mensch" (Blaise Pascal). Darum sieht Israel im Sabbat ein Geschenk, den Punkt, wo es sich im Menschsein besser versteht als alle Heiden. Wo der Mensch Sabbat feiert, steht er schon in der neuen Wirklichkeit, mag er äußerlich auch gefangen und versklavt sein. So steht der Sabbat für die wirkliche Freiheit und Würde des Menschen, für frohe Geborgenheit, für festliche Freude, für das Beschenktsein des Menschen durch Gottes unerhörte Güte und Großmut.

4. Fragen an uns

(1) Gott wird von uns wohl nie ernsthaft geleugnet. Aber unser Leben richten wir auf weite Strecken ganz so ein, als ob es ihn nicht gäbe. Wie Israel bringen auch uns dann Notsituationen zur Besinnung auf Gott. Wir fragen nach der Macht, der wir uns getrost anvertrauen können. Wir besinnen uns dann auf Gott, der uns anspricht, der zu uns steht und uns liebt, der sein Ja zu uns auch über den Tod hinaus nicht

zurückzieht. Wie weit sehen wir aber in unserem Alltag diesen weltzugewandten, lebensbejahenden Gott als feste Grundlage unseres Lebens? Begnügen wir uns nicht einfach damit, über Gott informiert zu sein, statt als Hauptaufgabe unseres Lebens das liebende Verbundensein mit ihm zu sehen? Daß dieser Gott ganz da ist für uns, daß wir die wunderbare Ordnung in der Welt als Hinweis auf den sehen, aus dessen Liebe wir alle leben, ist die Aussage von Gen 1. Lassen wir uns auf diese Frohe Botschaft ein oder versuchen wir, sie durch den Lärm unseres eigenen Schaffens zu übertönen?

(2) Der Geist Gottes ist in Gen 1,2 als die Macht dargestellt, die alles Chaotische unseres Lebens zu besiegen vermag. Wir sind dauernd versucht, der Mächtigkeit des Geistes Gottes zu mißtrauen, um auf der eigenen Kraft unser Leben aufzubauen. Und doch wird sichtbar, etwa in der Geschichte der Kirche, daß unsere eigenen Anstrengungen längst im vollständigen Chaos geendet hätten, wäre der Geist Gottes nicht als Gegenkraft in uns am Werk. Nur wer blind ist, kann das Tröstliche der Führung des Geistes Gottes in der Kirche und auch in unserem Leben übersehen. Was vor über 2500 Jahren als Frohe Botschaft in Gen 1 ausgesprochen wurde, gilt auch heute noch, daß sich der Geist Gottes nie damit abfindet, daß der Mensch von den Chaosmächten vernichtet wird. Halten wir an diesem Glauben fest, wenn wir meinen, alles in unserem Leben oder in der Kirche sei zu Ende? Meinen wir, vor allem in Zeiten der Sorglosigkeit, wir selbst wären die eigentlichen „Macher“ der Geschichte und unseres Lebens? Lassen wir uns von Gen 1,2 hinterfragen und darauf hinweisen, worauf es in unserem Leben stets ankommt: auf Gottes Geist, auf seine lebensspendende und unbesiegbare Mächtigkeit?

(3) Das Wort Gottes ist eine andere Bezeichnung dafür, daß Gott uns in Gnaden zugewandt ist. Berauschen wir aber uns selbst nicht so gern mit der Lautstärke unserer eigenen Worte? Wir tun gut daran, auf Gottes mächtiges Wort in seinen vielen Gestalten zu hören: auf Christus, das Wort Gottes selbst, auf Gottes Wort in der Heiligen Schrift und in der Verkündigung der Kirche, auf das wirkmächtige Wort Gottes in den Sakramenten. Notsituationen wie die Gefangenschaft Israels sind

auch für uns heilsamer als Zeiten der Sicherheit, weil wir dann Ausschau halten nach dem Wort Gottes, „das nicht vergeht, wenn Himmel und Erde vergehen" (Mt 24,35). Wenn wir Menschen schon vom ersten Anfang unseres Lebens an darauf angewiesen sind, daß uns jemand anredet und sich uns zuwendet, so gilt das ganz besonders vom Wort Gottes. Es ruft uns ins Dasein, trägt uns, gibt uns Größe und Würde. Sind wir offen für dieses Wort Gottes, von dem Gen 1 uns bezeugt, daß es Himmel und Erde erschaffen hat und sich auch jedem von uns in Liebe zuwendet?

(4) Die feste Ordnung Gottes, auf welche die Priesterschrift die Entmutigten aufmerksam macht, ist das Gegenstück zum Chaos, das scheinbar die Welt und unser Leben übermächtig bestimmt. Die in Gen 1 aufgezeigte gute Ordnung in der Schöpfung ist für alle, die offen sind für die Wirklichkeit, ein tröstlicher Hinweis darauf, daß Gott zur Welt und zu uns steht. Die Aufzählung der Werke, der Tage, der Festlegungen weisen in der Priesterschrift darauf hin, daß Gott die Geschichte fest im Griff hat, daß ihm die Welt nicht aus den Händen geglitten ist. Auf diesen Gott kann man sich verlassen. Wieweit glauben wir im Alltag diesem Zeugnis von Gen 1? Sind wir noch in der Lage, uns von den sichtbaren Ordnungen in der Schöpfung hinweisen zu lassen auf Gott, in dessen guten Händen doch alles ruht und bei dem sich der Mensch letztlich geborgen wissen darf?

(5) Der Mensch als Krone der Schöpfung versteht sich oft selbst falsch, indem er meint, seine Vorzugsstellung in der Welt sei seine eigene Errungenschaft. Unsere Gegenwart, die viel Mißbrauch und Ausbeutung unserer Erde sieht, ist wieder etwas sensibler geworden für den eigentlichen Sinn des Auftrages Gottes an den Menschen, sich die Erde untertan zu machen. Es geht nicht um ein sinnloses Ausbeuten und Zerstören, sondern wir haben einen verantwortlichen Auftrag zum Bewahren und Gestalten von Gott selbst erhalten. Gottes Auftrag, die Erde zu beherrschen, meint nicht, wie es das freiheitsbewußte 20. Jahrhundert milliardenfach tut, daß der Mensch seine Mitmenschen versklaven und unterdrücken darf. Anders als das Tier, das von seinen Instinkten geleitet ist,

muß der Mensch sich in Freiheit selbst für das Richtige entscheiden. Wir hören zwar gerne die Aussage von Gen 1 über die Größe und Würde des Menschen. Hören wir aber auch den Aufruf Gottes zur Verantwortung und zur Bereitschaft, uns in Freiheit in die große Ordnung der Schöpfung hineinzustellen? Lassen wir uns so zu wahren Menschen machen, zu „Söhnen des Lichts und nicht der Finsternis“ (1 Thess 5,5)?

(6) Der Segen Gottes als bleibende Wirklichkeit ist eine weitere Zusage von Gen 1. Der Mensch ist aber stets in Gefahr, an diesem Segen Gottes vorbeizuleben oder ihn als Ergebnis der eigenen Tüchtigkeit anzusehen. Denken wir daran, daß wir nicht selbst Herr unseres Lebens sind, sondern daß es ein Geschenk der Liebe Gottes ist, über das wir nicht frei verfügen können? Lassen wir uns in diesem elementaren Bereich auf Gott zurückverweisen und uns zugleich hinweisen auf unsere Verantwortung für alles Leben vor Gott? Gottes Segen, wie er uns in Jesus Christus in Fülle zuteil wurde, bedeutet auch ewiges, göttliches Leben. Lassen wir uns von diesem Segen Gottes, von seiner Wirkmächtigkeit, die über die Grenzen des Todes hinausreicht, gläubig und vertrauensvoll erfassen?

(7) Der Sabbat als Gabe Gottes ist uns ebenfalls als ein Ordnungselement des Lebens geschenkt, das über sich selbst hinaus weist. Der Sabbat ist im AT Hinweis auf die größere Wirklichkeit Gottes, in welche der Mensch berufen ist. Das mit dem Sabbat Gemeinte ist im Hinblick auf das Ostergeschehen in der Gemeinde auf den Sonntag verlegt worden, weil der Herrentag als achter Tag die Übersteigerung des Alten Bundes durch den Neuen Bund anzeigt. Er darf von uns nicht als Last gesehen werden, sondern ist ein Aufruf, uns unserer Würde bewußt zu werden, daß wir von Gott selbst in den bergenden Bereich seiner Ruhe hineingenommen sind. Verstehen wir das Sonntagsgebot nur als eine Vorschrift, durch die wir uns kommandieren lassen müssen? In Wirklichkeit bedeutet doch der Sabbat/Sonntag das Erfahren und Bekennen des Menschen, daß er sich nur gewinnt, wenn er Gott als Herrn seines Lebens anerkennt, wenn er sich über den auferstandenen Herrn von Gott beschenken läßt und wenn er ihn lobt. Erst im Abstandgewinnen vom grauen Alltag, wie es

der Sonntag will, erfährt der Mensch seine Würde als von Gott Befreiter. Haben wir ein Gespür für Kult und festliche Freude, zwei Elemente unseres Menschseins, die Gott uns schenkt und in denen sich unser Menschsein nach dem Willen Gottes vollendet?

5. *Zur praktischen Bibelarbeit*

Um von einer einseitigen Auslegung von Gen 1, etwa in Richtung der Diskussion Theologie und Naturwissenschaft, loszukommen, könnte in Gruppenarbeit ein aktualisierender Text erstellt werden, in welchem das Tröstliche der Aussagen von Gen 1 für die Gefangenen damals und für die vielfach angefochtenen Menschen von heute herausgestellt wird, die gleichermaßen der tröstlichen Zusage Gottes bedürfen. Dazu empfiehlt es sich, nur einige wichtige Verse von Gen 1,1–2,4a auszuwählen, z. B. 1,1–5.26–31; 2,1–4a. Ein solcher Text, der dann auch in einem Gottesdienst eingebracht werden könnte, wird dann etwa so aussehen:
(1,1) Für uns ist vor allem wichtig, auf die Frohe Botschaft der ganzen Bibel zu hören, die besagt, daß Gott nicht für sich selbst existiert. Über einen solchen Gott sagt die Bibel eigentlich gar nichts aus! Sondern – und das macht uns froh! – die Bibel bezeugt uns, daß Gott ein den Menschen zugewandter Gott ist. Das wird schon daraus deutlich, daß er die ganze Welt auf staunenerregende Weise geschaffen hat und nun alles bejaht, was da ist: Himmel und Erde, Welt und Mensch. Dieser Gott sagt auch ja zu mir. Und darüber bin ich froh.
(1,2) Wir sehen in der Weltgeschichte und auch in unserem Leben so oft nur das Chaos, das Unbegreifliche, Bedrohende, Gefährliche. Wir erkennen keinen Sinn darin. Wir sehen kein Licht, sondern nur Finsternis, in der doch niemand leben kann. Aber die Mächtigkeit unseres Gottes, sein Geist, ist allem überlegen, was uns bedroht. Gottes Geist garantiert uns, daß hinter allem sinnlos Scheinenden doch ein großer Sinn steht, den er herausstellen wird. Gott erreicht seine Ziele in der Welt spielend durch seinen Geist. Er bezeugt uns, daß die Weltgeschichte und auch unser Leben seinen Händen zu keiner Stunde entglitten sind.

(1,3) Und das zeigt sich auch in seinem allmächtigen Wort. Es bedeutet, daß Gott sich uns zuwendet und uns liebend anspricht. Er braucht sein Wort nur auszusprechen, dann geschieht schon alles, was es bewirken will. Dann wird eine Ordnung sichtbar, die auch heute noch gilt und uns auch heute auf Gottes Macht und Güte hinweist. Durch sein machtvolles Wort beendet Gott die Herrschaft der Finsternis und erschafft das Licht, den Inbegriff des frohmachenden Lebens und der Freiheit, nach der wir uns sehnen.
(1,4) Noch heute können wir erfahren, daß Gottes Werk gut ist. Es schenkt uns den Lebensraum, den wir brauchen. Gottes Schöpfung erinnert uns daran, daß Gott selbst das wahre Licht unseres Lebens ist. Die Finsternis hat zwar noch ihre Bedeutung, aber sie ist uns dienstbar gemacht, damit wir ausruhen können und im Rhythmus von Tag und Nacht leben. Alles ist klar eingefügt in Gottes Ordnung. Wir sehen das, wenn jeden Morgen die Nacht dem Licht weichen muß. Dann wissen wir, daß nicht die Finsternis die eigentliche Macht in der Welt darstellt, sondern das Licht, das von Gott selbst kommt und für uns Leben bedeutet.
(1,5) Mit großer Macht benennt Gott alles Geschaffene, ruft es beim Namen und läßt es so eigentlich erst ins Dasein treten. Gott macht deutlich, daß ihm alles untertan ist, und daß es keinen Bereich in unserem Leben gibt, den er nicht in seinen guten und machtvollen Händen hält. Im Wechsel von Abend und Morgen, im Tagesablauf, der unseren Lebensrhythmus bestimmt, zeigt sich die gute Ordnung Gottes, in der wir uns geborgen fühlen können.
(1,26) Der Punkt, wo sich Gott ganz besonders engagiert, wo sein wunderbares, staunenerregendes Schaffen besonders deutlich wird, ist einwandfrei der Mensch. Ihn hat Gott ja nach seiner Gestalt geschaffen, ihn als sein Abbild in die Welt gegeben, ihn gleichsam zu seinem Vizekönig gemacht.
(1,27) Der Mensch verwirklicht sich als Mann und Frau, die sich nach dem Willen Gottes gegenseitig soviel bedeuten und einander soviel geben können.
(1,28) Dem Menschen gilt in besonderer Weise der Segen Gottes. Dadurch können sie das wunderbare Geschenk des Lebens weitergeben, das eigentlich Monopol Gottes ist. Aber

Gott hebt aus Liebe zu uns dieses Monopol auf. In Verantwortung vor ihm dürfen wir unser Leben führen und auch Leben weiterschenken.
(1,29 f.) Gott sorgt sich auch um die Speise für Mensch und Tier und schenkt ihnen einen Lebensraum voller Schönheit und Wunder.
(1,31) Alles Geschaffene ist sehr gut. Gott braucht sich nicht zu korrigieren. Die ganze Schöpfung ist ein großartiges Werk Gottes. Wir dürfen in dieser Schöpfung leben und sie lieben, die soviel Freude für uns in sich birgt.
(2,1) Diese Schöpfung Gottes steht heute noch da als Zeichen seiner Treue und Macht, als Unterpfand seiner Liebe zu uns.
(2,2 f) Aber Gott war dies alles noch nicht genug. Er riß die Begrenzung der Zeit für den Menschen auf, diese Grenze, auf die wir jeden Tag in unserem Leben stoßen. Gott schenkte dem Menschen den Sabbat und gab ihm damit schon einen ersten Anteil an seiner eigenen Ewigkeit, an seiner Ruhe, an seiner nie endenden Freude. Jedesmal, wenn der Mensch nun den Sabbat feiert, jedesmal, wenn wir Christen die Überhöhung des Sabbats durch die Auferstehung Christi am Sonntag begehen, wird dem Menschen bewußt, daß er sich selbst nicht in dieser Zeit vollendet, sondern daß er mit seinem Leben schon jetzt hinüberreicht in unsere Vollendung in der herrlichen Ewigkeit Gottes, in das ewige Fest, zu dem wir alle gerufen sind.
(2,4a) Und dies alles ist so, weil unser Gott, der alles geschaffen hat, ein Gott ist, der sich ganz um den Menschen kümmert, der sein Ja zu ihm und zur Welt nicht mehr widerruft und – menschlich gesprochen – nicht glücklich sein mag, solange nicht der Mensch in ihm auch sein Glück und seine Vollendung gefunden hat. Um diesen großen Gott zu wissen, um seine Güte und Macht, das macht uns froh. Denn er ist einfach da für uns, und alles, was uns jetzt noch bedroht, ist nur etwas Vordergründiges, etwas Vergängliches. Das Hintergründige, das Eigentliche und Bleibende ist unser Glück bei Gott, und zwar bei dem Gott, den es nicht bloß gibt, sondern den es für uns gibt und der sich um uns in Liebe kümmert. Es macht uns froh und ist uns gerade heute so heilsam zu wissen, daß uns nicht das ruhelose Schaffen zu wirklichen Menschen macht,

sondern das gläubige Gelassensein, das weiß, daß Gott selbst für uns das Eigentliche wirkt und uns in Herrlichkeit und Freude vollendet.

Literaturhinweise

Diego Arenhoevel, Ur-Geschichte. Genesis 1–11, 2. Aufl., Stuttgart 1973

Lothar Ruppert, Das Buch Genesis. Teil I, Düsseldorf 1976

Claus Westermann, Genesis. I. Teilband, 2. Aufl., Neukirchen-Vluyn 1976

Hellmuth Frey, Das Buch der Anfänge. Kapitel 1–11 des ersten Buches Mose, 8. Aufl., Stuttgart 1977

§ 8
Der Mensch und sein Bruder (Genesis 4,1–16)

1. Zur Situation von Gen 4,1–16

Der Jahwist bringt in seiner Urgeschichte eine Reihe von Sündenfällen, die alle zusammen etwas über das Geheimnis des Bösen aussagen, das in der Sünde der Menschen sichtbar wird. Er stellt Material verschiedener Art zusammen, um damit seine theologische Botschaft vorzutragen, daß die Sünde den Menschen zerstört, daß aber Gott den Menschen ihrer Macht entreißen wird. Der Jahwist warnt im 10. Jahrhundert v. Chr. mit diesen Geschichten seine Zeitgenossen, die Sünde zu verharmlosen und sich einzubilden, das Menschsein ohne Gott und nur nach eigenen Vorstellungen verwirklichen zu können. Die Geschichten des Jahwisten möchten die Menschen darauf hinweisen, daß sie durch die Sünde in ihrem Menschsein nicht vorangebracht, sondern vielmehr zutiefst gestört werden. Wie alle Schriftsteller der Bibel weiß auch der Jahwist, daß es keinen Sinn hat, nur über die Gefährlichkeit der Sünde zu sprechen. Er stellt daher überdeutlich heraus, daß Gott gewillt und stark genug ist, mit der Sünde im Menschen und in der Welt fertig zu werden. So ist das Wichtigste auch an der Geschichte von Kain und Abel in Gen 4, daß Gott sich in der Welt leidenschaftlich engagiert, um den Menschen dem Bereich der Sünde zu entreißen. Er läßt sich davon auch nicht dadurch abhalten, daß der Mensch sich gegenüber seinem Retter zunächst wehrt. Die Befreiung des Menschen aus der Macht der Sünde durch Gott ist die Frohe Botschaft schon im AT. Sie ist im NT in Person und Werk Jesu Christi noch genauer ausgesagt und nun erst recht unwiderruflich festgelegt worden. Die Geschichte von Kain und Abel schildert in Weiterführung der Sündenfallsgeschichte von Gen 3 einen neuen Typ der Sünde, der für die Menschen ganz besonders gefährlich ist: Die Sünde gegen seinen Mitmenschen. Wie schon in dem parallel aufgebauten Gen 3 wird auch hier gezeigt, wie die Sünde den Menschen in allen seinen Wirklichkeitsbereichen stört: im Verhältnis zu Gott, zu sich selbst, zu den Mitmenschen, zum Ackerboden. Der Schwerpunkt der Geschichte von Kain und Abel liegt aber deutlich im Bemühen Gottes, Kain zur Einsicht seiner Schuld und seines Fehlverhaltens als Voraussetzung für Gottes erlösendes Handeln hinzuführen. Wichtig erscheint dabei die in Gen 4 gemachte Zusage, daß der Mensch in der Schuld bei Gott nicht abgeschrieben, sondern erst recht Gegenstand seiner Sorge ist. So ist Gen 4 eine Warnung vor der Sünde, der Hinweis auf ihren zerstörerischen Charakter. Noch mehr aber ist diese Geschichte Ausdruck der Frohen Botschaft, daß Gott sich in besonderer Weise des Sünders annimmt, um ihn aus der Macht der Sünde zu retten.

2. Der Text und seine Erklärung

Die Geschichte von Kain und Abel läßt sich auf folgende Weise unterteilen: 4,1 f: Die Geburt von Kain und Abel; 4,3–5a: Das Opfer von Kain und Abel; 4,5b–7: Gott warnt Kain vor der Sünde; 4,8: Der Brudermord; 4,9 f: Das Verhör durch Gott; 4,11 f: Der Fluch über Kain; 4,13 f: Die Klage Kains; 4,15 f: Das Schutzzeichen Gottes.

(4,1 f) Auch nach der ersten Sünde und nach der Vertreibung aus dem Paradies geht das Leben weiter, ein Zeichen dafür, daß Gott den sündiggewordenen Menschen seinen Segen nicht versagt. Das jubelnde Wort Evas, „der Mutter aller Lebenden“ (Gen 3,20), bei der Geburt ihres ersten Sohnes Kain bringt zwar das Wissen um die Hilfe Gottes zum Ausdruck: Kain wird in einem Wortspiel als „vom Herrn erworben“

gedeutet. Aber es klingt wohl auch ein gefährlicher Stolz in diesem Jubelruf Evas mit an, der den Akzent nicht so sehr auf Gottes Güte, als vielmehr auf die eigene Tüchtigkeit legt. Zu dem erstgeborenen Sohn, dem „Hämmerer" Kain, kommt dessen jüngerer Bruder Abel, dessen Name „Windhauch" bedeutet und ihn als den Schwächeren ausweist. Hier beginnt schon die Auseinandersetzung zwischen Ersten und Letzten, zwischen Starken und Schwachen, und wie es Vers 4b andeutet, zwischen zwei Berufsgruppen, den seßhaften Bauern und den nomadischen Viehzüchtern. Der Keim zu Konflikten ist in solchen Unterschieden schon gelegt. Leider meinen die Menschen zu allen Zeiten, solche Unterschiede nur durch gewaltsame Lösungen bewältigen zu können. Ein total falscher Weg! so wird hier gesagt, der aber trotzdem immer wieder von uns Menschen beschritten wird, solange die Welt steht.

(4,3–5a) Kains Reaktion wird von Gott in jedem Fall als unangemessen und gefährlich herausgestellt. Der Mensch ist nur froh, wenn er das Rechte tut. Er macht sich jedoch selbst unglücklich, wenn er dem Bösen, das hier als ein lauernder Dämon geschildert ist, die Tür seines Herzens öffnet. Wie in Gen 2,16 warnt auch hier Gott vor der zerstörenden Macht der Sünde, in der sich der Mensch nicht mit der Wirklichkeit abfinden will. Die Sünde soll doch nicht Macht über den Menschen gewinnen.

(4,8) Der Mord an Abel wird ganz knapp geschildert. Die Warnung Gottes hatte Kain geradezu dazu gereizt, auf diese Weise seine eigenen Vorstellungen durchzusetzen und so gegen Gottes Ordnung zu protestieren. Aber die Sünde erweist sich wiederum als das Falscheste, als etwas, das den Menschen selbst zerstört.

(4,9 f) Wie in Gen 3,9, wo der Mensch gefragt wird „Wo bist du?", möchte Gott den Mörder durch die Frage nach dem Bruder zur Besinnung bringen. In der frechen Gegenfrage Kains, ob er denn der Hüter seines Bruders sei, ist schon die Antwort Gottes enthalten. Genau so ist es! Der Mensch ist für seinen Mitmenschen verantwortlich. Wenn er ihn unterdrückt, umbringt, versündigt er sich gegen sein eigenes Wesen und gegen den ihm von Gott gegebenen Auftrag. Vom Ackerboden, dem der Mensch entnommen ist, ruft das Blut des erschlagenen Abels um Rache. Es appelliert an Gott, da ja der Bruder, der eigentlich als Bluträcher auftreten müßte, selbst der Mörder ist. Gott tritt als Rechtswahrer für den Schwächeren ein, auch wenn er sich im folgenden doch sehr viel mehr um die Umkehr des Mörders kümmert.

(4,11 f) Der Fluch Gottes macht offenkundig, daß sich Kain selbst in eine ausweglose Unheilssituation hineinmanövriert hat. Anders als bei Adam in Gen 3 trifft der Fluch Kain selbst und vertreibt ihn vom Ackerboden, der ihm seinerseits den Ertrag verweigert, – eine Steigerung der Strafe von Gen 3,17 f. Heimatlosigkeit und Ungeborgensein sind das Los des Menschen, der sich der Sünde verschreibt.

(4,13 f) Erst jetzt erkennt Kain die Ausweglosigkeit seiner Lage, in die ihn seine eigene Verblendung geführt hat. Auf einmal empfindet er das Bedrückende seiner Schuld. Sein Verhältnis zu Gott, zu sich selbst, zum Ackerboden ist gestört. Vor den Menschen muß er sich verbergen, um von ihnen nicht als Vogelfreier getötet zu werden.

(4,15 f) Aber nun verbürgt Gott sich selbst gegen alle Erwartung für den Schutz des schuldig gewordenen Kain. Gott, der doch Abel schutzlos der Hand des Mörders Kain überlassen hat, erklärt sich nun als Rechtswahrer, ja, als siebenfacher Bluträcher des Mörders. Dazu gibt Gott ihm noch ein Schutzzeichen, um so zu zeigen, „daß Gott kein Gefallen hat am Tod des Schuldigen, sondern daran, daß er seinen bösen Weg verläßt und umkehrt und am Leben bleibt“ (Ez 33,11).

3. Themen zu Gen 4,1–16

(1) *Der gefährliche Stolz.* Eva und ihr Erstgeborener werden hier dargestellt als Menschen, die auf ihre Leistung recht stolz sind. Im rechten Maß ist Stolz eine gesunde Sache, aber doch auch eine Haltung, die leicht von der Wirklichkeit wegführen kann und den Blickwinkel des Menschen gefährlich einzuengen droht. Der Stolz nimmt nur noch wahr, was ihm gelingt und was er leistet. Jeden Zweifel an seiner Tüchtigkeit sieht er als einen direkten Angriff auf sich selbst an. Eva muß bald erkennen, wie sich die Tüchtigkeit ihres Ältesten im Brudermord verderblich zum Bösen hin wandelt. Kain sah es wohl als

selbstverständlich an, daß ihm als dem Stärkeren der schwächere Abel einfach zu gehorchen hatte. Nun ist er enttäuscht und beleidigt, daß Gott auf Kains selbstgemachte Weltordnung negativ reagiert und ihn gar davon abbringen will. Sein Stolz treibt ihn dazu, diesem Gott, der es wagt, die Reihenfolge seiner Werte in Frage zu stellen, deutlich zu zeigen, was das Recht des Stärkeren bedeutet. Der tödliche Schlag gegen Abel ist eigentlich gegen Gott gerichtet, ist eine offene Kriegserklärung des selbstsicheren Kain gegenüber allen, die ihn nicht in seiner Haltung unterstützen. Daß hinter einem solchen Stolz im letzten viel Angst und Unsicherheit stecken mögen, die durch das prahlerische Verhalten überspielt werden sollen, mindert die Bosheit Kains etwas ab. In seinem nach Heldenmut aussehenden Kampf gegen alle anderen liegt in Wirklichkeit viel Verzweiflung. Kains Stolz darf das nicht zugeben. So ist die Katastrophe unvermeidlich und zugleich für Kains Verblendung zur einzigen Möglichkeit geworden, aus der tödlichen Umklammerung seines Stolzes befreit zu werden.

(2) *Die richtige Einstellung zum Mitmenschen.* Daß der Mensch von seinem innersten Wesen her auf den Mitmenschen angewiesen ist, hat die Bibel schon längst vor der griechischen Philosophie klar ausgesagt. Alle Sittlichkeit muß sich in der rechten Einstellung des Menschen zu seinem Mitmenschen zeigen und bewähren. Der Mensch als Hüter seines Bruders hat nicht nur Verantwortung für sein eigenes Leben und seine eigene Entfaltung, sondern ebenso für seinen Mitmenschen. Wie jeder Mensch sich selbst mit seiner Eigenart bejahen muß, so muß er auch alle anderen in ihrer Eigenart bejahen und ihr Anderssein nicht als Gefährdung, sondern als Bereicherung erfahren. Dabei gibt es unter den Menschen Verschiedenheiten, die einfach als gegeben anzuerkennen sind, wie arm und reich, begabt und weniger begabt, ausgeglichen und belastet. Die Spannungen, die sich aus diesen Tatsachen ergeben, sind menschlich zu lösen und nicht mit Gewalt oder durch Haß bis zur Vernichtung des anderen. Hierbei ist auch Gottes Souveränität angesprochen, der jedem Menschen sein Leben zuteilt. Daß Gott dabei andere Maßstäbe hat als wir, ist einfach voll anzuerkennen. Wer dagegen ankämpft,

zerstört sich und die anderen. Wenn Gott zu jedem Menschen mit allen Vorzügen und Schwächen ja sagt, müssen wir dieses Ja Gottes respektieren und ebenso wie Gott zu uns selbst und zum anderen unser Ja sagen. Mord in seinen vielen Formen ist keine Lösung von Spannungen, sondern, wie Gen 4 zeigt, erst recht der Anfang von weiterem Bösen, das den Menschen nur in die Katastrophe führt. Gott steuert klar dagegen. Nur die Umkehr zu diesem mächtigen Gott, der um jeden einzelnen ringt, kann den Sturz des Menschen ins Unermeßliche der Bosheit abfangen und ihn zu seinem Heil hinwenden.

(3) *Die zerstörerische Macht der Sünde.* Sünde bedeutet ein Vorbeileben an der Wirklichkeit, ist der Verzicht, sich selbst und den anderen anzunehmen. Die Sünde als Folge einer verzerrten Schauweise der Menschen und der Dinge kommt nicht aus reiner Bosheit. Sie verspricht vielmehr dem Menschen Daseinserweiterung, Steigerung der Lebensqualität, das rasche Erreichen ferner Traumziele. Diese Täuschung hält jedoch nicht lange an. In Gen 4 erliegt Kain der Versuchung. Er hat seine Probleme auf scheinbar unproblematische Weise gelöst. Der Mord am Bruder scheint seinen Wunsch nach freier Entfaltung seiner selbst zu erfüllen. Aber die Frage Gottes und der Fluch lassen ihm erschreckend aufgehen, daß er einer großen Täuschung zum Opfer gefallen ist. Darauf weist die tiefgehende Störung unübersehbar hin, die alle Bereiche seines Lebens erfaßt: Gott, sich selbst, seine Mitmenschen, seinen Lebensraum. Nach allen Seiten ist die Harmonie gründlich zerstört. Wer sich wie Kain von der Sünde soviel verspricht, ist schon gar nicht mehr fähig, Gottes Warnung zu hören und die Wirklichkeit richtig zu sehen. Kain und jeder Sünder sehen wie auch Adam und Eva in Gen 3 nur noch den neidischen Gott, der dem Menschen sein Glück nicht gönnen will. Nach anfänglichem trotzigen Ausweichen vor seiner Verantwortung muß sich Kain doch der furchtbaren Wirklichkeit von Sünde und Schuld stellen. Vieles hat er dazugelernt – aber um welchen Preis! Es scheint das Schicksal aller Menschen zu sein, daß sie erst der Macht der Sünde verfallen müssen, ehe sie deren Gefährlichkeit wahrnehmen. Diese bittere Erkenntnis verweist aber den Menschen dann wieder auf Gott, der

allein mächtig genug ist, die Sünde im Menschen und in der Welt zu überwinden.

(4) *Gottes Sorge um den Sünder.* Dem sündig gewordenen Menschen, der aus Schaden klug geworden ist, bieten sich aber auf einmal Gottes Güte und Fürsorge an als eine Wirklichkeit, die er vor der Sünde einfach nicht wahrnehmen wollte. Das Erstaunliche an diesem Gott der Bibel ist, daß er sich für den Schuldiggewordenen offensichtlich mehr engagiert als für den Schuldlosen. Kain hatte seinen Bruder erschlagen, weil er nicht mitansehen konnte, daß Gott Abel bevorzugte. Jetzt, wo er seine Schuld bekannt hat, erfährt er auf einmal, daß er bei Gott keineswegs zurückgesetzt ist. Gott tritt für Kain, den Mörder siebenfach ein und schützt ihn sogar durch ein Schutzzeichen vor der Rache der anderen. Diese Haltung Gottes, die dem Schuldigen selbst zunächst unverständlich ist, erscheint auch als eine Provokation der Frommen und Schuldlosen. Das Gleiche jedoch erfahren wir aus dem Gleichnis Jesu vom verlorenen Schaf, für das sich Gott als guter Hirte vielmehr einsetzt als für die 99 anderen. Dazu sagt Jesus noch, daß im Himmel über die Umkehr eines einzigen Sünders mehr Freude sei als über 99 Gerechte. Im Gleichnis vom verlorenen Sohn hören wir dann auch vom Protest des älteren, brav gebliebenen Bruders gegen die uns unverständliche Güte des Vaters. Ist eine solche Haltung Gottes nicht geradezu eine Aufforderung, das Böse zu tun, schuldig zu werden, um dann Gottes Liebe in verstärktem Maß zu erfahren? Aber wir müssen beachten: Der eigentliche Ausgangspunkt von Gen 4 und anderer biblischer Abschnitte ist nicht der Gerechte, sondern der Schuldiggewordene, der angesichts seiner Schuld keinen Ausweg mehr sieht. Ihm muß wie Kain gesagt werden, daß es keine menschliche Schuld gibt, die für Gottes Liebe und Macht unüberwindbar wäre, – die Umkehrbereitschaft des Sünders stets vorausgesetzt! Wenn Gott sich des Sünders mit solcher Liebe annimmt, gibt es für den Schuldiggewordenen keinen Grund zur Verzweiflung mehr. Die 99 Gerechten, – falls es sie vor Gott überhaupt gibt! – dürfen sich nicht über das scheinbare Unrecht der Barmherzigkeit Gottes ärgern, denn wir Menschen sind alle auf diese Barmherzigkeit ange-

wiesen. So geht die ganze Bibel, der Jahwist wie Jesus im Evangelium und Paulus im Römerbrief davon aus, „daß alle gesündigt und die Herrlichkeit Gottes verloren haben" (3,23). So dürfen wir alle, falls wir uns nicht selbst belügen wollen, diesen Abschnitt Gen 4 als Frohe Botschaft lesen, daß Gott sich in besonderer Liebe und Sorge der Sünder annimmt. Wo Gott sich so für uns einsetzt, ist der gute Ausgang gesichert.

4. Fragen an uns

(1) Wir sind immer in Gefahr, uns selbst zu überschätzen. Daraus entsteht der Stolz, der meint, auf Gott und die anderen verzichten zu können. Wir verlassen uns auf scheinbar feste Positionen, die aber einer wirklichen Belastung nicht gewachsen sind. Der Stolz läßt uns um uns selbst kreisen und läßt uns erwarten, daß die anderen, nicht zuletzt auch Gott, einfach unsere Positionen anerkennen werden, die wir uns selbst aufgebaut haben. Wenn das aber nicht geschieht, sind wir zutiefst getroffen, fühlen uns verkannt und ohne Grund zurückgesetzt. Wenn unser egozentrisches Weltbild zusammenbricht, reagieren wir verbittert und schlagen blindlings um uns. Oder wir lassen unsere Wut an Menschen aus, die uns im Weg stehen oder sich anmaßen, nach anderen Gesichtspunkten als wir zu leben. Gott jedoch fordert uns auf, unsere Positionen zu überprüfen, ob sie wirklich so goldrichtig, so unanfechtbar sind, wie wir sie selbst sehen. Wie den selbstsicheren Kain warnt Gott auch uns vor der Sünde, die wie ein Dämon vor der Tür unseres Herzens lauert. Wir tun gut daran, uns zu unserem eigenen Heil warnen zu lassen und unseren Lebensplan in die Wahrheit Gottes hineinzustellen. Wie lange wollen wir uns dagegen sträuben und erst dann zur Besinnung kommen, wenn Katastrophen über uns kommen? Sehen wir, daß auch uns nur in Besinnung und Umkehr eine Chance gegeben ist, von unserem Stolz und aller falschen Sicherheit loszukommen? Andernfalls „wird es mit uns am Ende schlimmer als vorher" (Mt 12,45).

(2) Den Mitmenschen können wir leicht als lästigen Konkurrenten sehen. Aber schon das Kleinkind muß erfahren, daß es nicht alles für sich allein haben kann, sondern mit anderen

teilen muß. Wir müssen nicht nur den anderen annehmen, als einen, der neben uns lebt, sondern auch als einen, der anders ist als wir. Wenn wir dann noch merken, daß er sogar besser, begabter, glücklicher, begnadeter ist als wir, fühlen wir uns schnell vernachlässigt, zu kurz gekommen, nicht so geliebt wie die anderen. Aber wir müssen uns damit abfinden, daß wir die meisten Dinge unseres Lebens nicht selbst bestimmen können, daß sie uns einfach vorgegeben sind. Wir dürfen daran nicht zerbrechen und darüber zeitlebens unglücklich sein, sondern müssen uns annehmen, wie wir sind, und zu uns selbst ja sagen. Ja sagen müssen wir vor allem auch zu unseren Mitmenschen. Wie Kain werden wir sonst erfahren, wie Neid und Mißgunst das Verhältnis zum Mitmenschen, zu Gott, zu uns selbst zerstören. Es gibt Situationen, wo wir uns mit anderen auseinandersetzen und uns selbst durchsetzen müssen, aber das kann menschlich nur bewältigt werden, wenn es im Rahmen der Ehrfurcht und Liebe geschieht. Andere zu erniedrigen, zu verachten, an die Wand zu drücken, ja, sie zu vernichten, sind keine echten Wege für uns. In Gen 4 und anderen Abschnitten geht es der Bibel nicht bloß darum, daß wir die anderen leben lassen; es geht vielmehr auch um uns selbst, daß wir unser Leben richtig programmieren und daß wir nicht uns selbst verlieren. Lassen wir uns das sagen, daß wir uns selbst nur dann verwirklichen können, wenn wir unser volles Ja zum anderen sagen und uns von Gott aus dem Teufelskreis der Selbstsucht und des Neids herausreißen lassen? Es geht Gott immer um das Heil des Menschen, wie es auch in Gen 4 deutlich zu sehen ist. Warum wollen wir das wie Kain immer erst dann begreifen, wenn wir an unserem Mitmenschen schwer schuldig geworden sind?

(3) Die Sünde bietet sich uns immer wieder als ein bequemer Ausweg an, um alle unsere Probleme zu lösen. Sich wie Kain über den Nächsten hinwegzusetzen, ja ihn zu vernichten, zerstört aber ihn und uns selbst. Gen 4 sagt uns, daß die Sünde stets das Falsche ist und zudem genau das Gegenteil von dem bewirkt, was sie uns verspricht. Wenn wir schon der Sünde und ihrer Verlockung erliegen, lassen wir uns dann wenigstens hinterher zu Einsicht und Besinnung führen? Sind wir bereit,

uns wieder vom Trug des Bösen abzuwenden und uns erneut hineinstellen zu lassen in die Wirklichkeit Gottes, aus der uns dank der Barmherzigkeit Gottes auch nach der Sünde allein Freude und Erfüllung zukommen werden?

(4) Daß sich Gott in unerwarteter Fürsorge des sündig gewordenen Menschen annimmt, ist das Große und Erstaunliche, das Kain in Gen 4 dazugelernt hat. Daß sich Fromme darüber ärgern, ist fast noch gefährlicher als das handfeste Unrecht der Menschen, die sündigen, sich aber dann von der Gnade Gottes zu aufgeschlossenen Sündern machen lassen. Wir alle müssen froh sein, daß unser so scharf ausgeprägtes Gerechtigkeitsgefühl, das Gott zudem noch wegen seiner Barmherzigkeit Vorwürfe macht, von ihm glücklicherweise nicht auf uns selbst angewandt wird: Wir könnten sonst alle nicht vor ihm bestehen. Wie schnell kann sich zudem unser Wohlverhalten durch unsere Herzenshärte in Sünde und gefährlichste Fehlhaltungen verwandeln. Es ist für uns sehr viel angebrachter, wie Paulus im Römerbrief sagt „niemand Böses mit Bösem zu vergelten und das Böse durch das Gute zu besiegen" (12,17.21). Es bringt uns weiter, wenn wir nicht Ärgernis nehmen an Gottes Güte, sondern versuchen, „barmherzig zu sein, wie es auch unser Vater im Himmel ist" (Lk 6,36). Lassen wir uns durch Gen 4 von Gottes Wort belehren, das uns als Sündern nicht nur tröstlich, sondern uns, falls wir meinen, uns zu den Gerechten zählen zu sollen, auch sehr heilsam ist?

5. Zur praktischen Bibelarbeit

Nachdem zuvor in der großen Gruppe die Geschichte von Kain und Abel kurz erklärt wurde, könnte dieser Text in Untergruppen auf seine Aktualität für uns hin besprochen werden. Dabei sollte das Erarbeitete in der Form eines Briefes Kains an die Christen einer Pfarrei gebracht werden. Im Plenum werden dann die verschiedenen Briefe vorgetragen. Der eindringlichste davon oder eine Kombination aus allen Briefen könnte dann bei einem Gottesdienst mit den Teilnehmern der praktischen Bibelarbeit vorgelesen werden. Dabei ist wichtig, daß die Teilnehmer, die sich mit dem Text im Hinblick auf ihr eigenes Leben befaßt haben, von dem Erarbeiteten und von den Beiträgen der anderen Anregungen erhalten und sich in diesen Briefen selbst wiedererkennen, und zwar als solche, an die dieses Wort Gottes in Gen 4 ergeht. Ein solcher Brief könnte etwa so aussehen:

Östlich von Eden, den 30. Juni 1980.

Liebe Schwestern und Brüder der Gemeinde von XY!

Ihr habt mich gebeten, Euch mitzuteilen, was ich bei dieser traurigen Geschichte eigentlich selbst dazugelernt habe. Vieles auf jeden Fall! Ich will es Euch nicht vorenthalten. Vielleicht kommt auch Ihr einmal in eine ähnlich schlimme Situation, und es würde mich freuen, wenn wenigstens Ihr schon im voraus ein wenig dazugelernt hättet und nicht erst hinterher, wie es bei mir war. Es ging schon damit an, daß meine Mutter auf mich, ihren Erstgeborenen, so furchtbar stolz war. Mein Bruder Abel konnte nur noch unter „ferner liefen" gebucht werden. Sehr bald war auch ich davon voll überzeugt, diese Bevorzugung bestünde zu Recht. Ich wurde ein wohlhabender Bauer, der bei seiner Arbeit ansehnliche Erfolge verzeichnen konnte. Ich schaute voll Mitleid und wohl auch mit entsprechender Verachtung auf diesen armseligen Schafzüchter herab, der am Rande der Kultur von nichts, bzw. von dreisten Übergriffen auf meine Felder lebte. Es war mir klar, daß ihm nichts anderes übrig blieb, als meine klare Überlegenheit einfach zu respektieren. Irgendwo mußte es doch eine Ordnung geben! Von Gleichmacherei hielt ich gar nichts, am wenigsten im Hinblick auf solch minderwertige Gestalten, die zu dumm und auch zu faul waren, um es zu irgendetwas zu bringen. So wenigstens dachte ich damals. Daß Gott auf einmal diese schöne Ordnung umkehrte in der bekannten Geschichte mit dem unterschiedlich angenommenen Opfer, brachte mich in heilige Wut. Ich sah darin einen deutlichen Angriff dieses Gottes, der sich gerade um die Minderwertigen, um die gescheiterten Existenzen wie Abel kümmerte, aber auf meine eindeutige Tüchtigkeit, auf meine mühsam im Schweiß meines Angesichts aufgebaute Position nichts gab. Ich vermutete, daß sich Gott wohl irgendwie auch darüber ärgerte, daß sich sein

Freund Abel gar nicht so gut entwickelte wie ich. Ich war jedenfalls überzeugt, es meiner Anständigkeit und der Gerechtigkeit schuldig zu sein, diesem parteiischen Gott und seinem armseligen Schützling zu zeigen, was Gerechtigkeit ist, und wie man in dieser Welt für die richtige Ordnung alles einsetzen müsse, obgleich ich als Gemütsmensch doch die Gewaltanwendung nicht eigentlich schätze. Aber als dann mein Bruder, der zu schwach war, um sich überhaupt zu wehren, auf einmal tot vor mir lag, da war ich zunächst einmal fest davon überzeugt, nichts als meine verdammte Pflicht und Schuldigkeit getan zu haben, so hart es mich auch ankam. Aber auf einmal ergriffen alle Partei für diesen Taugenichts, der doch seinen Tod selbst verschuldet hatte. Auch Gott reagierte überraschend schnell und stellte mir die empörende Frage nach meinem Bruder. Der Ackerboden, der mir doch seine Frucht nie versagt hatte, reagierte ebenso ungewöhnlich und boykottierte mich einfach. Die Menschen drohten, mich zu töten. Zuletzt war mir selbst auch gar nicht mehr wohl. Die Nerven gingen mir durch. Da wurde mir auf einmal ganz klar, daß ich ganz falsch gehandelt hatte. Ich war nicht freier geworden, wie ich mir eingeredet hatte, sondern war versklavt von Sünde und Schuld. Ich spürte, daß ich keine ruhige Stunde mehr haben könne. Ganz schlagartig ging mir dies alles auf. Ich hatte mich eindeutig verkalkuliert. Meine Gerechtigkeit und Ordnung erwiesen sich auf einmal als reine Hirngespinste, als Seifenblasen, die ins Nichts zerplatzten. Auf einmal brauchte ich wieder Gott, um ihm alles zu sagen: meine Schuld, meine Ausweglosigkeit, meine Verlorenheit. Und da geschah das Unglaubliche: Dieser scheinbar so parteiische Gott, gegen den ich doch eigentlich mit dem Mord an Abel protestiert hatte, erwies sich auf einmal als sehr interessiert an mir. Er, in dem ich doch nur den fragwürdigen Helfer der Minderwertigen gesehen hatte, übernahm plötzlich meinen Schutz. Für Abel, seinen Freund, hatte er eigentlich doch keinen Finger gerührt, aber mir gab er auf einmal siebenfachen Schutz! Ja, er gab mir sogar ein Zeichen, das mich als ihm gehörig auswies und mich vor den Menschen schützte. Selbst die Reste meiner ganzen Weltordnung und meine selbstgemachte Gerechtigkeit brachen nun zusammen. Ich hatte mich doch einfach ohne Grund über Gott geärgert, von dem ich meinte, daß er meine Tüchtigkeit nicht honoriert und mich gegenüber Abel zurückgesetzt hatte. Nun gingen mir plötzlich die Augen auf: Gott kümmert sich in Wirklichkeit um mich sehr viel mehr als um den gerechten Abel. Ich irrte zwar lange Zeit unstet umher, um zu mir selbst zu kommen und alles zu begreifen. Später gründete ich auch eine Familie. Traurigen Herzens mußte ich mitansehen, daß meine Kinder eigentlich aus meinem Unglück nichts gelernt hatten. Ja, mein Enkel Lamech trieb es noch toller als ich. Vieles von meinem Leben und von meiner Schuld, erst recht von Gottes Gerechtigkeit und noch von seiner Gnade blieben mir unverständlich. Aber an das eine konnte ich mich halten, und das gab mir bei allen bitteren Enttäuschungen meines späteren Lebens festen Halt: Daß Gott mich nie aufgab. Ich hatte begriffen, daß es vor ihm keine noch so große Schuld gibt, die ihn davon abhalten könnte, sich um den Schuldiggewordenen zu kümmern und ihm Zeichen seiner Liebe zu geben. Von meinen Erfahrungen her möchte ich Euch dringend raten, Eure Stärke und Eure selbstgebastelte Gerechtigkeit äußerst kritisch zu betrachten und dem Bösen in Euch von vorneherein eine entschiedene Absage zu erteilen. Es vernichtet Euch nämlich nur! Aber wenn Ihr trotzdem dem Dämon des Hasses Einlaß in Euer Herz gewährt habt, dann verzweifelt nicht, wenn Ihr sehr bald vor dem Scherbenhaufen Eures Lebens stehen werdet, sondern laßt Euch sagen: Gott wartet stets auf Euch! So hat es auch Jesus in seinem Gleichnis vom verlorenen Sohn und vom verlorenen Schaf gesagt. Gott freut sich dann erst recht über Euch, wenn er die Sünde in Euch durch seine Liebe und Barmherzigkeit überwinden kann. Seine Liebe läßt Euch nie los. Auf Gott könnt Ihr Euch hundertprozentig verlassen. Das wollte ich Euch schreiben, weil es für Euch alle so wichtig ist, inmitten der Bedrohung durch die Sünde um diese frohmachende Wahrheit zu wissen. Es grüßt Euch

Euer Bruder Kain

PS: Mein Bruder Abel läßt Euch ebenfalls grüßen. Er sagt, daß auch er heute manches anders machen würde, anders als damals, als er doch etwas zu stolz darüber war, daß Gott so zu ihm hielt und mir, seinem Bruder, sehr deutlich zeigte, daß er der Frömmere, ich dagegen der Unbeherrschte war. Auch er hat von der Liebe und Güte Gottes vieles dazugelernt, was für alle Menschen zu wissen wertvoll, ja unerläßlich ist.

Literaturhinweise

s. o. zu Gen 1,1–2,4a.
ferner: Joachim Illies (Hrsg.), Der Brudermord, München 1976

5. Abschnitt: Israels Weg durch die Geschichte

Im AT liegt uns wohl die älteste umfassende Geschichtsausschreibung der Menschheit vor. Das sogenannte jahwistische Geschichtswerk, dessen Anfänge ins 10. Jahrhundert v. Chr., in die Zeit Salomos zurückgehen, beschreibt nicht bloß die Geschichte Israels von seinem keimhaften Anfang in Abraham an, der irgendwo in der ersten Hälfte des 2. Jahrtausends v. Chr. anzusetzen ist, sondern es bemüht sich auch, die Geschichte Israels mit den Anfängen der Menschheit und mit der Entstehung aller Völker in einen großen Zusammenhang zu bringen. Das etwa zweihundert Jahre später abgefaßte Geschichtswerk des sogenannten Elohisten, das uns allerdings weniger gut erhalten ist, beschreibt parallel zum Jahwisten für das Nordreich den Weg Israels von Abraham bis in die Königszeit. Das sogenannte deuteronomistische Geschichtswerk, die Bücher Josua bis 2 Könige, erzählt unter Verwendung von älterem Material in der Exilszeit die gesamte Geschichte des Volkes Israel bis zum Untergang Jerusalems 586 und mißt alles Geschehene an der Theologie des Buches Deuteronomium. Ebenfalls in der Exilszeit entsteht die Priesterschrift, die anhand von großen geschichtlichen Überblicken den Gefangenen Mut zuspricht, daß noch nicht alles verloren ist, weil Gott auch nach der Katastrophe von 586 zu seinem Volk steht. In der hellenistischen Zeit entstand das chronistische Geschichtswerk, das vom Anfang der Welt an unter besonderer Hervorhebung Davids und des Tempels die gesamte Geschichte Israel neuinterpretierend aufzeichnet und dabei die Geschichte der nachexilischen Kultgemeinde bis zu ihrer Neuorganisation unter Esra und Nehemia erstmals beschreibt. Einen Versuch, eine begrenzte Etappe der späten Geschichte Israels dazustellen, nämlich die Befreiungskämpfe der Makkabäer und die Entstehung der Hasmonäerdynastie, sind die beiden Makkabäerbücher. Bei allen diesen Geschichtswerken Israels ist sehr viel altes und literarisch sehr unterschiedliches Material eingearbeitet, das aber der theologischen Aussage dieser Schriften für ihre jeweilige Gegenwart deutlich dienstbar gemacht ist. Hinter den genannten Geschichtswerken stehen auch weniger Einzelgestalten, als vielmehr theologische Schulen, die in einem langen und für uns im einzelnen zumeist nicht mehr rekonstruierbaren Prozeß diesen Schriften ihre Endgestalt gegeben haben. Diese in sich schon komplizierten Größen wie der Jahwist, der Elohist, die Priesterschrift und das deuteronomistische Geschichtswerk wurden zudem später in verschiedenen Redaktionen miteinander verbunden, gekürzt und mit weiteren Veränderungen überarbeitet.

Die Geschichtswerke des AT haben eine genaue Darstellung der Vergangenheit sehr wohl beabsichtigt. Aber in erster Linie sind sie alle theologisch-prophetische Deutung der Vergangenheit mit dem Blick vor allem auf die Gegenwart und ihre Fragen zu sehen. Die Grunddaten der Geschichte Israels wie Berufung Abrahams, Volkwerdung, Errettung aus Ägypten und Landnahme werden als einmalige Großtaten Gottes beschrieben, der Israel in besonderer Weise als Heilsmittler für alle Völker erwählt hat. Sie wollen die jeweiligen Hörer und Leser dieser geschichtlichen Darstellungen an die Verpflichtungen erinnern, die sich daraus Jahwe gegenüber ergeben. Sie wollen ferner dem Volk klarmachen, daß es nur im gläubigen Vertrauen auf die Führung Gottes Zukunft hat und die ihm von Gott gestellten Aufgaben erfüllen kann. Dabei zieht sich durch die ganze Darstellung der atl. Geschichte wie ein roter Faden der Gedanke, daß Israel und über es die Menschheit von Gott aus einem klaren Anfang zu einem klaren Ziel, zur Vollendung bei Gott geführt werden. Was zwischen diesem Anfang und dem Ende liegt, erweist sich als eine lange Reihe von Sündenfällen und Katastrophen, in denen das besonders berufene Volk Israel nicht anders als alle übrigen Völker die Heilsgeschichte Gottes immer wieder zur Unheilsgeschichte umzufunktionieren sucht. Aber Gott führt trotzdem seinen Heilsplan durch. Er bietet so lange immer neue Ansätze, bis dieses Versagen der Menschen einmal endgültig überwunden sein wird. Davon sprechen alle Geschichtswerke des AT, so verschiedene theologische Anliegen sie auch für ihre jeweilige Gegenwart haben. In den letzten zwei Jahrhunderten ergaben sich aus einer nicht sachgerechten Beschäftigung mit atl. Texten Spannungen. Die historisch überkritischen Menschen des 19./20. Jahrhunderts stellten Widersprüche zwischen den geschichtlichen Daten der Bibel und den gesicherten Ergebnissen der kritischen Geschichtswissenschaft fest. Dabei übersah man lange die Eigenart der biblischen Bücher, die in erster Linie theologisch-prophetische Deutungen der Heilstatsachen in der Geschichte Israels für ihre Gegenwart herausstellen wollten. Daher können auch unter streng historischem Aspekt falsche Angaben der Bibel nicht als Fälschung bezeichnet werden. Sie sind Gegebenheiten, die aber der theologischen Aussageabsicht ihrer Verfasser und der darin verbürgten religiösen Wahrheit keinen Abbruch tun. Das bedeutet aber auch, daß man sehr wohl sehen muß, daß die verschiedenen biblischen Bücher und Abschnitte historisch von recht unterschiedlichem Wert sind. Das geht von sehr genauen historischen Darstellungen von Vorgängen und Entwicklungen in der Geschichte Israels bis hin zu den lehrhaften Erzählungen, in denen der historische Rahmen nur als Hilfsmittel zur Darstellung von religiösen Wahrheiten verwendet ist, und in denen daher mit geschichtlichen Angaben sehr großzügig umgegangen wird.

Die geschichtlichen Darstellungen des AT sind vor allem unter dem Thema der Auserwählung Israels für das Heilswerk Gottes zugunsten aller Menschen zu lesen. Dabei wird herausgestellt, wie Gott immer wieder mit neuen Ansätzen auf das Versagen der Menschen antwortet, bis er schließlich die Welt endgültig ihrem Ziel mit starker Hand zuführt. Es wird in diesen Geschichtswerken auch deutlich gemacht, daß Gott sich in der Geschichte Israels unwiderruflich festgelegt hat. Dafür stehen Gestalten wie Abraham, Mose, David oder Begriffe wie Schöpfung, Bund, Zion. Die Einlösung aller dieser Zusicherungen Gottes in der Geschichte Israels laufen dann in Christus zusammen. Die Festlegung Gottes auf Menschen und Einrichtungen geht in der Kirche weiter, in den Menschen, die sich zu Christus bekennen. In der Geschichte Israels wie in der Geschichte der Kirche läßt sich als Grundsatz des Handelns Gottes herausspüren, was Paulus in Röm 5,20 so formuliert: „Wo die Sünde mächtig wurde, da ist die Gnade übergroß geworden." Wenn wir Christen heute die atl. Geschichtsdarstellungen lesen, wissen wir, daß „Gott als die Zeit erfüllt war, seinen Sohn gesandt hat" (Gal 4,4), um in ihm den im AT angekündigten endgültigen Durchbruch der Gnade Gottes in der Menschheitsgeschichte zu verwirklichen. Mag die Geschichte der Kirche auch wie die Geschichte Israels ein ständiges Infragestellen des Heilshandels Gottes durch unsere Unheilsgeschichte darstellen: Deutlicher als Israel wissen wir Christen schon um die Vollendung der Weltgeschichte durch Gott in der sieghaften Kraft des auferstandenen und erhöhten Herrn Jesus Christus. Auch wir sind wie Israel aufgerufen, uns ganz der Führung Gottes anzuvertrauen, weil auch uns der Ablauf der Geschichte oft als Chaos und als Zeichen einer unüberwindbaren Herrschaft des Bösen vorkommt. Aber noch eindeutiger als das AT weiß das NT darum, daß Gottes Heilshandeln in der Welt ganz sicher sein Ziel erreichen wird. Die theologisch-prophetische Geschichtsdeutung finden wir auch in den beiden Beispielkapiteln Sach 3 und Dan 2. Der prophetische Text Sach 3,1–10 entstand in einer sehr kritischen Epoche der Geschichte Israels, als nach Beendigung des Exils die Sache Gottes in dem noch großteils zerstörten Jerusalem von sündenverhafteten Menschen weitergeführt werden sollte. In dieser Situation stellt sich Gott ganz entschieden auf die Seite des sündigen Israels und macht durch den Propheten klar, daß seine Treue und Barmherzigkeit über alles menschliche Versagen triumphieren werden. Auch in Dan 2 bekennt sich Gott klar zu seinem Volk, das von der heidnischen Übermacht beinahe vernichtet ist. Gottes Weisheit erweist Israel als allen Völkern überlegen und befähigt es, die Heiden zur Anerkennung der Wahrheit Gottes zu führen. In den apokalyptischen Teilen von Dan 2 wird gezeigt, daß die scheinbar unerschütterliche heidnische Weltmacht in Wirklichkeit nur „auf tönernen Füßen" steht. Mit Sicherheit wird Gott ihr ein Ende bereiten und die Seinen in das Reich Gottes führen, das als letzte und einzige Größe dastehen und alle Gläubigen in sich aufnehmen wird.

§ 9
Gott wird auch mit unserer Sünde fertig (Sacharja 3,1–10)

1. Zur Situation von Sach 3,1–10

Im Buch der sogenannten zwölf kleinen Propheten, das Texte aus mehreren Jahrhunderten der Geschichte Israels bringt, steht an vorletzter Stelle das Buch Sacharja. Sein erster Teil, die Kapitel 1–8, stammen vom Propheten selbst, der um 520 in Jerusalem tägig war, während der zweite und dritte Teil des Buches, die Kapitel 9–11 und 12–14, später anzusetzen sind. Die Situation der Verkündigung Sacharjas ist die Zeit des mühsamen Neuanfangs in Jerusalem nach Beendigung des Babylonischen Exils. Im Jahre 539 war das neubabylonische Reich, das 586 Jerusalem zerstört und die meisten Überlebenden in die Gefangenschaft geschleppt hatte, im Ansturm der Perser untergegangen. Mit dem Beginn der persischen Oberherrschaft, welche den Gefangenen die Freiheit wieder schenkte, begannen Heimkehrergruppen mit dem Aufbau des zerstörten Jerusalem. Der erste Eifer dieser Gruppen, die statt des erwarteten Anbruchs der neuen Heilszeit nur Armut und scheinbar unüberwindliche Hindernisse vorfanden, erlahmte jedoch sehr bald. Dazu kamen innerhalb der Gemeinde große soziale Spannungen, vor allem zwischen den religiös eifrigeren Heimkehrern aus Babylon und den nach 586 im Land Gebliebenen. Beide Gruppen hatten auch in Fragen des religiösen Lebens weit auseinandergehende Anschauungen. Zusammen mit dem Propheten Haggai ermunterte Sacharja die Gemeinde zu Geduld und zu größeren Anstrengungen. Sie sollten unter der Führung des Hohenpriesters Jeschua und des Davidsnachkommens Serubbabel zuerst wieder den Tempel aufbauen als Zeichen der Gegenwart Gottes und ihres gemeinsamen Festhaltens an seiner Treue. Im Jahr 515 konnte dann der zweite Tempel in Jerusalem endlich eingeweiht werden. Den enttäuschten Zeitgenossen, die an dieses Ereignis die Hoffnung auf das Einbrechen der Gottesherrschaft in Macht und Herrlichkeit geknüpft hatten und sich nun erst recht von Gott verlassen fühlten, zumal inzwischen auch Serubbabel gestorben war, muß Sacharja erneut Trost zusprechen. In acht Visionen (1,7–6,15) macht der Prophet seinen Glaubensgenossen klar, daß bei Gott schon ein fester Plan zur Rettung Israels besteht, und daß er also sein Volk nicht vergessen hat. In diesen nächtlichen Visionen, die literarisch schon zu den späteren apokalyptischen Schriften hinüberweisen, erhält der Prophet von Gott Einblick in seinen großen Weltenplan. Dort steht das Daß des rettenden Eingreifens Gottes schon fest, wenngleich das Wann und das Wie noch ein Geheimnis Gottes bleiben. In der vierten Vision (3,1–10), die vielleicht erst später mit den übrigen sieben verbunden wurde, geht es darum, den von seinen Glaubensgenossen in seiner Autorität angezweifelten Hohenpriester Jeschua, der nach dem Ausscheiden Serubbabels nun allein die Führung des Volkes übernommen hat, als legitimen Vertreter Gottes auszuweisen, und das, obwohl ihm Fehler und Versagen nachgesagt werden können. Gott bekennt sich aber zu ihm und zu der ebenfalls von Sünden gekennzeichneten Gemeinde, um klar herauszustellen, daß alle Menschen nur durch Gottes Barmherzigkeit vor ihm bestehen können. Dieses Erbarmen Gottes aber, das allen Zeiten zugesichert ist, – so lautet die frohe Botschaft von Sach 3,1–10! – wird alle Sünden der Menschheit überwinden.

2. *Der Text und seine Auslegung*

Die vierte Vision Sacharjas läßt sich wie folgt aufteilen: 3,1–3: Der himmlische Prozeß gegen den Hohenpriester Jeschua; 3,4f: Die Neueinkleidung Jeschuas als Zeichen seiner Bestätigung und Entsühnung durch Gott; 3,6f: Erneuerung des Auftrages Gottes an Jeschua; 3,8–10: Wiederholung der Zusage, daß Gott zu Jeschua und zu seiner Gemeinde steht.

(3,1–3) Der Prophet wird Zeuge eines Prozesses, der an der Himmelspforte gegen den Hohenpriester Jeschua geführt wird. Der Engel des Herrn, der im Auftrag Gottes diesen Prozeß leitet, hört die Anklage Satans an. Dieser ist noch als Diener Gottes und als himmlischer Staatsanwalt gesehen, der wie in Ijob 1f die Aufgabe hat, auf der Erde umherzuziehen und dann gegen die Sünden der Menschen, die er beobachtete, im Himmel vor Gott Anzeige zu erstatten. Im vorliegenden Fall braucht der Satan nicht einmal zu lügen, wenn er die

Sünden Jeschuas und wohl auch der von ihm vertretenen Jerusalemer Kultgemeinde vor Gott zur Sprache bringt. Die jetzige Jahwegemeinde ist auch nach der Läuterung durch das langjährige Exil nicht viel besser als das vorexilische Israel, über das Gott sein Gericht hatte kommen lassen. Aber völlig überraschend weist der Engel des Herrn im Auftrag Gottes die Anklage Satans zurück. Gott stellt sich damit klar zu Jerusalem, das er sich vor Zeiten erwählt hat. Er wird nicht eher ruhen, bis seine heilige Stadt und ihre Bewohner ganz geläutert und verherrlicht sind. Dabei läßt sich Gott auch nicht mehr durch das Versagen Israels von der Erfüllung dieses seines Planes abbringen. Das noch in Trümmern liegende Jerusalem und der aus der Gefangenschaft heimgekehrte Jeschua werden im Text als ein halbverbranntes Holzscheit bezeichnet, das Gott aus dem Feuerofen Babylon im letzten Augenblick gleichsam eigenhändig herausgerissen hat. Von dieser seiner positiven Einstellung zu Israel läßt sich Gott auch nicht durch den Hinweis auf die Unwürdigkeit der Gemeinde und des Hohenpriesters abbringen. Die schmutzigen Kleider Jeschuas sind Symbol seiner Sünde und Schuld. In der ganzen Bibel jedoch erweist sich Gott als der Barmherzige, der den sündiggewordenen Menschen, der sich aus eigener Kraft nicht mehr befreien kann, aus dem Machtbereich von Sünde und Tod herausführt.
(3,4f) Als Zeichen der Sündenvergebung durch Gott werden dem Hohenpriester die schmutzigen Kleider weggenommen. Die festlichen Gewänder, in die er dann gekleidet wird, sind Symbol für seine neue Beauftragung durch Gott. Sie versinnbilden den ganz neuen Anfang, den Gott ihm gewährt, und verweisen auf die festliche Freude, von der Gott selbst erfüllt ist, wenn er sein Volk als seine geliebten Kinder in den Bereich seiner Liebe und Herrlichkeit zurückführt. Der Engel des Herrn, der bei dieser Neubestätigung Jeschuas zugegen ist, bestätigt als amtlicher Zeuge für Gott die Verbindlichkeit dieses gnädigen Entgegenkommens Gottes.
(3,6f) Feierlich erneuert nun der Engel des Herrn dem Hohenpriester seinen Auftrag, im Namen Gottes die Gemeinde zu leiten und den Tempel Gottes zu verwalten. Der Hohepriester erhält auch direkten Zugang zu Gott, so wie es am Hof des

persischen Großkönigs einigen wenigen Freunden des Königs zugestanden ist. Jeschua erlangt ferner das Fürbitterecht für die Gemeinde bei Gott. Seine doppelte Aufgabe als Vertreter Gottes in Israel und als Vertreter des Volkes bei Gott wird somit, trotz des von dem die strenge Gerechtigkeit vertretenden Satan vorgetragenen Einspruchs, von Gott ausdrücklich und grundsätzlich neubestätigt.
(3,8–10) In drei wohl später erst hinzugekommenen Versen wird diese Bestätigung Jeschuas und der Jerusalemer Kultgemeinde nochmals ausgesprochen. Auch das Kommen des Sprosses, d. h. des Messias, wird erneut verheißen. Hinter der Gemeinde Gottes, auch wenn sie sich aus Sündern zusammensetzt, steht Gott selbst. Der Stein mit den sieben Augen bedeutet einmal die Unerschütterlichkeit dieser Zusage Gottes. Er bedeutet aber auch die allesumfassende Fürsorge Gottes für sein Volk und die ganze Welt, der sein Ziel niemals aus dem Auge läßt und sich überall um die Seinen kümmert. In diesen Stein wird diese Zusage Gottes, bzw. die Beauftragung seines Repräsentanten eingeritzt, und zwar so unauslöschlich, daß dieses Dokument Gottes nicht einmal durch die Sünde zerstört werden kann. Wenn aber Gott die Sünde seines Volkes getilgt und alle seine Verheißungen wahrgemacht hat, dann bedeutet dies, wie es in vielen biblischen Abschnitten ausgesagt ist, Frieden für Israel und für die ganze Welt.

3. Themen von Sach 3,1–10

(1) *Alle sind Sünder vor Gott.* Es ist durchaus realistisch und keineswegs pessimistisch, wenn das AT feststellt, daß alle Menschen Sünder sind und den Vorstellungen Gottes nicht entsprechen. Selbst von den größten Gestalten des AT wie Abraham, Mose, David, Salomo berichten die atl. Schriften viel von Sünde und Versagen. Sie berichten allerdings auch ebensoviel und wohl noch viel mehr von Gottes gnädigem Verzeihen und davon, wie er die Sünde im Menschen überwindet. Wenn in Sach 3 der Satan Anklage erhebt gegen Jeschua und gegen das von ihm repräsentierte Israel und dabei viele Sünden vorbringen kann, ohne daß er dabei zu Verleumdungen greifen müßte, so wird die biblische Aussage klar

herausgestellt, daß alle Menschen durch die Sünde „Kinder des Zornes“ (Eph 2,3) sind. Weder die einzelnen, noch Institutionen können sich von Fehlverhalten rein bewahren. Der Mensch, wie er nun einfach ist, hält nach der biblischen Darstellung die Spannungen nicht aus, in die sein Leben hineingestellt ist. Daher ist es unnütz, sich zu sehr über diese bedauerlichen Grenzen des menschlichen Vermögens zu wundern. Überall, wo Menschen sind, lassen sich diese Grenzen feststellen, auch beim Volk Gottes und bei all seinen geheiligten Institutionen. Dem menschlichen Stolz tut es gut, um diese Anfälligkeit und Beschränktheit zu wissen. Das ist uns allen sehr heilsam, nicht zuletzt deshalb, damit wir uns und andere nicht überfordern und nicht der Versuchung erliegen, den Menschen ohne Gott erlösen und vollenden zu wollen.

(2) *Gott vergibt die Sünde.* Wichtiger als die biblische Feststellung, daß alle Menschen Sünder sind, ist die in der Bibel nie fehlende weitere Aussage, daß Gott bereit ist, unsere Sünden zu vergeben und sie gänzlich zu vernichten. Das ist auch die Frohe Botschaft von Sach 3. Der Satan, dessen Rolle als Ankläger auch wir so gerne anderen gegenüber übernehmen, hat zwar furchtbar recht. Weil dies aber nur die halbe Wahrheit ist, wird er von Gott zurückgewiesen. Gott erweist sich in der Bibel ja als ein engagierter Gott, der alles tut, um den Menschen aus der Sklaverei der Sünde zu befreien. Bildhaft gesprochen wird Gott in Sach 3 darüber zornig, daß der Satan als Vertreter der Anklage die Dinge so glasklar vorlegt, während Gott sich nicht mit Worten begnügt, sondern das brennende Scheit Israel selbst aus dem Feuer rettet und sich dabei gleichsam die Hände schmutzig macht. Dieses rettende Handeln Gottes überwindet spielend die in sich stimmende Anklage Satans. Aus dem Wissen um diesen mächtigen Gott, der uns in seiner Güte alle Sünden verzeiht, der uns als der gute Hirte nachgeht, bis er uns findet, der wie der Vater des verlorenen Sohns auf unsere Rückkehr wartet, der uns mit Festgewändern bekleidet und mit uns das Freudenmahl feiert, dürfen auch wir froh sein. Wir müssen uns allerdings dann auch hüten, die Sünden von uns selbst und vor allem von den anderen überzubewerten, als ob sie das Letzte und Bleibende

wären. Die Sünde bedeutet für Israel und für alle Menschen eine echte Katastrophe, aber eine Katastrophe, die durch Gottes Macht und Liebe überwunden werden kann und daher in ihrer letzten Gefährlichkeit schon entschärft ist.

(3) *Gott steht in Treue zu den Seinen.* Der Angriff, den Gott in Sach 3 abwehren läßt, richtet sich gegen sein Volk, gegen den von ihm so wunderbar geschaffenen Menschen, gegen sein Heilshandeln mit dem Menschen, zu dem auch seine Festlegung auf Israel und seine Institutionen gehört. Es ist die reine Wahrheit, daß sie alle von der Sünde angefressen sind. Welches Lebensrecht hat Israel noch, das so oft den Bund mit seinem Gott gebrochen hat, das stets versuchte, wie auch wir es tun, an Gottes Wirklichkeit vorbeizuleben? Selbst in der größten Prüfung seiner Geschichte, in der Babylonischen Gefangenschaft, hat das Volk nicht viel dazugelernt. Auch danach mißtraut es Gott weiterhin, murrt gegen ihn und zweifelt an seinem Heilswillen und an seiner Macht. Der Repräsentant und Führer des Volkes bietet ebenfalls große Angriffsflächen. Vielleicht hat er inmitten der Heiden seinen Glauben nicht immer klar bekannt, vielleicht hat auch er eine heidnische Frau geheiratet, ist in Jerusalem mit seinen privaten Interessen in Gegensatz zu seinem Auftrag geraten und hat bedenkliche Kompromisse geschlossen. Aber Gott bekennt sich zu ihm, wie er sich zu allen Menschen bekennt, auch wenn sie vor ihm schuldig geworden sind. Die Bilder von Sach 3,1–10 machen das deutlich. Der von Schuld gereinigte Jeschua erhält die königlichen Festgewänder als Zeichen seiner von Gott neubestätigten Würde. Er wird von Gott als Verwalter seines Tempels eingesetzt und erhält die Zusage, stets mit ihm in Verbindung treten zu dürfen. Der Hohepriester und seine Mitarbeiter sind Wahrzeichen Gottes, und das bedeutet, daß Gott mit seiner Autorität hinter ihnen steht. Der Stein im Tempel mit der Festigkeit, die von Gott kommt, mit den Augen, die Gottes Sorge darstellen, und mit der untilgbaren Inschrift bestätigt, daß Gott sich trotz allem weiterhin auf sündige Menschen festlegt, die für ihn einen Dienst an der Welt ausüben. Und dies alles wird gegenüber dem Satan und gegenüber allen scheinbar Gerechten im Volk betont, die es nicht versäumen,

mit den festgestellten Sünden der Vertreter der Institutionen Gottes diese selbst als bloßes Menschenwerk abzulehnen, das mit Gott überhaupt nichts zu tun haben kann.

4. Fragen an uns

(1) Die Sünde ist sicher der negativste Faktor in unserem Leben. Natürlich fällt sie uns bei den anderen viel mehr auf als bei uns selbst. Sind wir aber nicht viel zu sehr auf die Sünde fixiert, als ob sie das eigentlich Bestimmende unseres Lebens und auch des Lebens der Kirche sei? Sind wir nicht auch gar zu gerne bereit, nun die Rolle Satans zu übernehmen, den doch Christus, „wie einen Blitz vom Himmel fallen sah" (Lk 10,18), indem wir unseren Eifer gegen die Sünde als großen Dienst für die Sache Gottes ausgeben? Sind wir nicht dauernd versucht, dabei auch den anderen oder den Institutionen der Kirche sehr schnell das Daseinsrecht abzusprechen? Steigern wir uns nicht mit innerem Wohlgefallen in die Rolle des Eintretens für die Wahrheit, für die Tugend, für den rechten Glauben hinein? Sehr leicht geraten wir dann in die Nähe des Bruders des verlorenen Sohns, der in seiner Verhärtung im Guten und in seiner Unzulänglichkeit für die Liebe des Vaters und für die Freude über den wiedergewonnenen Bruder in Wirklichkeit viel mehr gefährdet war als sein Bruder mitsamt seinen vielen Sünden.

(2) Wir sind wohl bereit, uns von Gott Sünden vergeben zu lassen. Haben wir aber diese Bereitschaft auch unserem Mitmenschen gegenüber? Ärgern wir uns, wenn Gott anderen Menschen einen ganz neuen Anfang schenkt, der sicher für alle unverdient ist? Gehören wir zu denen, die das halbverbrannte Holzscheit lieber ins Feuer zurückstoßen, als es herauszuziehen? Lassen wir uns belehren, daß Gottes Zuwendung und Liebe jeden Menschen, so sündig er auch sein mag, unendlich wertvoll macht, auch wenn er nach unseren verzerrten Maßstäben nur ein Assozialer, ein Verbrecher, ein minderwertiger Mensch ist? Schauen wir nur auf die schmutzigen Kleider, die Gott wegnehmen läßt, und übersehen, daß Gottes Barmherzigkeit in jedem Menschen Großes bewirkt, daß die Tatsache, daß Gott sich um ihn kümmert, alles Negative in

ihm weit übertrifft? Das sind Fragen, wie sie uns Christus in seinen Gleichnissen ebenso stellt. Wir müssen darauf achten, wenn wir uns so für Gott und seine Gerechtigkeit ereifern, wie leicht wir uns dann auf die Seite Satans stellen, und so die Barmherzigkeit Gottes für uns verscherzen, weil wir in unserer eingebildeten Gerechtigkeit unbarmherzig mit unseren Mitmenschen sind. Freuen wir uns lieber mit der erlösten Gemeinde der Offenbarung des Johannes: „Jetzt ist der da, der rettende Sieg, die Macht und die Herrlichkeit unseres Gottes und die Vollmacht seines Gesalbten, denn gestürzt wurde der Ankläger unserer Brüder, der sie bei Tag und bei Nacht vor unserem Gott verklagte" (12,10).

(3) Sind wir uns dessen bewußt, daß wir, wenn wir die falsche Gerechtigkeit zurückweisen, ein Ja zur Zuwendung Gottes zu unserer Welt, zu unserer Kirche sprechen, und zwar so, wie sie nun einmal sind, zur „ungetreuen heiligen Kirche", von der schon die Kirchenväter sprachen? Ist uns bewußt, daß die Beauftragung von uns Menschen und der Kirche durch Gott nicht deshalb zurückgezogen wird, weil wir versagen und sündigen? Bei Gott hat nicht jener Zutritt, der die anderen anklagt, sondern der Sündiggewordene, der um sein Versagen weiß, und den Gott trotzdem nicht aus seinem Dienst und aus seinen Verpflichtungen entläßt. Auch wenn wir die Sünde der Kirche in vielen ihrer Glieder sehen, so verwaltet sie doch Gottes vielgestaltige Heilsmittel, ist sie von Gott so umsorgt und auch so sehr geprägt, daß seine verborgene Herrlichkeit in ihr nicht einmal durch die Sünde ausgelöscht werden kann. Sind wir uns dessen bewußt, wenn wir so leicht gegen die Institution und ihre Vertreter in heiligem Zorn ankämpfen und dabei in unserem Übereifer meinen, unbedingt Gottes Werk zu tun? Lassen wir uns vielmehr von Gott in diesem kleinen prophetischen Text dazu bringen, uns auf die Seite des barmherzigen Gottes zu stellen, der alle Sünde vergibt? Lassen wir uns von ihm belehren, der die Menschen nicht aufgibt, sondern neu begnadet und ihnen seine Zusagen bestätigt? Gottes Liebe und Treue sind zu unserem Glück immer unendlich größer als das, was wir uns unter seiner Gerechtigkeit vorstellen.

5. Zur praktischen Bibelarbeit

Das Provozierende von Sach 3,1–10 kann in seiner Aktualität für uns im Rahmen der praktischen Bibelarbeit folgendermaßen bewußt gemacht und herausgestellt werden: Nach einer kurzen Erklärung des Textes im Plenum erhalten die Teilnehmer als Aufgabe, in kleinen Gruppen zu Sach 3,1–10 oder auch zu Unterabschnitten oder zu einzelnen Versen Überschriften zu formulieren, in Aussage- oder Frageform, in denen die überraschende Botschaft dieses prophetischen Textes spürbar wird. Im Plenum werden dann die Ergebnisse der Gruppen vorgetragen. Eine kleine Arbeitsgruppe könnte aus dem gesamten Material die besten Formulierungen zusammenstellen, die in einem Gottesdienst nach Verlesung des Abschnitts Sach 3,1–10 als Kommentar vorgetragen werden.

Bei den Überschriften dürfen ruhig Wiederholungen oder parallele Formulierungen stehen bleiben, desgleichen auch ungeschickte oder einseitige Aussagen. Solche Überschriften könnten etwa folgendermaßen lauten:

Gnade vor Recht?
Gott läßt den Prozeß gegen offenkundigen Sünder platzen!
Gott brüskiert seinen Generalankläger!
Wir alle haben Dreck am Stecken!
Zuchthäusler wird Justizminister!
Gottes Gerechtigkeit ist ganz anders als die unsere!
Sünder wird im Amt bestätigt!
Gott wird mit der Sünde spielend fertig!
Kirche der Sünder von Gott noch bejaht!
Die Gnade im Menschen reicht tiefer als die Sünde!
Was ich geschrieben habe, habe ich geschrieben,
sagt auch Gott!
Angefressener Grundstein wird von Gott total saniert!
Gottes Gerechtigkeit erweist sich als Barmherzigkeit!
Relativiert Gott die Bedeutung seiner Gebote?
Muß der Satan die zehn Gebote Gottes retten?
Gottes Güte ist mehr als nur Rechthaben!
Generalstaatsanwalt Gottes fristlos entlassen!
Geht Gott nicht doch zuweit in seiner Güte?

Rechthaben ist vor Gott nicht gefragt!
Gott provoziert die Gerechten!
Gottes Eifer für die Rettung des Menschen kennt keine Grenzen!
Gott wird mit der Sünde fertig!
Gott vertraut Sündern seine Kirche an!
Wiederholt sich das ärgerliche Freudenmahl für den verlorenen Sohn?
Weiß Gott eigentlich, welchen „Typen" er sein Haus anvertraut?
Der Vater der Lüge wegen seines Eintretens für die Wahrheit getadelt!
Macht Gott den Bock zum Gärtner?
Wo bleiben denn die Prinzipien einer gesunden Moral?
Gott scheint die Sünde noch zu honorieren!
Ist Gott blind gegenüber seinen Funktionären?
Wenn diese Güte Schule macht, – was dann?
Der Chef kann sich zur Not so etwas leisten, nicht aber wir!
Wenn das Weltgericht auch so ausgeht, wozu waren wir dann fromm?
Gottes Erbarmen beleidigt unser Rechtsempfinden!
Recht muß Recht bleiben! fordern wir! Wie stellt sich Gott dazu?
Nicht unsere Tugend, sondern Gottes verzeihende Zuwendung und Güte machen unsere Größe aus!

Literaturhinweise

Karl Elliger, Das Buch der zwölf Kleinen Propheten II, 7. Aufl., Göttingen 1975

Wilhelm Rudolph, Haggai – Sacharja 1–8 – Sacharja 9–14 – Maleachi, Gütersloh 1976

Hellmuth Frey, Das Buch der Kirche in der Wende. Die kleinen nachexilischen Propheten, 6. Aufl., Stuttgart 1977

Franz-Josef Stendebach, Prophetie und Tempel. Die Bücher Haggai – Sacharja – Maleachi – Joel, Stuttgart 1977

§ 10
Allein das Reich Gottes hat Bestand (Daniel 2)

1. Zur Situation von Daniel 2

In den meisten Büchern des AT kommt nicht so sehr historisches Interesse zur Sprache, als vielmehr die religiöse Erfahrung vieler Jahrhunderte. Es sind Erfahrungen gläubiger Menschen mit Gott, mit sich selbst und auch mit den Mächten dieser Welt, die für Israel allerdings zumeist eine Bedrohung darstellen. Die entscheidende Erfahrung Israels, die als großes Thema des AT in vielen Variationen behandelt wird, lautet: Der Gott unserer Väter steht für uns ein, befreit uns, gibt uns einen neuen Anfang, so hoffnungslos auch die Lage aussehen mag. Seine Weisheit und Macht sind aller menschlichen Weisheit und Macht unendlich überlegen, so sehr sich diese auch als die Größen aufspielen, die alles in der Welt bestimmen. Im Buch Daniel sind zwei große Modelle dieser Erfahrung Israels vom rettenden und befreienden Gott verwendet. Es ist einmal die weisheitliche Lehrerzählung, sodann die apokalyptische Schau der Weltgeschichte. Beide wollen dem im 2. Jahrhundert v. Chr. in der Verfolgung des Königs Antiochus IV. bedrängten Israel einen Weg zeigen, den seine Vorfahren in der Geschichte immer wieder beschreiten mußten. Sie haben dabei erfahren, daß Gott zu ihnen steht und sich seinem Volk bekennt. Während die weisheitlichen Erzählungen sich in den Kapiteln 1–6 des Danielbuchs finden, die apokalyptischen Teile aber in den Kapiteln 7–12, stellt Dan 2 eine Kombination aus beiden Elementen dar. Die weisheitliche Rahmenerzählung berichtet, wie in der Gefangenschaft zu Babylon Daniel und seine drei Freunde, die für Israel stehen, von Gott Weisheit erhalten und sich so allen Heiden gegenüber als überlegen erweisen. Angesichts der Hilflosigkeit der heidnischen Weltmacht vor den letzten Fragen der Geschichte zeigt sich die gottgeschenkte Weisheit Israels als einziger Ausweg für die Welt, wie es dann selbst die Heiden bekennen müssen. Das ist das eine Modell, mit dem Israel seine Glaubensüberzeugung ausdrückt, daß sich die Weisheit Gottes über den Dienst Israels zugunsten der ganzen Welt siegreich durchsetzen wird. Der apokalyptische Teil von Dan 2 schildert das jähe Ende der heidnischen Weltmacht, welche das kleine Israel zu erdrücken droht, sowie die Herbeiführung der allesumfassenden Königsherrschaft Gottes, welche wirkliche Befreiung Israels und der Welt bedeutet. Das ist ein zweites Modell, wie Israel seinen Glauben an die rettende Macht Gottes zum Ausdruck bringt. Die weisheitliche Rahmenerzählung ist wohl der ältere Teil von Dan 2 und erinnert an die jüdische Diaspora ab dem 6. Jahrhundert, wo Juden tatsächlich in verschiedenen Bereichen der heidnischen Großreiche wichtige Posten einnahmen und bei den Heiden auch wegen ihrer religiösen Überzeugung geachtet waren. Die apokalyptischen Partien von Dan 2, der Traum und seine Deutung, sind wohl jünger und wurden in der Zeit der Verfolgung Israels durch Antiochus IV. ab 167 v. Chr. als tröstliche Zusage Gottes sehr aktuell, daß er dem Treiben der gottfeindlichen Weltmacht bald ein Ende setzen werde. Daß diese Deutung von Sinn und Ziel der Weltgeschichte, die in das allesumfassende Reich Gottes hineingeführt wird, gerade dem heidnischen Großkönig Nebukadnezzar, der Zerstörer Jerusalems, geoffenbart wird, erhöht die Spannung der Geschichte. Er weiß sich nicht anders zu helfen, als durch das Herbeirufen des jungen Daniel, der doch dem verachteten Volk der Juden angehört. Das läßt deutlich sichtbar werden, daß der eine wahre Gott, der Gott Israels, aller übermächtig scheinenden Weltreiche spottet. Dieser Hinweis auf die Fragwürdigkeit aller Weltmacht soll die angefochtenen Juden ermuntern, in ihrem Glauben durchzuhalten und ganz auf ihren Gott zu vertrauen. Gott wird in der Weltgeschichte ganz sicher zeigen, wie die wirklichen Machtverhältnisse sind, wie es Daniel in seinem Gebet ausspricht: „Er bestimmt den Wechsel der Zeiten und Fristen, er setzt Könige ab und setzt Könige ein. Er gibt den Weisen Weisheit und den Einsichtigen Erkenntnis“ (2,21).

2. Der Text und seine Erklärung

Kernstück von Dan 2 sind die Verse 2,31–45, der Traum des Königs, den Daniel dank der ihm von Gott geschenkten Weisheit errät und deutet. Diese apokalyptische Schau der Weltgeschichte, welche von der totalen Königsherrschaft Gottes abgelöst wird, ist eingerahmt von den weisheitlichen Erzählstücken 2,1–30 und 2,46–49, welche die Überlegenheit der Weisheit Israels schildern, die auch von den hilflosen Vertretern des Heidentums anerkannt werden muß.

(2,1–13) Der König Nebukadnezzar, als Zerstörer Jerusalems Repräsentant der gottfeindlichen Weltmacht, hat einen bedeutsamen Traum, in dem Gott ihm Aufschluß über den Ablauf der Weltgeschichte gibt und dabei daran erinnert, daß alle Macht allein von Gott kommt und von ihm auch wieder zurückgefordert wird. Weder Versprechungen, noch Drohungen vermögen die herbeigerufenen heidnischen Weisen zu befähigen, dem König den Traum zu sagen und zu deuten. Dieser Abschnitt, wo in 2,4 die hebräische Sprache auf einmal ins Aramäische umschlägt und erst in 8,1 wiederkehrt, macht deutlich, wie begrenzt die Macht des Großkönigs ist und wie wenig die heidnische Weisheit zu leisten vermag. Die Heiden selbst müssen anerkennen, daß sie an die Grenzen ihres Wissens gestoßen sind. Sie müssen kapitulieren, weil die Weisheit der Götter – anders als in Israel! – nicht bei den Menschen wohnt. Daniel und seine Freunde sind in Gefahr, bei dem unsinnigen Toben des ohnmächtigen und in seinem Stolz schwer getroffenen Königs mit den Vertretern der heidnischen Weisheit umgebracht zu werden. Nun aber beginnt die Stunde Israels. Es hat jetzt die Möglichkeit, die Überlegenheit seines Gottes und die Zuverlässigkeit seines Glaubens vor den Heiden unter Beweis zu stellen. Daß Dan 2 historisch eher mit dem letzten neubabylonischen König Nabonid in Verbindung zu bringen ist, der große Differenzen mit seiner Priesterschaft hatte, spielt in diesem Zusammenhang, wo es vor allem um den Ausdruck der Glaubensüberzeugung Israels geht, keine Rolle.

(2,14–19) Nun schaltet sich Daniel ein. Mit seinen Freunden betet er um Gottes Erbarmen und erhält das Geheimnis des königlichen Traumes von Gott geoffenbart.

(2,20–23) Im Dankgebet Daniels wird der Glaube Israels an die Größe seines Gottes zum Ausdruck gebracht, der alle heidnischen Ansprüche als grundlos und anmaßend kennzeichnet, weil allein Gott Macht und Weisheit besitzt.

Er allein bestimmt den Ablauf der Weltgeschichte. Er allein kann seinem Volk seine Weisheit offenbaren, damit es seinerseits dann die Herrscher der Welt, die sonst hilflos und ratlos wären, auf die Wahrheit Gottes aufmerksam macht.
(2,24–36) Daniel erzählt nun dem König seinen Traum. Der König sah ein riesiges Standbild, aus vier Metallen aufgebaut, das aber auf tönernen Füßen steht. Ein kleiner Stein löst sich vom Berg Gottes und zerstört das riesige Standbild. Der kleine Stein wird sodann zum großen Berg, der die ganze Erde erfüllt. Der Verfasser der Geschichte denkt wohl an die Kolossalstatuen der Alten Welt, die als Symbol der Macht eines Reiches aufgestellt wurden. Wie alle irdische Macht tragen alle Weltreiche schon den Keim des Untergangs in sich.
(2,37–45) Daniel deutet nun dem König den Traum. Die Babylonier sind das Haupt aus Gold, die nachfolgenden Weltreiche – nach der im Buch Daniel mehrfach erwähnten historisch ungenauen Reihenfolge Babylonier, Meder, Perser und Griechen! – sind nur noch Silber, Erz und mit Ton vermischtes Eisen. Das gefährlichste und zugleich zerbrechlichste vierte Reich, zu dem der Verfolger Antiochus IV. gehört, wird bestimmt von einer erfolglosen Heirats- und Kriegspolitik der Seleukidendynastie Syriens und der Ptolemäerdynastie Ägyptens. Das Reich Gottes wird aber bald einbrechen und die gesamte Weltmacht zerstören, während es selbst ewigen Bestand hat. Hinter der Statue mit ihren vier Metallen von absteigendem Wert steht auch die in der Alten Welt weitverbreitete Vorstellung von einem Goldenen Zeitalter, das dann bis zum Eisernen Zeitalter absinkt, in dem sich die Menschen gegenseitig umbringen. Die Sehnsucht der Menschen aller Zeiten nach der Wiederkehr des Goldenen Zeitalters verwirklicht sich in dem allesüberragenden Reich Gottes, das auch Thema der Frohen Botschaft Jesu ist. Davon sollen die Heiden über das Zeugnis Israels Kunde bekommen.
(2,46–49) Nach Art der erbaulichen Weisheitserzählungen bekehrt sich der heidnische König am Schluß zu Gott – ganz im Gegensatz zum erzbösen Antiochus IV.! – und bekennt die Überlegenheit Israels und seines Gottes. Die Getreuen Gottes aber, Daniel und seine Freunde, erhalten hohe Ehren und wichtige Posten, so wie es Gen 41 auch von Josef berichtet.

3. Themen von Dan 2

(1) *Die Grenzen der heidnischen Macht.* Den unter der Verfolgung des Antiochus IV. leidenden Israeliten wird mit Dan 2 bezeugt, daß die gottfeindliche Macht sehr schwach und anfällig ist, daß sie auf tönernen Füßen steht. Der König, machtvoller Beherrscher eines weltweiten Reichs, ist nicht in der Lage, den Traum, den Gott ihm schickt, und der eine wichtige Botschaft für ihn enthält, für sich zu deuten. Auch seine Weisen, die sonst alles erklären, können dem König nicht helfen. Weder das Inaussichtstellen einer Belohnung, noch die Androhung ihrer Hinrichtung ändern etwas an der Tatsache, daß die heidnische Weisheit dabei einfach überfordert ist. Dies bedeutet stets eine herbe Enttäuschung für die Großen dieser Welt, daß sie so schnell an die Grenzen des ihnen Machbaren stoßen. Darum zu wissen, ist vor allem für Menschen wichtig, die unter dieser gottfeindlichen Weltmacht zu leiden haben und stets dabei in Gefahr sind, sie in ihrer Bedeutung und Beständigkeit zu überschätzen. Auch Israel hat jedesmal, wenn es den anderen Reichen gleichtun wollte, die bittere Erfahrung machen müssen, wie zerbrechlich und anfällig doch menschliche Macht ist. Die Menschen müssen erkennen, daß ihr Menschsein eigentlich bei den Starken der Welt nicht gut aufgehoben, sondern im Gegenteil bis ins letzte bedroht ist. Nicht Machtbesitz und Machtausübung machen den Menschen zum Menschen, sondern das Sicheinfügenlassen in die Wirklichkeit des allmächtigen Gottes.

(2) *Die Überlegenheit der Weisheit Gottes.* Dan 2 stellt angesichts der Hilflosigkeit der heidnischen Weltmacht die Überlegenheit der Weisheit Gottes klar heraus, die dem Volk Israel für die Welt in besonderem Maß geschenkt wurde. Das Sammeln von Macht aus dem Vertrauen auf die eigene Kraft läßt die Menschen sich selbst verlieren; das Sichbeschenkenlassen durch Gott aber macht den Menschen erst wirklich mächtig. Die Macht der Welt und ihre Weisheit haben nur einen ganz beschränkten Blickwinkel und können daher nicht viel über den Sinn der Weltgeschichte ausmachen. In Israel dagegen haben die Menschen von Gott her ein Wissen erhalten, das Anfang und Ende der Welt umfaßt und die dazwischen liegen-

den menschlichen Machtzusammenballungen als unbedeutende Episoden entlarvt, die weder vor Gott noch vor seinen Gläubigen Bestand haben. Gott hat daher Israel als prophetische Aufgabe übertragen, die Welt auf diese Wirklichkeit hinzuweisen und alle irdische Macht kritisch zu hinterfragen und auf ihre relative Bedeutung zurückzuführen. Mit diesem von Gott geschenkten Wissen, für das Daniel steht, ist Israel allen anderen Völkern weit überlegen. Es weiß, daß der Mensch nicht von sich selbst aus, sondern von Gott her zu verstehen ist. Das bedeutet den Reichtum Israels und aller Gläubigen, daß sie von Gott selbst belehrt wurden, was das Wesen des Menschen eigentlich ausmacht: ein von Gott Beschenkter und ein von ihm in der Geschichte Geführter zu sein.

(3) Die Macht des Gebets. Das Gebet trifft die Wirklichkeit, die heidnische Macht und ihre Weisheit bewirken dagegen in den eigentlichen Fragen des Menschen nichts. Israel, vertreten durch Daniel und seine Freunde, weiß, wo wahre Weisheit und beständige Macht zu erbitten sind, nämlich bei Gott. Seit die Menschen wissen, – und davon spricht das ganze AT! – daß Gott da ist für sie, daß er „allen nahe ist, die ihn anrufen“ (Ps 145,18), hat Gott die Seinen eingeladen, ihre Anliegen im Gebet vor ihn hinzutragen. Er hat sich seinem Volk gegenüber verpflichtet, als sein Gott für es zu sorgen. Darauf möchte Gott alle Menschen aufmerksam machen in dem Traum an den König, der aber nur dort verstanden werden kann, wo der Mensch seinen Gott darum vertrauensvoll im Gebet bittet. Das Gebet Daniels, das unterstützt wird von dem Gebet seiner Gefährten, weist in den Versen 20–23 auf diese Wirklichkeit hin. Weisheit und Macht kommen allein von Gott, der alles weiß und alles vermag. Das vertrauensvolle Gebet Israels und aller Gläubigen meint also nicht Entfaltung menschlicher Macht und Weisheit, die um sich selbst kreisen und sich nur sich selbst verdanken wollen, sondern ein Verankertsein in der Kraft und Weisheit Gottes. Diese Beziehung zur Wirklichkeit gibt dem betenden Menschen aller Zeiten, so wie es im AT an dem kleinen und in der Welt verachteten Israel gezeigt wird, eine unerhört große Sicherheit und Kraft. Es erweist sich an

ihm, daß einfach nichts wirklicher ist als die Wirklichkeit Gottes, in die wir uns durch das Gebet hineinstellen. Alle andere Wirklichkeit, die sich von Gott losgelöst versteht, ist dem sicheren Untergang verfallen.

(4) *Das Ende der Weltmacht.* Der apokalyptische Traum von Dan 2 zeigt diese Zusammenhänge noch deutlicher auf. Die Riesenfigur, erbaut aus den edelsten und härtesten Metallen, steht für die menschliche Klugheit und Macht, die sich zu allen Zeiten imponierend darstellen. Aber Israel weiß, daß jede Macht, die ihre Beständigkeit nicht von Gott erhält, auf schwachen Füßen steht und bei der geringsten Erschütterung umfallen muß. So bringt der kleine Stein, der sich vom Berg Gottes loslöst, die Riesenstatue zum Einsturz. Die Weltreiche verschwinden mit einem Schlag von der Bildfläche der Weltgeschichte, sind wie vom Wind verwehte Spreu, ohne Wert und ohne Halt. An die Stelle des Standbildes aber tritt der kleine Stein, der zum riesigen Berg heranwächst, die ganze Erde erfüllt, selbst aber nicht mehr vernichtet werden kann. Fels und Berg sind Symbol für Festigkeit, Bestand, sichere Zuflucht, für Gott selbst, neben dem alle Weltmacht soviel wie nichts ist. Das sind die wirklichen Dimensionen, die in der Welt herrschen. Darum zu wissen, bedeutet Weisheit und Festigkeit. Das genau ist aber die Position Israels und aller Gläubigen in der Welt, damals wie heute.

(5) *Gott gibt Bestand.* Das Bild vom Felsen erscheint mehrfach in der Bibel. Es steht auch für die Unerschütterlichkeit der Schöpfung Gottes, die dem Chaos Widerstand leistet und es überwindet. Es steht für Gottes Wort und Wahrheit, die beständiger sind als Himmel und Erde. Dieses Bild vom Fels steht für alle Zusagen Gottes an die Welt, für die dem Abraham verheißenen Größen Volk und Land und Zukunft, für den unaufkündbaren Bund, für die Festigkeit Zions und des Tempels, für alle Verheißungen Gottes, die nicht widerrufen werden. Der Fels symbolisiert in dem Traum von Dan 2 die absolute Königsherrschaft Gottes, die sich durchsetzen wird, und in der die Menschen Zuversicht, Schutz, Freude, Erfüllung finden. Der Fels versinnbildlicht Gott, der allein Zuverlässigkeit und Wahrheit und Treue ist, wie es der hebräische

Wortstamm aman aussagt. Glauben, die Kausativform des hebräischen Stammes aman, besagt dann, daß der Mensch sich an diese Zuverlässigkeit und Treue Gottes klammert. So sind in diesem Bild elementare Erfahrungen Israels ausgesprochen, letzte Aussagen über den Menschen gemacht, wovon er lebt und was ihm Beständigkeit und Zukunft gibt. Es ist allein Gott, der Allmächtige, Allweise und Allgütige. „Du bist meine Stärke, mein Fels, meine Burg, mein Retter, meine Feste, in der ich mich berge" (Ps 18,2 f).

4. *Fragen an uns*

(1) Es ist nicht zu übersehen, daß uns die Weltmacht mit ihrem Pomp und Glanz, mit ihren Erfolgen fasziniert und uns Minderwertigkeitsgefühle aufdrängen möchte. Der Jahrmarkt der Welt hat zu jeder Zeit seine Glanznummern. Es sind die gewaltigen Machtzusammenballungen der Weltreiche, die alles andere rücksichtslos unterdrücken. Gegen sie gibt es bis heute innerweltlich keine Instanz, die ihnen wirksam beikommen könnte. Aber solche rücksichtslose Macht ist nur eine Verzerrung des Menschen, ja seine Vernichtung. Die Geschichte spricht ihr Urteil über alle diese Supermächte, die ohne Ausnahme zerfallen. Leider sind wir Gläubigen oft zu schnell bereit, uns durch ihre Macht imponieren zu lassen und uns dann auch mit diesen Unrechtsmächten zu arrangieren. Wenn das nur aus Opportunität geschähe, wäre das schlimm genug. Wenn wir aber der Faszination dieser Mächte innerlich erliegen, uns nach ihnen ausrichten und uns von ihnen normieren lassen, sind wir Toren, die die Augen schließen vor der Tatsache, daß Gott den sicheren Untergang dieser Unheilsmächte herbeiführen wird. Wo werden wir dann stehen mit unserer Anpassung an die gott- und menschenfeindliche Weltmacht?

(2) Umgekehrt sind wir immer in Gefahr, die Reichtümer unseres Glaubens nicht zu sehen, die Gott uns mit seiner Weisheit geschenkt hat. Wir gleichen dann oft dem Mann, der um den verborgenen Schatz im Acker weiß, es aber nicht über sich bringt, dafür alles andere daranzugeben. Wir Gläubigen

haben von Gott her ein tieferes Wissen um die Wirklichkeit erhalten, als uns alle Wissenschaft vermitteln könnte. Haben wir den Mut, uns zu diesem Reichtum auch zu bekennen, dessen Wert in Krisenzeiten auch von Heiden und Ungläubigen geschätzt wird? Dann wird an uns Gläubige auch die Frage nach echten Alternativen zu den bankrott gegangenen Weltreichen und Ideologien, nach wirklich tragfähigen Grundwerten unseres Lebens gestellt. Spüren wir die Verpflichtung, diese unsere Vorzüge zum Heil der anderen einzubringen, oder verdrängen wir sie? Bringen wir den Mut zum Bekenntnis der Weisheit Gottes auf, das die anderen doch von uns erwarten?

(3) Die Stärke der Gläubigen, die uns mehr Halt geben als Geld, Divisionen und Atombomben, ist das Gebet. Es ist ein Appell an Gott, der uns seinen Namen, seine Liebe und seine Macht in Christus geoffenbart hat. Das Problem des unerhörten Gebets belastet zwar unseren Glauben, aber in Wirklichkeit belasten wir unser Gebet durch die törichte Meinung, alles müsse nach unseren Wünschen und Vorstellungen gehen. Im Gebet treten wir jedoch mit der Macht Gottes in Verbindung. Das Gebet ist schon der Anfang des sich machtvoll durchsetzenden Reiches Gottes. Sind wir überzeugt, daß uns das Gebet in unserem Menschsein mehr Sicherheit gibt als alle menschlichen Absicherungen?

(4) Wenn die Weltmacht zusammenbricht, ist es uns wohl leicht, dies als Gericht Gottes zu interpretieren. Das Gericht Gottes will ja vor allem aufzeigen, was wirklich Bestand hat vor Gott und was zerbrechen muß, weil es kein Fundament in der Wirklichkeit Gottes hat. Solange aber die Faszination der Weltmacht anhält, müssen wir Gläubigen prophetisch alle Größen dieser Welt in ihrer Beständigkeit und in ihrer Menschenfreundlichkeit vom Glauben her in Frage stellen. Dieses mutige Eintreten für die Wahrheit bringt uns mehr Respekt und Ansehen ein bei den Menschen, auch bei den Mächtigen, als feiges Taktieren und Vertuschen der Wahrheit. Die Kirche muß stets Gegenpol sein gegenüber aller menschlichen Macht und gegenüber ihrer Anfälligkeit für Hybris und Selbstvergötterung. Erkennen wir, daß dies heute von uns erwartet wird?

Haben wir diesen Mut zur Wahrheit, mit der wir der Welt einen größeren Dienst tun als mit Beschwichtigung und Schönfärberei?

(5) Um die Wahrheit zu wissen und sie zu verkünden, ist eine sehr gute Sache. Aber bauen wir selbst unser Leben auf dieses feste Fundament, das Gott uns bietet? Wir möchten uns in jedem Fall absichern und sind dabei großzügigerweise sogar bereit, Gott miteinzubeziehen. Aber Glaube bedeutet nicht, zwei Herren dienen zu wollen, auf beiden Schultern Wasser zu tragen. Sind wir gespalten in unserem Leben: Hier kluges Vorsorgen und Sichverlassen auf irdische Sicherheiten, dort das Sichabsichern bei Gott, falls das Irdische doch nicht standhält? Sind dann nicht auch wir in den Zusammenbruch der Riesenstatue mitverwickelt? Wer sagt uns, daß wir nicht zu der Spreu gehören, die vom Wind verweht wird? Ziehen wir die Lehre aus Dan 2, daß wir am besten doch auf der Seite Gottes stehen, das bedeutet, jetzt noch auf der Seite des kleinen, unscheinbaren Steins, der aber zum alleserfüllenden Berg wird?

5. Zur praktischen Bibelarbeit

Es geht darum, die Aussage von Dan 2 mit ihren beiden Lösungsmodellen des Glaubens in ihrer Aktualität für uns zu erarbeiten, daß Gottes Weisheit sich vor aller Welt durchsetzen wird, und ferner, daß Gott aller feindlichen Macht ein sicheres Ende setzen wird. Deshalb bedeutet es wahre Klugheit, sich nach Gott und seiner Wahrheit mit unserem Leben auszurichten. Nach der Besprechung des Textes könnten Untergruppen einen aktualisierenden Text erstellen. Dabei empfiehlt es sich, nur die wichtigsten Verse von Dan 2 zugrundezulegen, etwa die Verse 2,1.9–12.17–19.20–23.31–35.44. Ein solcher Text könnte dann etwa so aussehen:
(2,1) Damit muß jeder Gewaltmensch rechnen, daß Gott ihm auf einmal einen Traum sendet, der ihm einfach keine Ruhe mehr läßt. Dann hilft es auch nichts, wenn er sich durch völlig ungeeignete Mittel wie das Aufmarschierenlassen seines gesamten Ratgeberstabs und der Vertreter der sonst so allmächtig scheinenden Wissenschaft davon abzulenken versucht.

(2,9–12) Dann nützen ihm alle seine Astrologen und Psychotherapeuten nichts, von denen er zudem noch das Unmögliche erwartet, daß sie seinen Traum erraten können. Er möchte so Gewißheit haben, daß sie ihn in dieser wichtigen Sache nicht an der Nase herumführen. Ist das nur ein neuer Gag eines größenwahnsinnig und zugleich höchst unsicher gewordenen Tyrannen? Oder ist schon der Anfang des Zweifels an der Allmacht, der menschlichen Wissenschaft, die sich doch sonst so schnell anbietet, auf alle Fragen eine vernünftige Antwort geben zu können? Mögen ihm seine Untertanen auch mit vielen Worten beibringen wollen, noch kein Herrscher habe etwas so Schwieriges von seinen Beratern verlangt, mögen sie ihm auch vorwerfen, er verstoße gegen alle bisher geltenden Spielregeln, mögen sie auch auf einmal auf Götter verweisen, die allein solches wissen könnten, falls es sie gibt: der Größte der Welt tobt nur um so mehr! In seiner hilflosen Wut gibt er den unsinnigen Befehl, alle seine Berater zu liquidieren, die ihm auf einmal die Grenzen seiner Macht bewußt gemacht haben.
(2,17–19) Aber da gibt es in dem großen Reich des Königs noch ein paar Menschen, die an einen Gott glauben und sich zutrauen, mit ihrem Glauben und ihrem Gebet dem König helfen zu können. Sie erwarten ihre Hilfe allerdings nicht von Menschen, sondern von Gott, der hinter der ganzen Menschheitsgeschichte steht und dem König den merkwürdigen Traum geschickt hat. Sie haben auch den Mut, das bei allen aufgeklärten Menschen in Mißkredit gekommene veraltete Mittel des Gebets anzuwenden, und siehe, es hilft! Gott läßt Daniel wissen, was der König geträumt hat, und auch, was der Traum bedeutet.
(2,20–23) Welch merkwürdige, von den selbstbewußten Bewohnern des großen Babylon längst abgeschaffte Vorstellungen kommen in diesem Gebet doch auf einmal ans Tageslicht! Nicht der König ist der Mächtigste und Gescheiteste, sondern der eine wahre Gott, der trotzdem sein Volk in die Gefangenschaft hat kommen lassen. Dann wären die Gläubigen vielleicht doch nicht die Dümmsten im Reich! Der scheinbar unterlegene Gott, so bezeugt es das Gebet Daniels, ist der eigentlich Bestimmende, wer die Herrschaft auf Erden ausübt;

seine Macht vermag mehr als der allmächtige Staat mit seinem imponierenden Apparat. Und dazu soll er sich auch noch um den König bemühen, dem doch nach Ansicht aller auf einmal nicht mehr zu helfen ist.
(2,31–35) Was aber den Traum betrifft, und das, was er bedeutet, so gehört schon eine gute Portion Mut dazu, dem König dies alles zu erzählen. Das ist doch ein Schlag ins Kontor des selbstsicheren Königs! Daß der König bei der unstabilen Riesenstatue das Haupt aus Gold ist, schmeichelt ihm ja noch etwas. Daß nach ihm noch drei Weltreiche kommen werden, freut ihn schon weniger. Daß deren Qualität rapide abnimmt, versteht er dann schon wieder etwas mehr. Das würde ihm auch keiner nachmachen, was er in seinem Reich alles geschaffen, ja direkt aus dem Boden gestampft hat! Aber nun fällt das Ganze wegen eines lächerlichen Steins ganz plötzlich um, den eindeutig ein gefährlicher Spielverderber gegen die Füße des Kolosses geworfen haben muß. Und die Riesenstatue zerbirst und wird wie Spreu vom Wind verweht. Der kleine Stein aber entwickelt sich rasend schnell zum Felsen, der die ganze Erde erfüllt. Und dieser Stein ist nicht mehr aus der Welt zu schaffen. So etwas Solides hätte sich der König schon lange selbst für sein Reich gewünscht,
(2,44) selbst ewig zu bestehen und den Untergang aller anderen zu sehen. Der König nimmt das Ganze recht gelassen hin und sagt, als ob es das Natürlichste der Welt wäre, daß der Gott des Daniel der einzig wahre Gott ist. Ja, er belohnt sogar noch Daniel, der ihm doch so harte Weisheiten gesagt hat. Da sagen die Glaubensgenossen Daniels: Ja, wenn das so ist, dann brauchen wir uns mit unserem Glauben gar nicht zu verstekken vor dem Toben der scheinbar Allmächtigen dieser Welt oder vor der sogenannten öffentlichen Meinung. Dann ist ja die Macht des Staates gar nicht das Höchste und Letzte. Dann kommandiert ja eigentlich ein anderer. Wenn wir uns an den halten, dann sind wir sicher besser daran, als wenn wir auf die so wackelige Kolossalstatue des allmächtig scheinenden Staats bauen.
Dann sollte man doch recht vorsichtig sein, daß man nicht übervorsichtig ist mit den Mächtigen dieser Welt! Dann sind wir ja auch nicht die letzten Menschen, wie wir es oft selbst

gemeint haben, sondern wir Gläubigen haben dann allen anderen unheimlich viel voraus. Dann haben wir ja gar nicht alles auf die falsche Karte gesetzt, wenn wir Gott vertrauen. Dann ist das Beten doch mehr als nur eine lästige Pflichtübung. Dann sollte man wie Daniel ruhig den Mut dazu haben. Unsere Zeitgenossen aber müssen sich dann doch recht in acht nehmen, daß sie sich nicht total verkalkulieren und auf die gängigen Versuche zur Absicherung der Macht hereinfallen. Und die Glaubensgenossen Daniels waren recht froh über den Ausgang der Geschichte und sagten sich: Hoffentlich weiß der König auch morgen noch, was er heute dazugelernt hat. Und hoffentlich haben auch wir morgen noch den Mut, und auch übermorgen, unseren Glauben zu bekennen und weiterzusagen, was wir wissen, und was dem König mit diesem merkwürdigen Traum aufgegangen ist. Hoffentlich!

Literaturhinweise

s. o. zu Dan 1.

6. Abschnitt: Der Gott der Väter

Die Patriarchengeschichte Gen 12–50 berichtet vom Anfang der besonderen Heilsgeschichte Gottes mit der Welt in der Berufung Abrahams und führt über Isaak, Jakob und seine zwölf Söhne hin zu den Anfängen des Volkes Israel in Ägypten. Mit Abraham beginnt Gott nach der Darstellung der Bibel einen ganz neuen Abschnitt der Menschheitsgeschichte, nachdem der erste Anlauf Gottes, von dem die biblische Urgeschichte Gen 1–11 berichtet, an der Sünde der Menschen zunächst gescheitert war. Auf die Entartung der Menschheit und auf die Hybris der Turmbauer von Babel (Gen 11) antwortet Gott mit dem Neuansatz in Abraham, dem Vater der Gläubigen. Er läßt im gläubigen Vertrauen auf das Wort Gottes alle menschlichen Sicherheiten zurück und wird der Verheißung Gottes von Volk und Land teilhaftig. Steht die Urgeschichte überwiegend unter dem Zeichen des Fluchs und der Sünde, so garantiert Gott in Abraham unwiderruflich „Segen für alle Geschlechter der Erde" (Gen 12,3). Abraham selbst fällt, wie die folgenden Kapitel der Genesis zeigen, immer wieder in Unglauben und Sünde zurück und muß erfahren, wie auch in der neuen Zeit der Fluch die Menschen dauernd bedroht. Nach vielen Umwegen besteht dann Abraham in Gen 22 die große Glaubensprobe und erhält erneut die Verheißung von Volk und Land. Über Isaak, den Sohn der Verheißung, läuft die Segenslinie zu Jakob weiter, der leidenschaftlich um den Segen Gottes ringt, den doch Isaak dem Erstgeborenen Esau zugedacht hatte. Nach vielen krummen Wegen, nach List und Sünde wird Jakob schließlich in dem merkwürdigen Kampf von Gen 32 von Gott zur vollen Anerkennung der Wirklichkeit gebracht. Jakob erhält sein Leben und die Zukunft nur als Gnadengeschenk Gottes und erfährt, daß allein der Glaube ihm und seinen Nachkommen Leben und Zukunft geben kann. Die letzten Kapitel der Patriarchengeschichte beschäftigen sich vor allem mit Josef, dem Lieblingssohn Jakobs, der an sich die Gnadenführung Gottes erfährt. Sie bringt ihn über Schuld und bitterste Not zu höchsten Ehren am Hof des Pharao und ermöglicht ihm, die Sippe Jakobs vor dem Hungertod zu bewahren. Josef, den der Haß seiner Brüder dem Tod überliefern wollte, muß ihnen, die sich nun vor seiner Rache fürchten, den Grundsatz Gottes mitteilen, der die ganze Heilsgeschichte bestimmt, daß sich Gott auch durch die Sünde der Menschen nicht von der Erreichung seines Zieles abbringen läßt: „Ihr habt Böses gegen mich gedacht, Gott aber hat es zum Guten umgedacht" (Gen 50,20).

Bedeutsamer als historische Angaben zu der weithin im Dunkel liegenden Vorgeschichte Israels sind die theologischen Aussagen der Patriarchengeschichte. Gegen alle menschlichen Erwartungen und trotz vielfachen Versagens selbst der Auserwählten läßt Gott die Segenslinie, deren Anfang schon in den Schöpfungsberichten bezeugt ist, über den Neuansatz in Abraham, Isaak und Jakob weiterlaufen. Gott gibt den Patriarchen als greifbare Zeichen dieses seines Segens und seiner Treue Volk und Land. Diese Urdaten Gottes an sein Volk ziehen sich wie ein roter Faden durch die gesamte Heilsgeschichte hindurch, wie sie in der Bibel uns aufgezeichnet ist. Israel muß erfahren, was alle atl. Schriften aus ihrer prophetischen Schauweise heraus bezeugen, daß Volk und Land Geschenke der Gnade Gottes sind und nur im gläubigen Festhalten an der Treue Gottes bewahrt werden können. Die Patriarchengeschichte macht auch ein weiteres Thema der ganzen Heilsgeschichte deutlich: Die Sünde, die dem Glauben direkt entgegengesetzt ist, gefährdet den Menschen ständig. Aber Gottes Eingreifen sorgt dafür, daß seine Gnade sich im Menschen und in der Welt zuletzt doch als die stärkere Macht erweist. Sie führt die Menschheitsgeschichte, wenngleich auf verschlungenen Wegen, aber doch ganz sicher ihrem Ziel entgegen, bis der Fluch der Sünde durch den Segen Gottes restlos überwunden ist, so wie wir es dann im Heilswerk Christi verwirklicht sehen.

In den einzelnen Abschnitten und Erzählungen der Vätergeschichte kommen verschiedene theologische Richtungen, vor allem die großen Grundschriften des Pentateuch, zur Sprache. Sie zeichnen für eine jeweils verschiedene Situation unter Verwendung von vielgestaltigem älteren Material die Patriarchengeschichten auf, um mit diesem Rückblick in die Vorgeschichte Israels ihren Zeitgenossen zu sagen, worauf es in ihrer Gegenwart vor allem ankommt. Daß dabei die historischen

Fragen und die Schilderung des genauen Ablaufs der Geschichte zurücktreten, versteht sich von der Absicht der Verfasser dieser Texte her von selbst, die darin in erster Linie eine theologische Interpretation ihrer Gegenwart bieten wollen. Es geht ihm auch darum, theologische Aussagen herauszustellen, die für alle Zeiten gelten, und um die Formulierung der religiösen Erfahrungen Israels und aller gläubigen Menschen. Sie betonen die Wirklichkeit der Berufung von Menschen durch Gott, die Wirklichkeit des Segens und der Führung Gottes. Sie unterstreichen die Zuverlässigkeit der Zusagen Gottes und die Bedeutung des Glaubens als der einzig wirklich festen Basis menschlicher Sicherheit. Die Gefährdung der Väter durch die Sünde und ihren Versuch, alles doch in die eigene Hand zu nehmen, und noch mehr ihre endgültige Hinwendung zum Glauben an den getreuen Gott sind heute noch so aktuelle Themen menschlichen Lebens wie damals. Für uns in der Kirche ist vor allem bedeutsam, daß Jesus Christus als neuer Abraham, als Stammvater der neuen Menschheit, in seinem ganzen Leben diese Haltung des Glaubens auch in der bittersten Anfechtung für uns alle durchgestanden und voll verwirklicht und durch seinen Sieg uns allen den Segen Gottes unwiderruflich geschenkt hat. Mögen wir Menschen immer wieder versagen und durch die Sünde alles „zum Bösen hin denken", so ist für uns alle tröstlich zu wissen, die sich gläubig an Christus festhalten, daß in ihm „Gott alles zum Guten umgedacht hat" (Gen 50,20).

Die beiden Beispielkapitel weisen an Abraham und Jakob auf, wie Gott die neue Menschheit schon in dieser Weltzeit aufbaut. Gen 14,18–20 berichtet von der Begegnung zwischen dem Segensträger Abraham und dem heidnischen Priesterkönig Melchisedek und zeigt darin, wie vom Segen Gottes her schon jetzt etwas von der in Gott geeinten Menschheit verwirklicht werden kann. Der Jakobskampf in Gen 32,23–33 macht deutlich, daß nicht menschliche Schlauheit und Kraft, sondern allein der Glaube an Gott und die Annahme seiner Gnade und seines Auftrags dem Menschen Segen vermitteln, durch den Israel und alle Menschen Zukunft und Leben haben.

§ 11
Gott ist für alle Menschen da (Genesis 14,18–20)

1. Zur Situation von Gen 14,18–20

Im ersten Teil der Patriarchengeschichte, in den Kapiteln Gen 12–25, steht Abraham im Mittelpunkt des Interesses. Er ist der Segensträger für alle Völker, der Anfang einer neuen Menschheit, die sich nicht selbst einen Namen machen will wie die Bewohner von Babel (Gen 11,4), sondern die sich von Gottes Wort ins Ungewisse berufen läßt und den Verheißungen Gottes glaubt, d. h. ihre letzte Sicherheit in Gott sucht. Abraham begegnet uns als der exemplarische Mensch des Glaubens und als Mann des Segens, dem Gott verbindliche Heilszusicherungen gibt. Die verschiedenen theologischen Interpretationen der Patriarchengeschichte, der Jahwist (10. Jahrhundert v. Chr.), der Elohist (8. Jahrhundert v. Chr.) und die Priesterschrift (6./5. Jahrhundert v. Chr.) zeigen ihrer Zeit und darüber hinaus allen Menschen aller Zeiten an Abraham auf, worauf es aus der Sicht Gottes beim Menschen wirklich ankommt. In Gen 14 begegnet uns jedoch ein Abschnitt, der keiner der drei genannten Grundschichten des Pentateuch zugerechnet werden kann. Aber auch dieses isoliert dastehende Kapitel Gen 14 schildert Abraham in seiner vorbildlichen Haltung als Segensträger für alle Welt. Auf merkwürdige Weise wird er auch als erfolgreicher Kriegsmann von Weltformat dargestellt, der vier Könige von Großreichen aus dem Osten besiegt und dabei fünf kanaanäische Könige befreit und ihnen ihre Leute mit Hab und Gut zurückerstattet hat. Auch dieser Bericht mit ungewöhnlich vielen Namen und Ortsangaben ist nicht historisch zu lesen, daß man fragt, ob und wann und gegen wen Abraham so machtvoll in die Politik der großen Weltreiche eingegriffen habe. Die theologische Aussage von Gen 14 ist vielmehr: Auch die großen Könige müssen erfahren, daß Abraham, bzw. das spätere Israel von Gott einen hervorragenden Platz in der Völkerwelt erhalten hat, und daß Gott unbedingt zu seinem Auserwählten steht, mit dem er die neue Menschheit beginnen lassen will, die im Zeichen des Segens steht und alles von Gott erwartet. In Gen

14,21–24 wird zudem deutlich gemacht, daß Abraham sich nichts von den Königen schenken lassen will, sondern daß ihm der Segen und die Verheißung Gottes genügen, ja unvergleichlich mehr wert sind als menschliche Sicherheiten. Er erläutert damit gleichsam die Erfahrung des ganzen AT, daß der glaubende Mensch, der auf Gottes Macht vertraut, mächtiger ist als alle Großen dieser Welt. Diese müssen beschämt erfahren, wie ihnen die Macht unter den Fingern zerrinnt, alles, worauf sie stolz waren. Gott erweist sich aber an Abraham bzw. an Israel inmitten der sich ablösenden und zugrundegehenden Weltreiche als die Macht, die allein für alle Zeiten Bestand geben kann. Theologisch wichtig sind in Gen 14 auch die wohl erst später eingefügten Aussagen über Lot (14,12–16), der als Kontrastfigur zu Abraham dargestellt wird. Lot tut immer das scheinbar Klügere und sucht für sich die besseren Lebensbedingungen aus (Gen 13). Er fällt jedoch dabei jedesmal herein und muß erfahren, daß Abraham, der sich gläubig an das Wort Gottes hält und dabei auch ungünstigere Bedingungen annehmen kann, doch stets den besseren Teil erwählt hat. So wird Lot in Gen 14 aus dem scheinbar sicheren Sodom entführt und wäre hoffnungslos verloren gewesen, wenn Abraham ihn nicht befreit hätte. Das ist eine Parallele zu Gen 18,16–33, wo Lot seine erneute Rettung aus Sodom wiederum Abraham verdankt.
Innerhalb von Gen 14 bildet der kleine Abschnitt 14,18–20 eine eigenständige Größe. Er stellt Abraham als begnadeten und zugleich großherzigen Menschen dar, der von einem Heiden, dem Jerusalemer Priesterkönig Melchisedek, als von Gott Begnadeter erkannt und gesegnet wird. Allerdings sind auf merkwürdige Weise die Rollen vertauscht. Der Heide segnet Abraham, den Segensträger mit weltweiter Bedeutung. Umgekehrt gibt Abraham dem heidnischen Priesterkönig den Zehnten und anerkennt ihn so in seiner Bedeutung. Diese Geschichte mag wohl im alten Israel erzählt worden sein, um zu zeigen, daß auch die Heiden vom wahren Gott nicht total verlassen und abgeschrieben sind, und daß das Ziel der Heilsgeschichte und der Berufung Abrahams das Heil aller Völker ist. Vielleicht wurde diese Geschichte auch dazu verwendet, um die Frage der Israeliten in der davidischen Zeit zu beant-

worten, wie es kommt, daß sie nach Jerusalem, das doch bis zum Jahr 1000 etwa noch eine heidnische Stadt war, auf einmal Zehnten zahlen sollen. Das erscheint gerechtfertigt, wenn dahinter das von Gott selbst bestätigte Beispiel Abrahams steht. In der gleichen Zeit und immer wieder in den späteren Epochen der Geschichte Israels soll mit dieser Erzählung vor allem auf die unanfechtbare Souveränität Gottes hingewiesen werden, der das Heil aller Menschen im Auge hat und das friedliche Zusammenleben von Israeliten und Kanaanäern im davidisch-salomonischen Reich als legitim anerkennt. Diese klare Willensäußerung Gottes, die allerdings den besonderen Auftrag Abrahams/Israels in der Geschichte nicht aufhebt, wird schon von Abraham, in dem doch die Heilsgeschichte auf lange Jahrhunderte auf das kleine Israel eingeschränkt war, erspürt und anerkannt. Diese Verse sind also eine Warnung und zugleich eine Aufforderung für Israel, ebenso großzügig zu denken und Ehrfurcht vor Gottes Heilsplan zu haben, der alle Menschen umfaßt.

2. *Der Text und seine Erklärung*

Daß 14,18–20, die Begegnung Abrahams mit Melchisedek, erst später in Gen 14 eingeschoben wurde, wird schon daraus ersichtlich, daß diese drei Verse ausgelassen werden könnten, ohne daß der übrigen Erzählung etwas fehlte. Im heutigen Gesamt von Gen 14 ist allerdings dieser Einschub theologisch von großer Aussagekraft. Es ergibt sich folgende Unterteilung: 14,18: Der Priesterkönig Melchisedek; 14,19: Die Segnung Abrahams; 14,20ab: Lobpreis des geschichtsmächtigen Gottes; 14,20c: Die Zahlung des Zehnten an Melchisedek.
(14,18) Melchisedek (König der Gerechtigkeit, oder: König ist der Gott Sedek), wird als König von Salem vorgestellt, eine im AT nur zweimal vorkommende Bezeichnung für Jerusalem. Das Herausbringen von Brot und Wein bedeutet sicher die Vorbereitung eines kultischen Mahls, mit dem stets auch ein Opfer verbunden war. Die Rechtmäßigkeit solchen Opferhandelns durch einen Heiden zusammen mit Abraham, dem Erwählten Gottes, wird noch bestätigt durch die Aussage, daß Melchisedek Priester des Höchsten Gottes ist, ein Gottestitel,

der sowohl von allen heidnischen Religionen als auch von Israel verstanden wurde. Historisch mag hinter dieser kurzen Episode ursprünglich vielleicht gestanden haben, daß ein kanaanäischer Stadtkönig in der Zeit der Landnahme vor einem israelitischen Führer um Pardon (hebr. schalom = Frieden) gebeten hat und dann Brot und Wein als Proviant oder als Abgabe oder auch für das Kultmahl herausgebracht hat, mit dem der Kapitulationsvertrag abgeschlossen wurde. Im heutigen Text jedenfalls geht es um ein von Gott gebilligtes gutes Einvernehmen zwischen dem Segensträger Abraham und Melchisedek, dem heidnischen Priester des Höchsten Gottes.
(4,19) Melchisedek segnet Abraham und muß im Auftrag Gottes den von ihm dem Abraham verliehenen Segen (Gen 12,1–3) zur Kenntnis nehmen und anerkennen. Zu dem Gottestitel „der Höchste" kommt noch ein zweiter, der Juden und Heiden verständlich ist, „Schöpfer des Himmels und der Erde", in dem die auch in Gen 1 ausgesprochene gnädige Zuwendung Gottes zu seiner Schöpfung als gemeinsame Glaubensüberzeugung dankbar ausgesprochen wird.
(14,20ab) Der zweite Teil des Segens bringt als Lobpreis auf Gott die Begründung, die eine literarische Klammer zum übrigen c.14 bildet: Gott hat dem armseligen Flüchtling aus Ur den Sieg über Weltreiche geschenkt und ihn so in seiner weltgeschichtlichen Bedeutung öffentlich bestätigt, wiederum eine Aussage, die theologisch zu verstehen ist als Überzeugung, daß die Sache Gottes und sein Segen in der Welt sich siegreich durchsetzen werden.
(14,20c) Im hebräischen Text ist nicht genau auszumachen, wer eigentlich wem Zehnten zahlt. Aber es ist hier sicher Abraham, der durch diese Abgabe anerkennt, daß auch die Heiden auf rechtmäßige Weise Gott verehren, und daß es nur einen Gott gibt, der sich der Menschheit zuwendet, wenn auch in der vorläufig noch gegebenen Zweiteilung: Israel und die übrigen Völker. Hebr. 7 interpretiert dann diesen Abschnitt als Hinweis auf das umfassende und größere Priestertum des Melchisedek, das seine Vollendung in Christus erhält und dem zeitlich und völkisch beschränkten aaronitischen Priestertum weit überlegen ist. Denn, so argumentiert Hebr 7,9 f, Levi war noch in den Lenden Abrahams, hat aber mit der Zahlung des

Zehnten durch seinen Vorfahren Abraham anerkannt, daß Melchisedek nach dem Plan Gottes doch das höherstehende Priestertum verkörpert. Dieses ist in Christus verwirklicht worden, während die Zeit des levitischen Priestertums mit dem Kommen des Größeren als eine Episode der Heilsgeschichte abgelaufen ist.

3. Themen von Gen 14,18–20

(1) *Gott und die Heidenvölker.* Für das AT ist es eine Selbstverständlichkeit, daß Gott sich um alle Menschen kümmert, auch wenn er sich Israel in besonderer Weise erwählt hat. Diese Erwählung Israels aber hat von Anfang an wesentlich Bezug zum Heil der gesamten Menschheit. Als Hindernis stellt sich dem in den Weg, der die Heidenvölker den einen, wahren Gott in der Geschichte nicht erkennen oder höchstens mit Titeln wie „der Höchste" oder „Schöpfer des Himmels und der Erde" verehren, und daß sich ihre Religion und ihr Glaube in verzerrten Formen weiterentwickeln. Aber Gott erweist sich in der Geschichte als geduldig, nicht bloß gegenüber den widerspenstigen Israeliten, sondern auch gegenüber den vielen Völkern und Religionen dieser Welt. Die vielen Jahrtausende Menschheitsgeschichte vor Abraham lassen erkennen, daß sich Gott, menschlich gesprochen, mit der Verwirklichung seines Heils sehr viel Zeit läßt. Auch die Milliarden Menschen nach dem Kommen Christi, die ihn nicht erkennen und anerkennen, machen deutlich, daß Gottes Wege einfach ganz anders sind als die unseren (vgl. Jes 55,8). Aber an der Gestalt des Melchisedek, der als Vertreter der Naturreligion seinen Weg weitergeht, so wie Abraham, der Vertreter der Offenbarungsreligion seine besondere Aufgabe nicht aufgibt, wird klar, daß wir uns nicht anmaßen dürfen, Gottes geheimnisvolle Wege zu verstehen oder gar kritisieren zu wollen. Weil wir den Plan Gottes nur gläubig anerkennen können, dürfen wir auch die Frage, wie Gott jene Menschen zum Heil führt, die ihn nicht kennen, ihm selbst und seiner Weisheit überlassen. Sicher ist dabei, daß Gott alle seine Ziele auch mit den Heiden von damals und heute erreicht, ebenso wie er sich dafür ver-

bürgt, daß sein Heil denen zuteil wird, die als sein Volk ihn kennen und verehren.

(2) *Israel und die Heiden.* Das Verhältnis Gottes zu den Heidenvölkern ist nicht für Gott, sondern für die Seinen ein Problem. Wenn Israel sich selbst als das von Gott auserwählte Volk ernst nimmt, muß es sich gegen alle Einebnung der Unterschiede wehren. Israel hat ja in seiner Geschichte immer wieder erfahren, daß es dann in höchster Gefahr war, wenn es sich einfach den Heiden anpassen und wie alle anderen Völker sein wollte. In Gen 14 liegt die Aufforderung an Israel vor, diese Spannung auszuhalten und seinen Dienst an der Menschheit anzunehmen, ohne sich selbst und seine besondere Aufgabe aufzugeben. Hinter dieser Spannung steht das Paradoxe der Forderung Gottes: Er will durch Israel das Heil aller Welt bereiten; Israel leistet aber diesen Dienst um so besser, je mehr es seine Eigenart bewahrt. Israel hat das Land Kanaan besetzt und dessen Sprache und Kultur übernommen. David hat die Jebusiterstadt Jerusalem zum religiösen und politischen Mittelpunkt seines Reiches gemacht. Und doch darf die Übernahme so vieler heidnischer Dinge Israel nicht dazu führen, die einzigartige Gotteserfahrung der Väter zu verraten. Israel muß seinen von Gott vorgeschriebenen eigenen Weg gehen, auch wenn es sieht, daß Gott sich große Freiräume für die heidnischen Religionen bewahrt hat, durch die er die Menschen gleichsam auf einem zweiten Heilsweg zu sich führt. Es bleibt vieles undurchschaubar und geheimnisvoll im Handeln Gottes mit der Menschheit, aber Israel muß zu diesem Geheimnis, das seine Aufgabe eindeutig relativiert, ja sagen und damit anerkennen, daß Gottes Pläne unser Denken weit überschreiten.

(3) *Das Provozierende von Gen 14,18–20.* Das Provozierende dieser Geschichte liegt im Handeln Abrahams, mehr noch in der Einstellung Gottes zu den Heiden. Daß Abraham sich in Gen 14 den Königen des Ostens und Westens gegenüber als ebenbürtig, ja überlegen erweist, würde jedem Israeliten gut ins Konzept passen. Daß Abraham sich aber mit diesem Heiden Melchisedek gut versteht, sich von ihm segnen läßt, ihm sogar noch Zehnten zahlt und mit ihm ein gemeinsames Kult-

mahl hält, widerstrebt der Einstellung Israels zutiefst. Aber hier kommen wie in vielen anderen universalistischen Stellen des AT der Wille Gottes und auch die Glaubensüberzeugung Israels zum Ausdruck, daß es Gottes erklärtes Ziel ist, die vielfach gestörte Einheit der Völker wiederherzustellen und ihnen sein Heil zu vermitteln. Es wird deutlich gemacht, daß Israel seinen Auftrag nicht erfüllt, wenn es sich dagegen sperren will, daß Gott ein Gott für alle Menschen ist. So ist dieser Abschnitt schon ein Hinweis auf die Erfüllung des alle Menschen umfassenden Heilshandelns Gottes in Jesus Christus und in seiner weltweiten, katholischen, d. h. allesumfassenden Kirche. Die meisten Volksgenossen Jesu können das, als dies dann in ihm verwirklicht wird, überhaupt nicht oder erst nach langen Auseinandersetzungen begreifen. Sie sehen in dieser Offenheit eine Provokation, eine Entwertung des Alten Bundes, des besonderen Charakters des Gottesvolkes Israel und seiner religiösen Einrichtungen. Aber Gen 14 und ähnliche atl. Texte sind ein Beweis dafür, daß Gott seinem Volk diese offene Haltung schon seit der Berufung Abrahams und seit Jahrhunderten klar aufgetragen hat. Die Menschen aller Zeiten müssen sich ebenso offen halten für das jeweils Neue und Überraschende, das Gott zum Heil der Menschen schafft. Dabei wird das Vergangene und Vorläufige nicht abgeschafft, sondern auf das Größere hin geöffnet.

4. Fragen an uns

(1) Nicht nur Israel hat die Lektion von Gen 14 lange und oft nicht verstanden, sondern auch wir Christen. Die Auseinandersetzungen mit den Religionen der Welt, die dazu noch verquickt waren mit politischen Interessen und einer vermeintlichen kulturellen Überlegenheit, führten bei uns oft zu einer engen Haltung allen Menschen gegenüber, die sich nicht zu Christus bekannten. Sie wurden schnell verteufelt. Ein Dialog mit ihnen und die Zusammenarbeit auf allen Gebieten galten oft als Verrat am Glauben. Das II. Vatikanische Konzil läßt solche extremen Positionen erst recht nicht mehr zu. Wir Gläubigen müssen einfach respektieren, daß Gott sich auch

außerhalb der alt- und neutestamentlichen Offenbarungsreligion auf verschiedene Weise und in unterschiedlichem Umfang erfahren läßt. Es bedeutet einen direkten Angriff auf die Souveränität Gottes, wenn wir ihm vorschreiben wollen, daß er seine Gnade und das Heil nur innerhalb seiner Kirche vermitteln dürfe. Theologisch müssen wir allerdings klar daran festhalten, daß alles Heil und alles echt Menschliche, das vor Gott bleibenden Wert hat, in Jesus Christus zusammengefaßt sind, und daher in engstem Zusammenhang mit seiner Kirche steht, auch wenn dies den anderen Religionen in dieser Zeitlichkeit nicht bewußt wird. Gen 14,18–20 ruft aber deutlich zur Toleranz gegenüber den anderen Religionen und zur Anerkennung der Tatsache auf, daß Gottes Wege, über die er das Heil der Menschheit erreicht, für uns auf weite Strecken unbegreiflich bleiben. Das eine aber sagen uns AT und NT in gleicher Weise, daß Gott in jedem Fall auf das Heil aller Menschen bedacht ist, innerhalb und außerhalb der Kirche. Das kann aber nicht bedeuten, daß wir unseren Glauben aufgeben sollen. Wer einmal von Christus erfaßt wurde, ist ihm auch für alle Zeiten verbunden und verpflichtet. Das Wissen um die Heilssorge Gottes auch für die Menschen außerhalb der Kirche bedeutet auch nicht, daß die Kirche ihre Missionsarbeit aufgeben soll. Sie muß vielmehr ihr Wissen um Christus und seine Bedeutung für alle Welt möglichst vielen Menschen weitervermitteln, auch dann, wenn sie wahrnehmen muß, daß viele Milliarden vom Glauben an Christus nicht erfaßt werden. Sie darf angesichts dieser Tatsache nicht der Panik verfallen, als ob Christus nun für alle diese Menschen umsonst sein Heilswerk vollbracht habe. Gen 14 möchte vielmehr Israel und der Kirche von Gott her eine gesunde Gelassenheit vermitteln, die getragen ist vom Glauben an Gott, der seine Ziele in der Welt erreichen wird, selbst dann, wenn die Menschen in der Kirche mit ihrer Verkündigung und mit der Weitergabe des göttlichen Lebens bald an ihre Grenzen stoßen. Die Ehrfurcht vor den anderen Religionen und vor den Menschen, die in ihnen leben, ist Ausdruck unseres Vertrauens auf Gott, der sich um das Heil aller Menschen kümmert. Alle entgegengesetzten Einstellungen kommen einer Mißachtung des Willens Gottes gleich und sind von Gott her nicht „abgesegnet“. Spannungen in wichtigen Fragen zwischen den Religionen wird es immer geben. Aber menschliche Härte, Selbstzufriedenheit und Selbstgerechtigkeit sind Haltungen, die von Gott klar verurteilt sind.

(2) Wenn in Gen 14 schon auch für Christen eine Offenheit für die anderen Religionen gefordert ist, eine Weite des Herzens, die wir oft vermissen lassen, so gilt das noch mehr für das Verhältnis der Christen, der Kirchen und Konfessionen untereinander. Auch in diesem Punkt sind in den letzten Jahrzehnten innerhalb der Kirche große Fortschritte gemacht worden, wiewohl es sehr schwierig sein wird, die volle Einheit der Christen zu erreichen. Wenn aber schon zwischen Christen und den Weltreligionen eine Annäherung von Gott her gefordert wird, so doch noch mehr zwischen den getrennten Kirchen, die doch so viele wesentliche Dinge gemeinsam haben: Den Glauben an Christus, einige Sakramente, die Heilige Schrift. Leider zeigt es sich aber auch, daß solche Familienzwiste zwischen den Christen besonders tief gehen. Soviel sollte uns Gen 14 jedoch zu denken geben, daß eine totale und radikale Abschließung der getrennten Christen voreinander, die sogar das Gemeinsame übersieht, nicht dem Geist der Heiligen Schrift, weder des Alten noch des Neuen Bundes, entspricht. Wenn auch heute noch ökumenische Begegnungen und Annäherungen oft als fragwürdig hingestellt werden, so muß dieser engen Haltung die Weite von Gen 14 entgegengestellt werden. Dahinter steht letztlich auch die gläubige Überzeugung, daß wir Menschen zwar mit dem Problem der gespaltenen Christenheit nie ganz fertig werden, daß wir es aber ruhig Gott überlassen dürfen, wie er dieses Problem lösen wird. Auch hier gilt das bewährte Rezept des heiligen Augustinus: „In den sicheren Dingen Einheit, in den umstrittenen Freiheit, in allem aber Liebe."

(3) Der Kirche stellt sich auch zu allen Zeiten das Problem, welche Gemeinsamkeiten es zwischen gläubigen Christen und den Anhängern atheistischer, humanistischer Weltanschauungen geben darf. Auch hier stehen wir – selbst wenn auch viel

menschliches Versagen mit im Spiel ist, – vor einem Geheimnis Gottes, warum so viele Menschen, die vielleicht sogar getauft sind und christlich erzogen wurden, nicht zum wirklichen Glauben an Gott kommen. Hier grundsätzlich von Bosheit der Betreffenden sprechen zu wollen, würde in den allermeisten Fällen diesen Menschen Unrecht tun. Wenn sich aber solche Menschen in selbstloser Weise für eine bessere Welt einsetzen, menschliche Werte verwirklichen und hochhalten, dann dürfen wir Christen überzeugt sein, daß diese Menschen „nicht fern vom Reich Gottes sind" (Mk 12,34), und daß ihr rechtes Handeln nicht von Christus getrennt gesehen werden kann. Gegen die Bezeichnung „anonyme Christen" (Karl Rahner) würden sich die Gemeinten selbst wohl ganz entschieden wehren. Aber dürfen wir Christen uns gegen das mit diesem Begriff Gemeinte versperren? Dürfen wir die Tugenden der Heiden als „glänzende Laster" abqualifizieren? Ob diese Unterscheidungen und die Absonderung der Christen von den Andersdenkenden vor den Forderungen von Gen 14 bestehen können? Jedenfalls scheinen wir Christen uns auch hier eher durch Herzenshärte und Enge zu versündigen als durch große Aufgeschlossenheit und durch Aufgabe von unaufgebbaren Prinzipien. Gen 14 möchte uns von Gott her zu einer kritischen Überprüfung unserer Haltung und unseres Denkens aufrufen, zu einer prophetischen Hinterfragung, der wir uns nicht einfach entziehen dürfen.

5. Zur praktischen Bibelarbeit

Bei der gemeinsamen Erarbeitung der Aussagen von Gen 14,18–20 für unsere Zeit und unser Leben steht zuerst die einführende Erklärung des Textes in der Gesamtgruppe. Als Aufgabe für die Arbeit der Untergruppen könnte gestellt werden, zu diesem Abschnitt in unsere Zeit passende Überschriften, wie sie in Zeitungen üblich sind, zu suchen und in vielen Variationen zu formulieren. Diese Überschriften sollen knapp und dürfen auch reißerisch sein, um die Aufmerksamkeit der Teilnehmer für das in Gen 14 Gemeinte zu erregen. Diese

Formulierungen, die ruhig auch Widersprüchliches und Provozierendes enthalten können, dürfen den Teilnehmern auch Spaß machen. Es ist jedoch mehr als nur ein lustiges Spielchen oder Freude am knappen, einfallsreichen Formulieren. Es geht vielmehr um aufmerksameres Hinhören auf den Anruf dieses Textes, so wie er damals an Israel und heute an uns in der Kirche geht. Solche Überschriften könnten etwa so lauten:
Provozierendes Verhalten eines hohen Würdenträgers!
Was taugt der Segen eines Heiden?
Sollen wir das Heidentum auch noch finanzieren?
Heidnisches Priestertum – eine Gotteslästerung?
Aufwertung des Heidentums! Was haben wir mit den Heiden gemeinsam?
Aufweichungserscheinung in der Führungsspitze?
Soll der Glaube nivelliert werden?
Soweit sollte man es nicht kommen lassen!
Wo kommen wir hin, wenn alle so handeln?
Gibt es Nebenstraßen zum Heil?
Wo bleibt der Geist der Kreuzzüge?
Gehen Sie nicht zu weit, Herr Abraham?
Wo hat Toleranz ihre Grenzen?
Biedert sich Abraham bei den Heiden an?
Sollten nicht die Heiden uns Steuer zahlen?
Was suchen Heiden an unserem Tisch?
Geschlossener Club oder Weltkirche?
Friedensmahl oder Verrat der Prinzipien?
Haben wir am Schluß doch alle den gleichen Gott?
Kommt jetzt die große Einheitsreligion?
Widersprechen sich Christsein und Offenheit für die anderen?
Hintertürchen für die Heiden und Ungläubigen?
Ist der Himmel nur für die Christen reserviert?
Schafft Gott selbst alle Monopolstellungen ab?
Gott ist reich für alle Menschen!
Gott reißt alle trennenden Wände nieder!
Gott bereitet aller Spaltung unter den Menschen ein Ende.
Das Gemeinsame ist größer als das Trennende!
Gott allein vermag die Einheit unter den Menschen zu schaffen!
Ökumenischer Gottesdienst schon im alten Jerusalem?

Gott fährt nicht einspurig bei der Rettung der Menschen!
Boykott ist keiner der Wege Gottes!
Wir dürfen Gott keine Vorschriften machen!
Gott nimmt Einheit aller Menschen schon vorweg!
Gott ist ein Gott für alle!

Literaturhinweise

Walther Zimmerli, 1. Mose 12–25: Abraham, Zürich 1976
Lothar Ruppert, Das Buch Genesis, Teil I, Düsseldorf 1976
Diego Arenhoevel, Erinnerung an die Väter. Genesis 12–50, Stuttgart 1976
Hellmuth Frey, Das Buch des Glaubens. Kapitel 12–25 des ersten Buches Mose, 7. Aufl., Stuttgart 1978

§ 12
Gott zeigt uns, worauf es ankommt (Genesis 32, 23–33)

1. Zur Situation von Gen 32,23–33

Das Volk Israel hat den großen Vorzug vor allen anderen Völkern der Alten Welt, einzigartige Gotteserfahrungen gemacht zu haben. Es brachte diese Erfahrungen durch Erzählen und Wiedererzählen durch Jahrhunderte hindurch zu stets neuem Leben. Wir finden solche Erzählungen besonders in den sogenannten historischen Büchern des AT, vor allem in der Patriarchengeschichte Gen 12–50. Es ist der Eigenart des AT als Glaubenszeugnis Israels nicht angemessen, wenn wir darin nur historische Einzelangaben finden wollen. Hinter solchen Erzählungen steht ja sehr viel mehr. Es kommt darin nicht die Erfahrung von nur einzelnen Menschen zum Ausdruck, sondern die Erfahrung von Millionen gläubiger Menschen in den alten Religionen, in Israel und später auch in der Kirche. Das stellt in einem gewissen Sinn einen höheren Grad von Historizität dar als genaueste Berichte von einmaligen Ereignissen. Wir wissen inzwischen auch, daß solche Erzählungen, welche wichtigste religiöse Erfahrungen zum Ausdruck bringen, nicht auf einmal entstanden sind. Sie verwendeten vielmehr verschiedenartige ältere kleinste Erzählabschnitte als literarische Bausteine, die sich deutlich als nicht zum ursprünglichen Bestand der Erzählung gehörig zu erkennen geben. Auch das tut dem fast unausschöpfbaren theologischen Reichtum einer solchen Erzählung keinen Abbruch. Eine solche aus vielen kleinen Stücken zusammengestellte Erzählung, in welcher grundlegende Erfahrungen Israels zum Ausdruck kommen, ist die uns merkwürdig anmutende Geschichte vom Kampf Jakob mit einem unbekannten himmlischen Wesen, hinter dem sich für den atl. Leser unschwer Gott selbst erkennen läßt. Wir finden als kleine literarische Einheiten in Gen 32,23–33 das beliebte Stilmittel des Wortspiels mit den Namen Jakob und Jabbok und dem hebräischen Wort für ringen, 'abeq, vor, ferner Namenserklärungen von Jakob, Israel und Penuel (Angesicht Gottes). Wir finden auch die Erklärung einer merkwürdigen israelitischen Speisesitte, von der im AT sonst nie mehr die Rede ist. Als Kernstück der Erzählung ist die ursprünglich heidnische Legende vom Kampf eines Mannes mit einem Flußgeist anzusehen, der jeden in den nassen Tod hinabziehen will, der den Fluß zu überschreiten sucht. Mit dieser kompliziert zusammengesetzten Erzählung und einer vielfältigen literarischen Vorgeschichte hat der Jahwist dem Volk Israel wesentliche Aussagen über Gott und die heilsgeschichtlichen Aufgaben Israels nahegebracht. Er hat diesen Abschnitt so in eine prophetische Lehrerzählung umgeformt, die Israel und allen Menschen sagt, worauf es in unserem Leben wirklich ankommt. Es ist eine Geschichte, welche die Hörer schockiert, um darauf aufmerksam zu machen, was kein Mensch ungestraft übersehen darf. In dieser Geschichte geht es um die wichtigen Begriffe Segen und Namen, die beide dem Menschen von Gott geschenkt werden müssen, wenn sie Bestand haben sollen. Es geht in Gen 32 um rechtes und falsches menschliches Grundverhalten, um das Aufzeigen des gläubigen Festhaltens an Gott als des einzigen Wegs, der Israel und alle Menschen ihr Ziel erreichen läßt. Die elf Verse sind in das Gesamt der Jakobsgeschichte Gen 25–36 eingefügt und stehen am Ende dieses Abschnittes der Genesis, den Hellmuth Frey als „Buch des Kampfes" überschreibt. In seinem mit sehr fragwürdigen Mitteln geführten Kampf um den Segen Gottes hat Jakob seinem Bruder Esau das Erstgeburtsrecht mit List abgejagt. Schon im Mutterschoß (25,22) und bei der Geburt (25,26) begann der Streit. Um ein Linsenmus tritt dann Esau das Erstgeburtsrecht ab (25,27–34). Eine weitere Darstellung der Genesis berichtet von der verwerflichen Erschleichung des Erstgeburtssegens durch Jakob von dem blinden Vater (Gen 27). Als Jakob dann vor Esau fliehen muß, überlistet er seinen nicht weniger listenreichen Schwiegervater Laban (Gen 28–31). Nun aber möchte der erfolgreiche Jakob mit seiner Familie und dem ganzen Besitz in die Heimat zurückkehren. Seinen Bruder Esau besänftigt er mit Geschenken (32,2–22), Gott mit einem frommen Gebet (32,10–13). Ganz unerwartet stellt sich ihm Gott selbst in den Weg und zwingt Jakob, aller Schlauheit und aller eigenen Tüchtigkeit abzusagen und sich ganz auf Gottes gnädiges Erbarmen und auf seinen Segen zu verlassen. Der Jahwist erzählt diese Geschichte seinen Zeitgenossen, die zur Zeit des salomonischen Reiches in Gefahr sind, wie Jakob von dem Erreichten geblendet zu werden und zu vergessen, daß sie einzig und allein aus Gottes gnädiger Zusage leben. Die Botschaft von Gen 32,23–33, die sich einer restlosen Erklärung entzieht, ist in ihrer Aussage von großer Aktualität für die Menschen aller Zeiten. Gott bringt auch uns durch Schicksalsschläge zur Besinnung und begegnet uns wie ein Feind. Aber erst am Schluß geht uns auf, wenn wir kapitulieren und uns ihm im Glauben vorbehaltlos übergeben, daß Gott uns erst dadurch, daß er uns „auflaufen" ließ, für das Wesentliche freigemacht und zur Absage an alle falschen Sicherheiten geführt hat.

2. Der Text und seine Erklärung

Die elf Verse mit ihren Aussagen lassen sich in fünf kleine Abschnitte einteilen, wobei der zentrale Teil die Verse 27–30 sind. 32,23 f: Der Übergang über den Jabbok; 32,25 f: Der Kampf mit dem Unbekannten; 32,27–30: Segen und neuer Name; 32,31 f: Die Erklärung des Ortsnamens Penuel; 32,33: Die Erklärung einer alten Speisesitte.

(32,23 f) Die Nacht und der Übergang über den Fluß stehen für Entscheidungen in wichtigen Lebensfragen. Jakob überschreitet mit seiner Familie den Fluß, wie es in v. 23 und v. 24 doppelt berichtet ist. Alles scheint geregelt und wunschgemäß abzulaufen. Alles, was sich Jakob aufgebaut und erworben hat, wenngleich auf sehr fragwürdige Weise, scheint gesicherter Besitz zu sein.
(32,25 f) Da tritt dem selbstsicheren Jakob überraschend ein unbekanntes Wesen entgegen, das ihn zu töten droht. Die Angst des überirdischen Wesens vor dem Morgen, das offensichtlich mit dem Anbruch des Tags seine Macht verliert, ist ein bekanntes Motiv aus der Märchenwelt, das hier aus der heidnischen Vorlage übernommen wurde. Wichtig ist, daß Jakob von seinem Gegenüber, bei dem es sich um Gott selbst handelt, – eine sehr vermenschlichte Darstellung Gottes also! – mit einem Ringertrick durch Ausrenken des Hüftgelenks kampfunfähig gemacht wird. Damit hat Jakob auch das Leben verwirkt. Alle früheren Erfolge und sein ganzer Besitz nützen ihm nichts mehr.
(32,27–30) In dieser Hauptszene, in der es um Segen und Neubenennung geht, wandelt sich alles wieder. Das geheimnisvolle Wesen sieht sich durch die feste Umklammerung Jakobs außerstande, zum tödlichen Schlag auszuholen (v. 27). Theologisch handelt es sich aber darum, daß Jakob sich im Glauben an Gottes Treue festklammert. Gott hat sich ja dazu verpflichtet, was der Name Jahwe besagt zu tun, nämlich stets dazusein für die Seinen und ihnen hilfreich zur Seite zu stehen. Jakob hat also gleichsam die schwache Stelle Gottes entdeckt: Seine Zusage und seine Treue, an die sich Jakob im gläubigen Vertrauen festhält. Gott muß nun, wenn er sich nicht selbst untreu werden will, das Wort des Segens sprechen, das Leben bedeutet und das Todeslos von Jakob abwendet. Der Schlag auf die Hüfte, den Sitz der Zeugungskraft, bedeutet einen Angriff auf Leben und Zukunft Jakobs. Der neue Segen garantiert ihm aber nun, daß Jakob sein Leben behalten und Leben weitergeben kann. Gott läßt sich aber durch Jakobs Glauben, um den es ihm doch selbst geht, nicht einfach überrumpeln. Gott frägt Jakob nach seinem Namen (v. 28), der nach altorientalischer Auffassung für das Wesen des Benann-

ten steht. Jakob muß nun bekennen, was dieser Name aussagt: Ich bin Jakob, d. h. der Betrüger. Damit bekennt er sich zu seiner vielfachen Schuld und distanziert sich mit diesem Bekenntnis von seinem früheren Fehlverhalten, auf das er bisher alles aufgebaut hat. Indem er so vor Gott kapituliert, gewinnt er Leben und Zukunft. Einen anderen Weg als diese Übergabe im Glauben an Gott gibt es nicht. Zugleich an seiner falschen Einstellung gegenüber Gott und den Mitmenschen festhalten und dann von Gott Leben und Gnade erwarten zu wollen, geht nicht zusammen. Gott gibt nun dem zur Einsicht gebrachten Jakob einen neuen Namen (v. 29). Das besagt: Das Alte und alles Böse seines bisherigen Lebens, sind damit abgetan, zählen nicht mehr vor Gott. Der neue Name, den Jakob von Gott erhält, drückt neues Leben, die neue Zusage Gottes aus. Israel, Gottkämpfer, wird für Jakob zum Ehrennamen, der nun nach seiner Abkehr vom Bösen vor Gott und Menschen als Segensträger neu bestätigt ist. Der neue Name bedeutet für Jakob aber auch die Verpflichtung, Kämpfer für Gott zu sein, sich nicht als Privatmann zu betrachten, sondern als einen, den Gott in Dienst genommen hat. Die Gegenfrage Jakobs nach dem Namen Gottes (v. 30) erhält keine Antwort. Der Mensch muß erkennen, daß er Gott in seiner Unbegreiflichkeit und Souveränität einfach annehmen und anerkennen muß, daß er Gottes nicht habhaft werden kann im Sinne eines Begreifen- oder Besitzenwollens. Wichtiger als über Gott verfügen zu können, ist für Jakob der Segen, die Zusage Gottes, aus der Jakob und alle Menschen leben.

(32,31 f) Der Name des Kampfortes heißt Penuel, Angesicht Gottes. Dieser Name kommt wohl von einem Felsen im Jabboktal, der wie ein riesiges Gesicht aussieht. In diesem Vers wird eine Parallele zur Todesverfallenheit des im Ringkampf unterlegenen Jakob (v. 26) sichtbar. Nach altorientalischer Anschauung ist jeder Mensch, der Gottes Antlitz sieht, dem Tod verfallen. Jakob dagegen erfährt nun, weil er weiterleben darf, daß Gott ihn begnadigt hat. Auch die aufgehende Sonne, ein Symbol des Gerichtes Gottes, das alles im Dunkel der Nacht Geschehene ins rechte Licht rückt, zeigt Jakob, daß das Leben weitergeht, aber als ein von Gott geschenktes. Das Hinken Jakobs ist wie eine Art Denkzettel für Jakob zu verstehen, der ihm für die Zukunft sehr heilsam ist. Er wird nämlich durch das Hinken ständig an diesen Kampf, an seine Niederlage und an seinen Sieg erinnert. Er wird so darauf hingewiesen, daß er nur ein geschenktes Leben führt, daß er sich ganz Gott verdankt und nun Gott mit seinem ganzen Dasein verpflichtet ist. Würde er nicht hinken, wäre er in Gefahr, wie es bei uns Menschen üblich ist, das erschütternde Erlebnis schnell zu vergessen und als einen unwirklichen bösen Traum abzutun.

(32,33) Die nur hier berichtete atl. Speisesitte will wohl zum Ausdruck bringen, daß die Nachkommen Jakobs, wenn sie dieses Gebot beobachten, die Lehre dieser Geschichte sehr wohl verstanden haben und sie beherzigen wollen. Die Hüftgegend steht auch hier für Leben und Weitergabe des Lebens. Die Israeliten bekennen durch die Beobachtung dieser Speisesitte, daß alles Leben ein Geschenk Gottes ist. Wenn Israel dies vergißt, gefährdet es seine eigene Zukunft.

3. Themen von Gen 32,23–33

(1) *Unsere falsche Sicherheit.* Der Ausgangspunkt dieser Geschichte ist der Stolz des erfolgreichen Jakob, der überzeugt ist, mit seinen Tricks auch in Zukunft alle Gefährdungen für sein Leben ausschalten zu können. Er steht mit dieser Selbstsicherheit für uns, denen alles machbar und manipulierbar erscheint. Ein geringes oder auch massives Nachhelfen – wenn es sein muß, auch auf Kosten anderer! – kann das Glück nur beschleunigen. Aber das Gebäude unseres Lebens ohne tragfähiges Fundament ist desto gefährdeter, je höher es aufgeführt wird. Der Zusammenbruch ist gleichsam schon vorprogrammiert. Was das Wesentliche des menschlichen Lebens ausmacht, läßt sich nur unter Anerkennung der Wirklichkeit, nicht aber durch ihre Umgehung und durch das Weiterspinnen an der großen Lebenslüge erreichen. Jakob steht in Gen 32 für das Volk Israel zur Zeit des Jahwisten, das von Gott groß gemacht worden ist und von ihm einen Auftrag zum Heil aller Welt erhalten hat. Israel ist aber vor allem auf die Entfaltung und Absicherung seiner eigenen Machtposition bedacht und übersieht dabei ganz, daß seine Berufung durch Gott auch die

Verpflichtung beinhaltet, sich in seinen Dienst zu stellen. Nur wenige Menschen lassen sich aber vom prophetischen Schriftsteller darauf hinweisen, daß sie in ihrem Leben Wesentliches außer acht lassen und sich selbst so bis ins letzte gefährden, wenn sie nicht ablassen von ihrer völlig verkehrten Politik. Die Sprache der unerbittlichen Wirklichkeit mit dem plötzlichen Zusammenbruch aller Sicherheit hat offensichtlich mehr Chance als alle guten Worte, von den Menschen gehört und verstanden zu werden.

(2) *Gott erscheint wie ein Feind.* Im AT begegnet Gott den Seinen oft wie ein Feind, der lauernd am Weg wartet (vgl. Ex 4,24–26; Hos 13,7 f). So empfindet es wohl jeder Mensch, wenn Gott auf einmal im Leben den Weg blockiert und ihn zwingt, aller falschen Sicherheit abzuschwören und sich auf das Eigentliche zu besinnen. Der Mensch lehnt sich zunächst dagegen auf und möchte sein Leben in den alten Geleisen weiterleben. Er sieht sein utopisches Weltbild zerbrechen und möchte ein solches Hinterfragen seiner Sicherheit nicht hinnehmen. Aber Gott tut dies nicht gleichsam aus sadistischer Freude daran, Schmerz zuzufügen, sondern dahinter steht vielmehr seine liebende Vatersorge, die es nicht mitansehen kann, wie der Mensch sich in seiner Täuschung verliert. Ein Vater nimmt seinem Kind, auch wenn es weint, ein gefährliches Werkzeug aus der Hand, mit dem es sich verletzen könnte. Daß hinter diesem Blockieren, das wir als schmerzlich empfinden, die Liebe Gottes steht, „der kein Gefallen am Tod des Schuldigen hat, sondern daran, daß er am Leben bleibt" (Ez 33,11), das begreifen wir vielleicht erst hinterdrein, nicht aber im Augenblick des Angriffs. Auch wenn wir meinen, Gott wolle uns gefangen halten, so ist doch gerade er es, der uns aus aller Selbsttäuschung herausführt und uns so befreit.

(3) *Glaube als einziger Ausweg.* Gottes Eingreifen macht uns deutlich, wohin uns das eigene Planen führt: in Tod und Untergang. Der einzige Ausweg daraus ist ein totales Umdenken, ist der Glaube, der eine Absage an alle menschlichen Sicherheiten bedeutet und die Sicherheit allein dort sucht, wo sie auch zu finden ist: bei Gott, bei seiner Macht und Treue. Daß die Erkenntnis und die Bereitschaft, diesen Weg von sich

selbst weg und hin auf Gott zu gehen, erst aus der Erfahrung des totalen Verlorenseins erwachsen, ist an sich nicht zwingend notwendig, scheint aber bei uns Menschen leider das Normale zu sein. Wir machen auch sonst die Erfahrung, daß echte menschliche Werte nur durch Verzicht zu erreichen sind, daß Reifwerden das Ergebnis von Loslassen, eine Abkehr von der Haltung des bloßen Habenwollens ist. Christus sagt das ganz klar: „Wer sein Leben retten will, wird es verlieren; wer aber sein Leben verliert, wird es retten" (Mk 8,35). Je radikaler uns alles genommen wird und alles unseren Händen entgleitet, desto leichter wird uns dieser Schritt des Glaubens fallen, der von uns allen gefordert ist, soviel wir uns auch dagegen sperren und dieser Entscheidung ausweichen wollen.

(4) *Das Alte und das Neue.* Jakob muß sich mit dem Bekenntnis seines Namens/Wesens lossagen vom Alten, von der falschen Sicherheit, von seinen „krummen Touren". Erst dann kann Gott ihm einen neuen Anfang schenken. Das Ablegen seines alten Namens bedeutet den Verzicht auf das zerbrechliche Fundament, auf dem er bisher sein Leben aufgebaut hat. Für Gott, der „all unsere Sünden in die Tiefe des Meeres hinabwirft" (Mich 7,19), besagt die Verleihung des neuen Namens: Das Alte ist vergangen; die Sünde ist vernichtet. Jetzt gilt nur noch das Neue: Der Mensch, der sich durch den Glauben ganz in den Segensbereich Gottes stellt. Er ist eine neue Schöpfung geworden und darf ganz neu anfangen. Der neue Name beinhaltet aber auch eine Beauftragung, nicht mehr für sich selbst zu leben, sondern für Gott, der ihm dieses neue Leben schenkt. Wir dürfen also unser Leben nicht als einen Besitz betrachten, mit dem wir machen können, was wir gerade wollen, sondern als ein verpflichtendes Geschenk, das wir in freier Verantwortung vor Gott und im Geist der dienenen Liebe Christi verwalten. Wir dürfen, wenn wir zum wirklichen Menschsein gelangen wollen, nicht alles auf unser Ich beziehen, sondern müssen uns einbringen in die größere Liebe Gottes, die alle Menschen umschließt. Sie befreit die Menschheit vom Bösen und führt sie aus dem Teufelskreis des Ichs.

(5) *Der unfaßbare Gott.* Die Weigerung Gottes, Jakob seinen eigenen Namen preiszugeben, macht uns klar, daß Gott sich

zwar zugunsten des verirrten Menschen ganz einsetzt, bis hin zum Ringkampf mit ihm, daß aber der Mensch den Segen nur im einfachen Glauben und in Dankbarkeit als Geschenk empfangen kann, ohne Gott einfach vereinnahmen und als neues Faustpfand einer falsch verstandenen Sicherheit festhalten zu wollen. Wichtig ist zu wissen, daß Gott ganz für uns da ist und daß er uns auch durch unkonventionelle Mittel zum Heil führt. Es muß uns genügen, ihm im gläubigen Vertrauen verbunden zu sein, um seine unerschütterliche Treue zu wissen und ganz aus seiner Wirklichkeit leben zu dürfen. Das ist wichtiger für uns, als ihn genau definieren und mit unseren Begriffen und Vorstellungen einfangen zu können. Gott ist ja immer der Größere, größer als unser Herz und unser Denken. Das Ja unseres Glaubens zu dem großen Du Gottes ist wie auch die wichtigsten Dinge unseres Lebens einfach nicht weiter zu hinterfragen und nicht auf die falsche Sicherheit eines menschlichen Denksystems festzulegen.

(6) *Das heilsame Hinken.* Dem Stammvater bleiben nicht nur der Segen und das von Gott neugeschenkte Leben, es bleibt ihm auch das Hinken. Es steht für unsere Grenzen, die uns immer wieder schmerzlich bewußt machen, daß auch unsere Bäume nicht in den Himmel wachsen. Die Grenze als solche stellt zwar keinen positiven Wert in sich dar, aber sie bewahrt uns davor, von neuem unser Leben und unsere Fähigkeiten falsch einzuschätzen. Uns Menschen tut es erfahrungsgemäß gut, wenn es uns nicht zu gut geht. Wir sind nämlich dann offener für Gottes Gnadenwirken und verfallen nicht der verderblichen Täuschung, alles in unserem Leben im Griff zu haben. Diese Erkenntnis und das Eingeständnis unserer Beschränkung müssen sich auch nach außen zeigen. Der Brauch der Israeliten, einen bestimmten Teil des geschlachteten Tieres nicht zu essen, stellt keinen Wert in sich dar, aber es liegt darin der Ausdruck der Bereitschaft, anzuerkennen, daß wir uns nicht allein gehören, sondern Gott, der über uns steht. Er ist kein haßerfüllter, neidischer Gott, sondern ein Gott der Liebe, der uns gegebenenfalls auch zu unserem Glück zwingen und uns aus unserer falschen Sicherheit aufscheuchen muß. Ein solches Hinken, das an überwundene Fehleinschätzungen

und auch an früher richtig gelernte Lektionen unseres Lebens erinnert, wird uns nur zum Heil sein.

4. Fragen an uns

(1) Erfolg heißt einer der Götzen unserer Zeit, dem Milliarden von Menschen alles zu opfern bereit sind. Um Erfolg zu haben, verzichten wir Menschen auf vieles, geben Bindungen auf, die uns hindern könnten, diesem Götzen zu dienen. Wir verwenden auch sehr fragwürdige Methoden, nur um zum Erfolg zu kommen. Das muß nicht unbedingt bis Haß, Gewalttat, Mord, Betrug oder brutale Rücksichtslosigkeit gehen, aber wir opfern dem Erfolg, oft ohne es uns einzugestehen, Familienleben, Gesundheit, innere Ruhe und Gelassenheit. Es gibt eine Unzahl von versteckten und offenen Formen, mit denen wir diesem Götzen dienen. Wir reden uns dabei ein, daß es immer so weitergehen müsse. Wer dagegen Bedenken anmeldet, greift uns persönlich an. Sehen wir aber nicht, wie wir dadurch innerlich krank werden, verarmen mit diesen unseren falschen Vorstellungen, die sich uns als Paradies und eitel Glück anpreisen, in Wirklichkeit aber genau das Gegenteil davon sind? Bei einem jähen Erwachen, das uns auf einmal gnadenhaft überfällt, wird uns dann erschreckend klar, daß wir unser Leben auf Sand gebaut haben, und daß der Zusammenbruch unserer Lebenslüge zu einer echten Katastrophe wird. Werden wir dann begreifen, daß diese schmerzliche Erfahrung der einzige Weg ist, der uns wirklich zu unserem Heil führt?

(2) Wenn uns schweres Leid trifft, wenn die Familie auseinanderbricht, wenn uns liebe Menschen verlassen müssen, wenn unser Leben zu Ende geht, dann geht uns auf einmal erschreckend auf, wie verblendet und selbstzerstörerisch wir unser Leben programmiert haben. Wir empfinden zwar das Leid, das Gott uns treffen läßt, als schreiendes Unrecht, als einen unberechtigten Angriff Gottes auf unsere Selbständigkeit und lehnen uns instinktiv dagegen auf. Christus selbst hat ja am Ölberg das Leid und den Tod als unsinniges Vergehen und als letzte Herausforderung empfunden, gegen die sich der Mensch mit allen Kräften zur Wehr setzt. Er hat jedoch die-

sem Angriff Gottes auf alles, was uns Menschen so viel bedeutet, stellvertretend für uns gläubig standgehalten und auch den Tod angenommen als den Weg, der zum Bleibenden, zur Liebe Gottes, zur Auferstehung und der daraus erwachsenden eigentlichen Sinnhaftigkeit unseres Lebens führt. Dürfen wir uns wundern, wenn auch wir diesen Angriff Gottes zunächst als etwas uns Feindseliges und uns Zerstörendes empfinden? Erkennen wir das Kreuz als die dunkle Rückseite der Herrlichkeit Gottes, die auch uns erfassen und verwandeln wird? Paulus bezeugt uns, „daß die Leiden der gegenwärtigen Zeit nichts bedeuten im Vergleich zu der Herrlichkeit, die an uns offenbar werden soll“ (Röm 8,18).

(3) Die Erzählung vom Jakobskampf zeigt auch uns, die wir von vielfältiger Anfechtung angefallen sind, als Ausweg aus dieser hoffnungslosen Situation den Glauben, das vertrauensvolle Sichfestklammern an Gott und seiner Treue. Wenn es auch uns durch den Glauben gleichsam durch einen raffinierten Trick wie Jakob gelingt, unserem Leben auf einmal ein neues Fundament und einen bleibenden Sinn zu geben, so haben wir die einzige Chance ergriffen, die uns bleibt. Aber täuschen wir uns nicht! Diese richtige und millionenfach erprobte Methode ist zwar schnell ausgesprochen, aber jeder einzelne muß diesen schmerzlichen Prozeß vor Gott allein durchstehen, jeder für sich. Denken wir jedoch auch daran, daß wir doch nicht allein dastehen, weil die Kraft Christi, der uns selbst diesen Weg vorausgegangen ist, auch in uns am Werk ist? Er befähigt uns zu dieser Umkehr, zu diesem allesüberwindenden Glauben, der uns jetzt noch so unmöglich vorkommt.

(4) Solange wir aber nicht eine entschiedene Absage allem Falschen unseres Lebens gegenüber geleistet haben, solange wir nicht offen vor Gott und uns selbst bekannt haben, daß wir auf dem falschen Weg sind, kann das Neue Gottes in uns nicht Kraft gewinnen, bleibt unsere Einstellung weiterhin ein großer Selbstbetrug. Alles Beschönigen unserer Fehler bringt nichts. Erst wenn wir uns von ihnen klar lossagen, sind wir fähig, von Gott her das Neue und bleibend Gültige zu empfangen. Gott ist es ja, der unserer Sünden und Fehlhaltungen, die wir nicht

aufarbeiten und bewältigen können, überwindet, der unserer Sünden gleichsam spottet und sie ins Nichts versinken läßt. Diese Befreiung von der Sünde bedeutet für uns zugleich eine Verpflichtung, uns für Gott und seine Sache in der Welt einzusetzen. Wir sind Diener Gottes geworden, aber in der einmaligen Weise der Wirklichkeit Gottes, von dem die römische Liturgie sagt: „Ihm zu dienen, bedeutet herrschen". Wann wollen wir endlich einsehen, daß es für uns höchsten Gewinn, den Gewinn unserer selbst bedeutet, wenn wir uns im Glauben an Gott und an seinen Auftrag verlieren?

(5) Daß Gott dem neubegnadeten Jakob die Mitteilung seines Namens verweigert, ihm aber seinen Segen nicht vorenthält, erinnert uns daran, daß wir unser neues Verhältnis zu Gott nicht wieder verfälschen dürfen zu einem Faustpfand, das wir selbstsüchtig festhalten. Aber wir sollen uns mit dem Segen Gottes, mit dem gläubigen und dankbaren Festhalten begnügen. Das Bestreben, Gott in den Griff bekommen zu wollen, wäre eine gefährliche Fehlhaltung der Gläubigen, eine Selbsttäuschung, ein falscher Ersatz für den aufgegebenen menschlichen Erfolg, ein Rückfall in die frühere Unwirklichkeit.

(6) Das Hinken bedeutet, daß Gott uns den Schock, durch den er uns der Gewalt des Götzen Erfolg entrissen hat, nicht so leicht vergessen oder verdrängen läßt. Dieses Wissen sollen wir weitergeben. Die Menschen lernen zwar bekanntlich nicht viel aus der Geschichte. Sie wollen zuerst selbst schlechte Erfahrungen gemacht haben, bevor sie bereit sind, die Warnungen anderer ernstzunehmen. Aber wenigstens theoretisch können wir und andere diese Erfahrungen zur Kenntnis nehmen. Sind wir überzeugt, daß die richtige Entscheidung zwar keinem erspart werden kann, daß es uns aber im Ernstfall doch hilfreich sein wird, wenn wir uns von den Erfahrungen Jakobs/Israels darauf etwas vorbereiten lassen?

5. *Zur praktischen Bibelarbeit*

Nach einer kurzen Erklärung von Gen 32,23–33 vor dem Plenum, die über den Aufbau, über die literarischen Gattungen und die Situation Israels zur Zeit des Jahwisten informiert, beschäftigen sich Untergruppen näher mit diesem Text. Ausgangspunkt ist, daß sich die Teilnehmer klar machen, was der Text damals mit seiner prophetischen Warnung an die selbstsicheren Israeliten des 10. Jahrhunderts und aller folgenden Jahrhunderte sagen wollte. Dann sollten diese Erkenntnisse auf unsere Situation übertragen werden, was diese Geschichte uns und unseren Gemeinden hier und heute zu sagen hat. Gemeinsam wird dann Vers für Vers ein aktualisierender Text erarbeitet, der dann von den verschiedenen Untergruppen wieder im Plenum vorgetragen wird. Aus dem Erarbeiteten könnte für einen gemeinsamen Gottesdienst ein alles zusammenfassender Text erstellt werden, der auf die Situation einer Gemeinde eingeht. Dieser könnte etwa so aussehen:

(32,23 f) So erging es unserer vorbildlich erfolgreichen Gemeinde. Wir haben unsere Pfarrei in allen Bereichen hervorragend durchorganisiert. Alles, was wir bauen wollten, ist gebaut worden. Alle vorgesehenen Gremien stehen. Wir haben uns wirklich nicht geschont, um Erfolge aufweisen zu können. Der Weg in die Zukunft war, soweit es auf uns ankam, geebnet. Das soll uns einmal eine andere Pfarrei nachmachen, sagten wir zu uns selbst.

(32,25 f) Aber dann ging auf einmal so gut wie alles schief. Irgendwie liefen uns die Menschen, zuerst die jungen, einfach davon. Die Organisation lief zwar weiter auf Hochtouren, aber sie erwies sich mehr und mehr als Leerlauf. Dann seilten sich viele Mitarbeiter ab. Irgend etwas muß doch schief gelaufen sein in den Jahren des rasanten Aufbaus! Nichts ging mehr, obwohl wir alle Kräfte in verbissenem Zorn mobilisierten.

(32,27) Der einzige Ausweg war, einfach einmal über unser Vorgehen nachzudenken. Wir mußten einsehen, daß alles bisher Erreichte restlos in Frage gestellt war. Wir mußten uns eingestehen, daß wir nur überleben könnten, wenn wir vom äußeren Erfolg, von der überzogenen Organisation, von der oberflächlichen Betriebsamkeit loskämen und uns wieder einfach auf den Boden des schlichten Glaubens stellten. Wir wollten ganz neu anfangen und dem Götzen Erfolg gründlich abschwören.

(32,28) Wenn wir ehrlich sein wollen, müssen wir heute einfach vor Gott und den Menschen bekennen: Wir haben zwar alles großartig und auch nach den gängigen Gesetzen von Psychologie und Soziologie durchdacht und strukturiert, aber wir haben dabei haarscharf am Menschen vorbeigelebt. Irgendwie haben wir die eigene Seele verraten und das Wichtigste glatt verdrängt. Wir müssen uns nun einfach zu diesen Fehleinschätzungen bekennen als einer Schuld, die wir auf uns geladen und gleichsam „mit Stricken herbeigezogen haben" (Jes 5,18).

(32,29) Die große Enttäuschung war aber zugleich eine Chance eines echten Neuanfangs, die uns Gott gibt. Wir hatten zuvor nur uns selbst im Auge und hatten unsere eigene Ehre gesucht. Gott und seine Sache dienten uns nur als Aushängeschild. Wir mußten total umstecken. Wenn es weitergehen sollte, dann blieb uns nur eine radikale Neuorientierung an der selbstlosen Dienstbereitschaft Christi. Das sieht zwar nach Verzicht auf Tüchtigkeit und Organisation aus, ja nach gesuchter Erfolglosigkeit. Aber es ging uns auf einmal auf, daß uns wirklich nur noch eine radikale Kurskorrektur retten könne.

(32,30) Wir wollten damals zwar auch Gott in unser Unternehmen einbeziehen, ihn aber einfach als Faktor einbauen in unser selbstgebasteltes System. Wir wollten ihn uns dienstbar machen. Lange waren wir davon überzeugt, daß es so richtig wäre. Aber Gott hat uns über die Menschen eine harte, aber heilsame Lehre gegeben, daß es in der Gemeinde Gottes eben mehr auf seine Anwesenheit ankommt, auf die Macht seines Geistes, auf die Gesinnung Christi als auf äußeren Erfolg, auf Organisation oder auch auf kluge theologische Konzeptionen, hinter denen man sich notfalls auch leicht, nicht zuletzt vor Gott, verstecken kann.

(32,31) Jetzt, wo wir diese schmerzliche, aber notwendige Erfahrung gemacht haben, freuen wir uns, daß Gott uns doch nicht ganz abgeschrieben und uns nicht weiterhin unserer eigenen Torheit überlassen hat. Jetzt erfahren wir auch auf einmal neu, daß Gott doch zu uns steht, daß seine Gnade in uns Menschen wirkt, nicht mehr so auffällig und äußerlich großartig, wie wir es gerne haben wollten, dafür ehrlich und beständig und verläßlich.

(32,32) Von den Statistiken her macht unsere Gemeinde

heute zwar einen bescheidenen, ja mitgenommenen Eindruck. Alles ist kleiner geworden, dafür aber menschlicher, herzlicher, mehr ausgerichtet nach der Liebe und Güte Christi als auf unseren Stolz und auf das Leistungsprinzip. Es leuchtet uns wieder die Sonne echter Hoffnung.

(32,33) Wir möchten heute am liebsten in der großen Kirche überall eine deutlich sichtbare Warntafel anbringen mit der Inschrift: Es wird gewarnt vor der Großmannssucht, vor dem Götzen Leistung, vor der bloßen Organisation! Wir werden versuchen, diese unsere Erfahrung auch den späteren Generationen weiterzugeben, damit sie nicht die gleichen Fehler begehen wie wir. Ob es einen Wert haben wird? Wir hoffen und beten jedenfalls darum, daß unsere Nachkommen, wenn sie schon, wie es durchaus zu erwarten ist, die gleichen Dummheiten machen wollen, wie die Generationen vor ihnen, daß dann Gott auch sie ebenso unausweichlich zur Besinnung auf das Wesentliche und zu einem echten Neuanfang führt wie uns. Deshalb erzählen wir auch diese unsere Geschichte. Es ist die Geschichte Jakobs, die Geschichte aller Menschen. Wir erzählen sie zum Lob Gottes, der sich nicht mit unserer Torheit abfindet, sondern uns den Weg der Wahrheit und des Lebens eröffnet hat.

Literaturangaben

Werner Dommershausen, Ringkampf mit Gott. Eine unglaubliche biblische Geschichte, Stuttgart 1969

Gerhard von Rad, Das erste Buch Mose. Genesis, 10. Aufl., Göttingen 1976

Diego Arenhoevel, Erinnerung an die Väter. Genesis 12–50, Stuttgart 1976

Hellmuth Frey, Das Buch des Kampfes, Kapitel 25–35 des ersten Buches Mose, 5. Aufl., Stuttgart 1979

Anhang: Anmerkungen zur praktischen Bibelarbeit

1. Zum Ziel der praktischen Bibelarbeit

Die verschiedenen Methoden der praktischen Bibelarbeit wollen die Teilnehmer an einen überschaubaren biblischen Text heranführen und sie mit seinen Fragen und seinen von Gott her angebotenen Antworten, die einen Bezug auf das Leben haben, vertraut machen. In Gruppenarbeit soll dabei erreicht werden, daß die Teilnehmer als gläubige Christen in diesem Bibeltext „die Anwesenheit Gottes im Wort" (Oswald Loretz) und die Mächtigkeit des inspirierenden Geistes (inspiriert = vom spiritus/Geist Gottes erfüllt) erspüren und dieses Wort Gottes und seinen Anruf mit ihrem Leben und ihren Erfahrungen in Verbindung bringen. Über die angewandten Methoden, welche die Kreativität und Spontaneität in den Menschen wecken und sie so gleichsam spielend an den Text heranführen sollen, erfahren sie, wie aktuell die Heilige Schrift für unser Leben ist, und daß die Fragen und Probleme der Menschen, an die das biblische Wort vor vielen Jahrhunderten erstmals erging, im wesentlichen die gleichen wie die unseren sind. Den Teilnehmern soll in der gemeinsamen Arbeit auch aufgehen, daß sie mit ihren positiven und negativen Erfahrungen, mit ihren Fragen und Problemen nicht allein stehen. Sie sollen auch sehen, wie andere Menschen sich damit auseinandersetzen und aus der Kraft ihres Glaubens und ihres Gottvertrauens Hilfen für ihr Leben erhalten. Es geht in der praktischen Bibelarbeit, wo man sich einfach einmal die Zeit nimmt, sich mit einem kurzen Abschnitt der Bibel eingehend zu beschäftigen, auch darum, daß man aus den dabei gewonnenen Erfahrungen hellhörig wird für die Aktualität des Anrufes Gottes auch in anderen biblischen Texten, die wir sonst in Liturgie und Verkündigung hören, oder denen wir bei der privaten Bibellektüre begegnen. Dabei besteht ja immer die große Gefahr, die Bedeutung solcher Texte für das Leben einfach zu überhören. Mögen im Ablauf einer Einheit der praktischen

Bibelarbeit bei den Teilnehmern auch nicht alle Erwartungen erfüllt werden, so sind doch jeder Ansatz, unser Leben mit dem Wort Gottes in der Heiligen Schrift in Verbindung zu bringen, und jeder lebendige Austausch von echten Erfahrungen für die einzelnen ganz sicher eine Bereicherung. Für viele wird dies auch ein tiefes Erleben und eine wirkliche Gottesbegegnung, aus deren Kraft sie ihr Leben und ihren Alltag besser meistern können.

2. Zu den Teilnehmern

Die Teilnehmer an der praktischen Bibelarbeit, deren Bereitschaft zu echter Mitarbeit trotz mancher Vorbehalte und unterschiedlicher Vorbereitung vorausgesetzt wird, sollen sich in einer noch überschaubaren Anzahl halten. Für die Gesamtgruppe, die möglichst nicht mehr als 20 bis 25 Teilnehmer haben soll, empfiehlt es sich, je nach der gewählten Arbeitsmethode, eine Unterteilung in kleine Arbeitsgruppen von 4 bis 6 Teilnehmern vorzunehmen. Auf diese Weise können alle aktiv mitarbeiten und mit ihren Erfahrungen auch zu Wort kommen. Die verschiedenen Untergruppen, die gewöhnlich das von ihnen Erarbeitete im Plenum einbringen, lassen dann auch die Gesamtgruppe erfahren, daß eine solche gemeinsame Arbeit zum gleichen Bibeltext einen großen Reichtum von eingebrachten Erfahrungen sichtbar werden läßt. Die Teilnehmer müssen nicht unbedingt nach Alter, Bildungsstand und Interessenlage gleich sein. Die Chance einer gemischten Gruppe besteht unter anderem auch darin, daß ganz verschiedene Gesichtspunkte und Positionen zur Sprache kommen. Das zwingt alle Teilnehmer mehr zum Hinhören und zum Ernstnehmen des anderen, und zwar mehr als in einer gleichartig zusammengesetzten Gruppe, und es lehrt sie auch, auf Andersdenkende Rücksicht zu nehmen.

3. Zum Raum

Was den für die praktische Bibelarbeit zur Verfügung stehenden Raum angeht, so sollte er es ermöglichen, daß sich die

Teilnehmer in einen großen Kreis setzen, einander sehen und so leichter miteinander ins Gespräch kommen. Das gleiche gilt für die Arbeit in den Untergruppen, die sich im großen Raum entsprechend zusammensetzen, falls dafür nicht entsprechende Nebenräume vorhanden sind. Manche Methoden der praktischen Bibelarbeit verlangen für alle Teilnehmer auch Schreibunterlagen, bei anderen Methoden nur für den Protokollführer einer Arbeitsgruppe.

4. Zu den Methoden

In den letzten Jahren erschien eine Reihe von Büchern zur praktischen Bibelarbeit, – ein Teil davon ist unten bei der Literaturangabe genannt! – welche die verschiedenen Methoden vorstellen und ausführliche Anleitungen für die Durchführung geben. Es hängt vom gewählten Bibeltext, von den Teilnehmern und auch vom Gruppenleiter sowie von anderen Gegebenheiten ab, welche Methode im Einzelfall durchgeführt wird. Vielleicht legt sich eine regelmäßig zusammenkommende Gruppe nur auf einige gängige oder ihr liegende Methoden fest. Sicher wird man die Methoden auch den Umständen entsprechend im Lauf der Zeit frei variieren. Man sollte aber auch den Mut haben, immer wieder ganz neue Methoden zu erproben. Es ist dabei mit großer Sicherheit damit zu rechnen, daß die Gruppe bei engagierter Mitarbeit das gewünschte Ziel auch erreicht und zugleich mit den neuen Methoden auch neue Erfahrungen sammelt.

5. Zum Text

Die besonderen Fragen der Teilnehmer, die Zeit (Advent, Weihnachts- oder Osterzeit usw.) und auch der Anlaß (Besinnungstag, Vorbereitung auf wichtige Ereignisse) werden die Auswahl des zu bearbeitenden Textes bestimmen. Es empfiehlt sich auch, einmal weniger „griffige" oder weniger bekannte Texte auszuwählen, vor allem die von der Tagesliturgie vorgegebenen Abschnitte, und damit zu arbeiten. Am Anfang mag, wie übrigens stets bei der praktischen Bibelarbeit, die besorgte Frage aufkommen, ob der gewählte Text „ergiebig“ sein wird und ob überhaupt etwas dabei „herauskommt“. Die Erfahrung zeigt, daß oft gerade solche scheinbar undankbaren Texte die Teilnehmer doch sehr stark ansprechen und überraschende und für alle wertvolle Ergebnisse bringen. Daß der Leiter bei der Einführung in den gewählten Text den näheren und entfernteren Kontext miteinbeziehen wird, ist klar. Für die praktische Arbeit selbst empfiehlt es sich aber, einen nicht zu umfangreichen Text auszuwählen oder aus einem größeren behandelten Text für die Bearbeitung durch die Gruppen nur die wichtigsten Verse zusammenzustellen, um so der praktischen Bibelarbeit den erwünschten Tiefgang zu geben. Wenngleich die Teilnehmer ihre eigenen Bibelausgaben verwenden können, – bei einigen Methoden ist die Verwendung von verschiedenen Übersetzungen notwendig oder sehr anregend! – so ist es doch bei den meisten Methoden angebracht, den zu bearbeitenden Text, zumal wenn es sich um einen aus einem größeren Abschnitt kombinierten Kurztext handelt, auf einem vervielfältigten Arbeitsblatt allen Teilnehmern in die Hand zu geben. Darauf können auch die Beschreibung der Methode und die Arbeitsanweisungen für die Gruppenarbeit und sogar auch einige Stichpunkte der Einleitung oder ähnliche Angaben stehen, die für die Durchführung hilfreich sind.

6. Zum Ablauf der praktischen Bibelarbeit

Jede Methode der praktischen Bibelarbeit hat ihren eigenen Ablauf, den die entsprechenden Handbücher beschreiben. Im allgemeinen wird nach der Begrüßung und nach einem kurzen, möglichst frei formulierten Gebet eine kurze Einführung in den Text und seine Probleme durch den Gruppenleiter stehen. Dabei können schon Anknüpfungspunkte für die Aktualisierung des Textes auf unser Leben hin stärker hervorgehoben werden. Nach einer Erläuterung der Methode und nach der Besprechung des Arbeitsplanes werden die Teilnehmer in die Untergruppen, die bei den meisten Methoden notwendig sind, eingeteilt und an die Arbeit geschickt. Jede Gruppe benennt einen Teilnehmer als Protokollführer, der das Erarbeitete kurz notiert und dann auch im Plenum vorträgt. Das Einbringen des von den Gruppen Erarbeiteten im Plenum kann durch ein das Ganze zusammenfassendes Gebet abgeschlossen werden. Wo es aber möglich ist, kann das gemeinsam Erarbeitete auch in einem sich anschließenden Gottesdienst eingebracht werden. Dabei werden z. B. zuerst der Bibeltext und anschließend der aktualisierte Text, bzw. die Erläuterungen vorgelesen; auf diese Weise wird in der ganz anderen Situation des Gottesdienstes das gemeinsam Erfahrene nochmals lebendig. Die Dauer der Bibelarbeit wird von der gewählten Methode abhängen, sollte aber doch mindestens 70–90 Minuten betragen: Etwa 20 Minuten für die Einführung, etwa 30–40 Minuten für die Gruppenarbeit und 20–30 Minuten für die gemeinsame Auswertung. Erfahrungsgemäß können sich die Teilnehmer am Beginn der Gruppenarbeit nicht vorstellen, was sie mit den 30–40 Minuten Arbeitszeit tun sollen. Sie müssen dann aber fast immer nach Ablauf der Zeit, wenn sie sich erst einmal tiefer in den Text eingearbeitet haben und in Gespräche eingetreten sind, direkt zum Aufhören gezwungen werden, auch deshalb, weil die gestellten Aufgaben zeitlich nicht bewältigt werden konnten. Es muß den Teilnehmern von vorneherein klargemacht werden, daß überhaupt kein Leistungsdruck besteht, und daß die praktische Bibelarbeit schon dann ihr wichtigstes Ziel erreicht hat, wenn die Teilnehmer auf einmal die Verbindung zwischen dem Bibeltext und ihrem Leben entdeckt und so die Aktualität dieses Textes gemeinsam erspürt haben. Sie haben dabei vielleicht zum ersten Mal in ihrem Leben erfahren, daß auch einfache Menschen miteinander sehr intensive Gespräche über die Bibel führen können. Im übrigen ist zu erwarten, daß die wichtigsten Gesichtspunkte eines Textes von den verschiedenen Gruppen auch wirklich eingebracht werden. Dabei ist aber wiederum zu bemerken, daß schon viel erreicht ist, wenn die Teilnehmer sich in bisher nie erfahrener Intensität auch nur mit einem einzigen Punkt beschäftigt haben.

7. Zur Aufgabe des Gesprächsleiters

Der Gesprächsleiter muß sich vor der Durchführung der praktischen Bibelarbeit schon eingehend mit dem gewählten Text und seinen Fragen unter Verwendung der einschlägigen wissenschaftlichen und praktischen Literatur vertraut machen – je tiefer, desto besser! Bei der Einführung in den Text wird er die wichtigsten Dinge möglichst einfach und dem Verständnis der Teilnehmer angepaßt vortragen. Ein Übermaß an Information ist dabei eher schädlich als nützlich. Falls der Gesprächsleiter keine fachtheologische Ausbildung hat, genügt es durchaus, daß er mit den heute reichlich vorhandenen Hilfsmitteln umzugehen weiß und daß er selbst schon die Erfahrung gemacht hat, wie in der praktischen Bibelarbeit Menschen, die sich auf den Text und den darin wirkenden Geist Gottes einlassen, stets großen Gewinn aus dem gemeinsam unternommenen Wagnis haben. Bei der Durchführung der Methode muß sich der Gesprächsleiter bemühen, sich selbst möglichst wenig in das Gespräch einzuschalten, um die Teilnehmer selbst zu Wort kommen und ihre Fragen und Probleme vom Text her gemeinsam lösen zu lassen. Nur wenn Gefahr besteht, daß ganz falsche Meinungen sich durchsetzen, soll er korrigierend eingreifen. Er und alle Teilnehmer müssen auch ertragen, daß sich manche Wiederholungen, Widersprüche, Spannungen ergeben und daß manche Fragen einfach offen bleiben. Der Gesprächsleiter muß auch den Teilnehmern klarmachen, daß sie mit sich selbst und mit anderen viel Geduld haben müssen, und daß sich das Wichtigste nicht erzwingen läßt. Er soll auch darauf achten, daß der Erfahrungsaustausch nicht „verkopft" wird und daß er nicht zu Monologen oder Dialogen oder theologischen Streitgesprächen ausartet. Er soll als erster zeigen, daß man andere anhören und sich aussprechen lassen muß, wenngleich er als Leiter des Ganzen verpflichtet ist, Viel- und Langredner und auch Intolerante behutsam, aber entschlossen zur gebotenen Zurückhaltung zu führen. Er selbst und auch die Teilnehmer untereinander müssen auf die sehr verschiedenen Positionen und Situationen der Teilnehmer Rücksicht nehmen, vor allem bei den Fragen, die „unter die Haut gehen". Alle sind nicht immer gleichgestimmt. Manche sperren sich auch gegen Forderungen des Textes, weil sie in einer Krise stehen und noch nicht zu den letzten Entscheidungen bereit sind. Wichtige Lebensentscheidungen oder radikale Kurskorrekturen, die von den meisten Texten vorausgesetzt oder gefordert werden, kann man nicht in 90 Minuten praktischer Bibelarbeit erzwingen wollen! Der Gesprächsleiter selbst soll darum wissen und es den anderen irgendwie mitteilen. Alle dürfen aber auch davon überzeugt sein, daß kein Teilnehmer, auch wenn er vieles noch nicht mitvollziehen kann, umsonst an der praktischen Bibelarbeit teilgenommen hat. Er hört die echten Erfahrungen der anderen und merkt auch, daß er mit seinen ungelösten Fragen und Problemen, mit seinem noch nicht bewältigten Leid und seiner Anfechtung von den anderen verstanden, angenommen und auch mitgetragen ist. Vor allem der Gesprächsleiter, aber auch alle Teilnehmer, dürfen davon überzeugt sein, wenn sie am Anfang und am Ende des gemeinsamen Tuns beten und wenn sie sich dem Wort der Heiligen Schrift öffnen, in welchem der Geist Gottes, d. h. seine Mächtigkeit als der entscheidende Faktor anwesend ist, daß auch sie ganz sicher die Kraft des Wortes Gottes in sich erfahren. Daß dies von den Teilnehmern gespürt wird, ist das Ziel und auch das frohmachende Ergebnis aller praktischen Bibelarbeit.

Literaturangaben

Otto Knoch – Heinz Schürmann, Bibel und Seelsorge, Stuttgart 1964

Erzbischöfliches Jugendamt Köln – Katholisches Bibelwerk Stuttgart, Bibel und Jugendarbeit, Stuttgart 1964

Katholisches Bibelwerk, Praktische Bibelarbeit heute, 2. Aufl., Stuttgart 1974

Willi Erl – Fritz Gaiser, Neue Methoden der Bibelarbeit, 6. Aufl., Tübingen 1977

Jörg Zink, Das biblische Gespräch, Gelnhausen-Berlin-Freiburg 1978